俺《おれ》は現役《げんえき》だ

神《かん》吉《き》晴《はる》夫《お》著

神吉晴夫〈かんき・はるお〉光文社代表取締役社長。一九〇一（明治三四）年二月十五日、兵庫県加古川市に生まれる。東京外語学校仏語部卒業後、東京帝国大学文学部仏文科に学ぶ。作家志望だったが、二七（昭和二）年、大日本雄弁会講談社に入社。創業者・野間清治に「サムボディ」と高く評価され、雑誌編集以外の新規事業の部署で才能を発揮。キングレコードでは創作童謡のディレクター、商事部では滋養飲料「どりこの」の宣伝広告、出向しては報知新聞の販売拡張などで、はからずも「ビジネスと経営」のありかたを学習する。のち出版局児童課長に就任すると、文部省をはじめ陸軍省・海軍省そのほかの推薦図書をほとんど独占。四四年に満州国新京特別市の康徳印書館創設のため出向を命ぜられ、滞満半年にして終戦。戦後、光文社創立に参画。既成の権威化した出版常識に挑戦し「創作出版」の旗じるしの下にかずかずのベストセラーを続々と世におくり、膨大な読者層を開拓した。「カッパ・ブックス」「カッパ・ノベルス」「カッパ・ビジネス」「カッパ・コミクス」（「鉄腕アトム」「鉄人28号」ほか）、週刊誌「女性自身」などを発行。

神吉晴夫　俺《おれ》は現役《げんえき》だ　合同会社土曜社　発行
東京都渋谷区猿楽町一一―二〇―三〇一
二〇二〇年五月二十二日初版印刷
二〇二〇年五月三十一日初版発行
王子製紙・日本ハイコム・加藤製本　製造
底本『俺は現役だ』（オリオン社・一九六四年）

目　　　次

まえがき

経営者の考えかたが、社員のひとりひとりに、しみとおらなくては、会社の運営はうまくいくものではない、——これが私の信念です。

そこで、あらゆる機会をとらえて、自分の考えを、いろいろの角度から、発表してまいりました。しかも、これをくりかえすことによって、社内の反応があり、私自身も成長すると考えております。

その発表の方法のひとつとして、いま社長室長をしている糸原周二《いとはらしゅうじ》君に、先月、社内用『カッパ大将のことば』という、小さな本を編集してもらいました。これは昭和二十四年から三十八年までの十五年間、毎日私のかたわらで仕事をしてきた糸原君が、会議の席その他で発言した私のことばを、ひそかに筆録しておいたものです。(この本の成りたちについては、あとがきに、同君がくわしく述べております。)

神吉晴夫放言集ともいうべきこの本には、敗戦このかた、怒濤《どとう》の奔流《ほんりゅう》にも似た世相の中で、無我夢中《むがむちゅう》に生きてきた、私の〝現場《げんば》におけるうめき声〟が、私の体臭《たいしゅう》を発散させながら、みごとに再現されております。

六百をこえる発言の中には、「カッパ大将、苦しまぎれに弱音《よわね》をはいてるな」と苦笑なさるものもありましょう。「こやつ、あっぱれなり」とほめてくださる発言があるかもしれません。もともと、私は胸にしまっておけない男です。苦しければ苦しい、うれしければうれしいと、そのときどきの感情、感想を、少々はげしい表現で吐き出してしまうのです。この本には、それが容赦なく、非情に採録してあります。私の知らぬまに、かってに録音されてしまっています。

ところで、ある日、あるところで、オリオン社の片柳忠男《かたやなぎただお》社長にお目にかかりました。「神吉さん、『カッパ大将のことば』を拝見しましたよ。あなたが、まっぱだかで登場し、本音《ほんね》を吐きちらしている、おもしろいなア。現場で苦労している人には、ぴたっとくるね。うちで出させてくれませんか。」

片柳さんは、日本で名うての宣伝マンです。つい、いい気持ちにさせられ、前著『現場に不満の火を燃やせ』につづいて、こんども原文に、いっさい加筆しないことを条件に、その出版をオリオン社におまかせすることになりました。私の発言のなかの一つでも二つでもよいのです、あなたのいまのお気持ちにむすびついて、それがあなたのお考えに砥石《といし》の役をはたすことができましたら、こんなうれしいことはありません。『俺《おれ》は現役《げんえき》だ』というメーン・タイトルは片柳さんの命名によるものです。ズバリ、私の気持ちをつたえてくれていて、満足しております。

昭和三十九年七月十日

神《かん》吉《き》晴《はる》夫《お》

俺《おれ》は現《げん》役《えき》だ

＝カッパ大将発言集＝

閻魔大王《えんまだいおう》と問答

「神吉晴夫、おまえは日本という国に生まれて六十年生きてきたが、その間になにをしてきたか。」

「神吉晴夫は生きてまいりました。人のまねをしませんでした。日本がこんどの戦争で、私もその一端の責任がありますが、指導者たちの思いあがった誤算によりまして、何百万人かの同胞にむだな死に方をさせて、徹底的に負けました。そして上と下とのつながりがなくなりました。

そこで、横のつながりである地域社会で人間が共同生活をするときに、どういう心構えでやったらいいか。私は、まず最初に自我にめざめること、自己をたいせつにすることだと考えます。そのうえで、おたがいの個、自我を尊重しあった人間同士のつながりとして、共通のものを共感し、共鳴をしながら共同社会をつくることだと思います。その根本のものの考え方をさそい出すために、私は、書籍、雑誌の出版を通じて働いてまいりました。

そういう、縁の下の力持ちというか、ブルドーザーの役割を一生懸命やってまいりました。そのうちに、とうとう、生理的に命がつきまして、あなたの前にまいりました。どうぞ、よろしくお願いいたします。」

『現場に不満の火を燃やせ――ビジネスマン入門』より

昭和二十四年

おれは、現役《げんえき》だ、
切《き》ったり切《き》られたりの戦場《せんじょう》に立《た》って
いる。乙《おつ》にかまえておられるものか。

この人は敵か味方か、見ぬくんだぞ。

この線まで出たら、この一線から一歩たりとも退くな。

まず、社内の人を味方にしてしまえ。

あの男は表と裏がある、だから捨てる。
この男は、それがない、だから捨てない。

旗色がわるくなったら、だれも相手にしてくれなくなるぞ。

君の頭の中にアンテナがはってあるか。

光文社が苦しいときは、他の出版社だって苦しいんだよ。弱音《よわね》をあげたほうが負けだ。

一兵卒にするために文句を言うのではない。大将になってもらうために文句を申すのだ。

作者に負けるな。材料に負けるな。

第一冊が大成功、大いによし。しかし、第二冊、第三冊が大成功することによって、はじめて他人《ひと》が、君の成功をみとめてくれる。

おれのことを、教育学のことも知らないでカリキュラムの本をつくったと笑う人がある。しかし、教育学も知らないおれが『コア・カリキュラム』(梅根《うめね》悟《さとる》著)を発行して、よく売れる。それこそ出版人としてのおれの持ち味ではないか。笑うものをして笑わしめよ、おれも笑ってやる。

著者が、光文社にたいして不安を感じるような言動、ゆめあるべからず。

こっちは商売をやっているのだ。これはダメだと気がつけば、さっと引きあげなければならぬ。かすり傷ですむ。それを、ぐずぐずしていると腕一本切りおとされることになる。

はじめが、将来を決定する。だから、はじめて出す本は、ぜひ大成功へもっていきたい。

講談社の長い伝統の力は、あなどるべからず。

君の誠意もみとめる、君の努力も知っている。しかし、ジャーナリストとしては、それだけでは困るんだ。だからモラル抜きにして苦言《くげん》を呈する。

新宿《しんじゅく》・中村屋のカリン糖、駄菓子《だがし》の味。インテリくさからず、しかも野趣横溢《やしゅおういつ》。

引きあげどきをあやまるな。

梅根悟先生の『コア・カリキュラム』がよく売れる。初版五千部、再版二千部、三版三千部、四版三千部、……そろそろ引きあげどきを考えよ。お客さんは、小学校の先生だけだからな。

この著者は、どこを押せば早く書いてくださるか、研究くふうのこと。

益田《ますだ》金六《きんろく》（ペンネーム）氏と安田《やすだ》清臣《きよおみ》（本名）氏。このふたつを使いわけよ。

益田金六氏の場合は、株の経済学者。

安田清臣氏の場合は、「ニューヨーク・タイムズ」東京支局長バートン・クレーンさんのヘルパー。

「少年倶楽部《クラブ》」を講談社のスター雑誌にした加藤《かとう》謙一《けんいち》氏のことば。

「埋草《うめくさ》記事は、読まれる率が多い。ゆえに、これをダイヤモンド記事といおう。ピカピカ光らせるのだ。」

「校了《こうりよう》は朝《あさ》にせよ。」

ともに、苦労人のことばなり。

どうもまだ、出たとこ勝負、自然発生的、無計画である。

結論から逆算して、計画を立てろ。

企画の精神が浸透《しんとう》した本でないと、売れない。

ひとつのことに熱中するのはよいが、他のことを、いっさい忘れてしまっての熱中では困る。

子どもが、マンガをおもしろい、おもしろいといって読んでいる、それを、困った困ったと心配なさる児童文学者がいらっしゃる。マンガがおもしろいということは、そんなに心配なことだろうか。私は、おもしろいということは、良い悪いで判断できないと思う。子どもはレクリエーションでマンガを読んでいる。キャッチボールと同じだ。われわれが碁《ご》をやったり将棋《しょうぎ》をさしたりするのと同じじゃないか。レクリエーションとしての将棋を、良い悪いで判断できないだろう。

子どもがそんなにマンガが好きなら、よいマンガをこしらえてやろう、というのなら大賛成だ。「子どもによくないから、マンガはけしからん。」などという考え方には、賛成いたしかねる。

おたがい、用件は紙に書いて机の上におこう。口で伝えようと思っていると、うっかり忘れて、大事なことが伝わらずじまいになることだってある。必ず日づけと時間とサインを入れること。風にとばされないように、何かで押さえておくこと。

わざわざ訪問するより、手紙で挨拶《あいさつ》したほうがよい場合もある。

手帳は何冊も持っていろ。バスを待つあいだ、いま話しあった著者との交渉で、私に報告すべきことを整理して書きとめておくんだよ。いい企画が浮かんだら、そいつも忘れぬうちに書きとめておくんだ。

茂木《もてぎ》（茂《しげる》）専務は光文社の天皇である。だから、われわれは傷がつかないようにしてあげねばならぬ。自分たちだったら、傷ができればコウヤクをはればよいが、専務には、それをさせてはいけない。光文社の表看板だからな。

講談社のビルは、ビルの裏面もきれいだ。初代様、野間《のま》清治《せいじ》の商魂は、読みが深かった。

私は毎朝、畑を三十分ぐらい見てまわる。すると、植えたものが一週間ぐらいは、いっこうに、はかばかしく伸びない。たぶん、そのあいだ土のなかで八方へ根を張るのに努力しているらしい。それから一週間ぐらいたつと、ぐんぐんと目に見えて大きくなってゆく。まったく、すばらしいね。

それと同じで、われわれの仕事も、まず根をおろし、根を張らねばならぬ。その根を張るあいだは、社内でも現象だけしか見えない人から、とやかく言われるだろう。しかし、やがて、ぐーんと伸びるために、それを忍び、大きくふとく根を張る準備をしなければならぬ。

昭和二十四年二月十一日づけの、糸原（周二《しゅうじ》）への手紙――。

かぜで、きょう休ませてもらいます。

あす出勤します。

カリキュラム〔注1〕の題名、いろいろ名案を考えています。あすご披露《ひろう》します。

カリキュラムの進行、大馬力たのみます。

フレー、フレー、糸ちゃん。

すばらしいぞ、糸ちゃん。

といっても、例の「一方へかたよったやりかた」は禁物《きんもつ》ですぞ。

南先生〔注2〕のはどうなりましたか。わしゃ心配じゃよ。

山下先生〔注3〕は？

『若き友へ〔注4〕』の未完の原稿は？

――と、わしは、これで、仲々甘くないから、糸ちゃんもたいへんだて。しかし、同情はするが、綱はゆるめませんぞ。　以上　神吉

〔注〕(1) カリキュラムは梅根悟先生『コア・カリキュラム』

(2) 南博先生『社会心理学』

(3) 山下俊郎《としお》先生『児童心理学』

(4) 天野《あまの》貞祐《ていゆう》先生監修『大学生活』

昭和二十五年

刀《かたな》はちょっと抜《ぬ》け、
みんな抜《ぬ》くものではない。

突っぱなすことも、ときに必要。
発散させることも、ときに必要。

読者から何か言ってくるとすれば、その背後には、同じことを言いたい何百人、何千人、あるいは何万人の人がいるのだということだ。

黒ん坊は、いくら白粉《おしろい》をつけてみても、やっぱり黒いんだ。つけやきばは困る。なぜ、その黒さにみがきをかけないのか、黒さで存在を主張するものになりたいな。

人間でも、仕事でも、後手後手《こて》となったら、もうおしまいだ。

人間には、自分だけはエゴイストでいて、他人はエゴイストでは困るという気持ちがある。

「報告」についての注意——自分だけはわかっているものだから、説明をはしょって、それでわからんやつはバカだといわぬばかりの態度を見せる人が多い。

「報告」は、相手が何も知らん者と思って話をせねばならん。ただし、相手にそいつを見抜かれたらおしまいだ。

お互いに、ハッキリとものが言える仲になること。

他人《ひと》の悲しみをよろこぶ者あり、他人《ひと》の喜びをよろこぶ者あり。

われわれの執筆者には——有名な人でなく、有名になりうる人を発見しよう。

理づめで考え、計算してかかる。しかし、さいごは、その理づめ、計算を忘れて行動する。

学校で教わったことを、唯一《ゆいいつ》のモノサシにしてくれては困る。日本人の心の底を流れている民族感情を無視することなかれ。

執筆者全部を敵にまわした場合、こんどはどの方面に打って出るか、それを考えておかぬとなあ。

おれに、閉口《へいこう》してしまうなよ。

敵陣へのりこんで、敵の大将へぶつかれ。小ものを相手にするな。受付で、ウロチョロしているようでは、目的をはたせないよ。

きのう、神吉さんに、えらく叱《しか》られた。

「今晩、よく考えて、あした返答しろ。」

それで、きょう、会議室で、一時間以上、私の考えを披瀝《ひれき》した。

そのとき、神吉さんが、「よろしい、大いによろしい。もし君が、きのうは失礼しました、私が悪うございました、とあやまったら、おれは、おまえを軽蔑《けいべつ》してやるつもりだった。」（塩野《しおの》芳夫《よしお》君の話）

知恵の勝利には、ぼくは、いつも快哉《かいさい》を叫ぶよ。

一冊一冊、入念《にゅうねん》につくったのだ。宣伝も、販売も入念にやってくれ。

まだまだ、ひろがる力を持っているのに、次の新刊書にとりかかる、いいかげんに見送ってしまう。編集者の気持ちも察して、やってくれよ。

著者は原稿ができあがると、ほっとなさって、序文はいいかげんに書いてしまわれるかもしれない。ところが、序文だけで、その本のよしあしを批判する人がある。序文を読んで、「こりゃ、おもしろそうだ。」というので、買ってくださる人もあるのだ。

お世話になったからといって、むやみに、ぎょうさんお礼を届けることは、考えものだよ。持っていけば受けとってくださるさ。しかし、腹の中で笑われていることだってあるかもしれないのだ。

教えようという態度はいけない。おもしろければ、それが自然に教えることになる。

どんなよい企画でも、私が納得《なつとく》しなければ光文社からは出版しない。そのために、他の出版社から同じねらいのものが出版され、ベストセラーになることがあるかもしれない。だが、自分の力が、そこまで進んでいなければ、しかたがないさ。

自分が納得しない企画の本を市場へ出すことは、お客さんの信頼を裏切り、自分を汚《よご》すことになる。

ずっとむかし、小津茂郎《おづしげお》さんに『愛馬読本』という本を書いてもらったことがある。それを読むと、ぼくも馬が好きで好きでたまらなくなったよ。

家庭が円満でないと、けっきょく、いい仕事ができない。

「この本を出すことによって、私の出版人としての悲願の一端を具体化することができた。ウレシイという気持ちでいっぱいです。」

これは『少年期』ができあがってきたとき、腕組みをして、じっと前方を見つめていて、「糸原君、君にも一冊あげよう。」といって、本の扉《とびら》に書かれた、発行者・神吉晴夫の感無量のことば。

昭和二十六年

『――だれが砲弾《ほうだん》の前《まえ》に立《た》つか』

体は大事にしろよ。われわれの仕事は長期戦なんだからな。「ここで、休まなくちゃ」と思ったら、だれが、なんといおうと休むことだね。

じめじめした陰口なんかはやめたい。自分がこっぴどくやっつけられても、あっさり、「一本まいった」とシャッポをぬぎたくなる、――そんな悪口がいいね。

読者に、与えよう与えようとするのでなく、読者が欲しい欲しいというものを出版したい。

太平洋戦争中のことです。海軍報道部長に平出英夫《ひらいでひでお》という大佐がいました。彼は、われわれ編集者を集めて、「日本の兵隊が強いのは、農村出身の次男三男が愛郷心にもえているからである。」と言った。そこで私は、小野《おの》忠孝《ちゆうこう》氏に『氏神《うじがみ》さま』という本を書いてもらった。これが、まあ、文部省、農林省、海軍省、陸軍省、出版会、そのほかの推薦図書になって、よく売れた。この本が売れたのは、平出大佐の話からヒントを得て、日本人の郷土愛をとりあげて、成功したわけです。

地方出身の作家におねがいして、その郷土についてのことを書いてもらえば、一冊は必ずよいものができます。ただし、お国自慢になってしまっては、他の地方の人はおもしろくない。その郷土を語って、それが同時に、日本の全体に通じるものをもっていなくてはいけない。そこが、まあ、力量を要するわけですがね。

日本人は、ほんとうは虚無《ニヒル》的なものが好きだな。ぼくも、そういう傾向がある。モーパッサンが好きなのも、桂《かつら》ユキ子さんの、豚を描いた絵なんかに心を惹《ひ》かれるのも、そういう気持ちからだろう。

著者とのあいだは、公明正大にしておくこと。それを忘れると、やがて著者からも軽んじられ、読者からも見放される。

この原稿は、幽霊《ゆうれい》がまっ昼《ぴる》ま出てきたような印象だ。

それを言ってしまったんでは、実《み》もふたもなくなるじゃないか。

共産党が日本で成功しない原因を考えることは、日本人を知るのに、参考になる。

剣豪小説は、文学としてはつまらないかもしれないが、社会現象としては、おもしろい。

どんな本だって、限界がある。
どんな人間だって、限界がある。

アメリカでおこることは、やがて日本でもおこる。

――小石川《こいしかわ》(今の文京区)・音羽《おとわ》の会社から池袋《いけぶくろ》まで歩きながら……。
『絶望の精神史――ほのかに光はさすであろうか』というのはどうだ。
もうひとつ、
『凶器――人ごとでない世界』は、どうだ。
それじゃ、これはどうだ、まだタイトルは考えてないが、
『――だれが砲弾の前に立つか』

飯岡三男君（製作担当）、君、そんな使用人根性じゃダメだよ。「いつだって、おれは光文社をとび出して独立できるんだ。」ぐらいの気概で、仕事をやってくれ。

病気になった人は、もうぼくの手におえない。ぼくは、正常な人が病気にならぬようにするには、どうするか——正常が異常にならぬための本を出したい。異常相手では、出版のハバがせまくなる。

かくあるべし、というモラルは、心の底にひそめておいてほしい。おれは、おれに言いきかせるために、君に文句を言っていることだってあるよ。

私は、愛民族主義者のつもりだ。

フランスの十八世紀は、じつにおもしろい時代だ。文学史的にみたら、価値が少ないかもしれないが、封建性と近代性が同居していて、アンバランス、人間のあらゆる問題が存在している。

おれに、よいところがあったら、遠慮はいらん。どんどん取り入れてくれ。そいつを君のこやしにするんだな。

君たちは神吉学校を卒業して、ぼくより違った道を歩んでいけよ。

だれもまだ褒《ほ》めていないときに、まっさきに褒めることは、勇気がいるものだ。

褒めるにしても、くさすにしても、人の尻馬《しりうま》に乗ってやるのが、いちばんやさしい。千人のうち九百九十九人までは、そういったことをやる。

なにをボヤボヤしているんだ、はやく戦力になってくれ!

『人間の歴史』(全六巻)誕生の由来

もう四年もたったであろうか、以前からご懇意《こんい》ねがっている東京大学の宮原誠一《みやはらせいいち》教授のお宅へ、うかがったときのことである。

宮原教授は、教育学者には珍しく、文化の各領域にたいして、きわめて柔軟性ある意見の持ち主であって、とりわけ出版ジャーナリズムに関心をよせている人だ。

なんでも、そのときの私の説は、こうであった。

われわれ日本人は、敗戦で劣等感におちいってしまった。けれども今では、もう自分で自分の劣等感が、いやになっている。この泥沼から這《は》いあがって、青空にむかって、腰をたたいて背のびがしたい。孫、子のすえまでも、四等国民だなんて、とんでもない。植民地根性は、まっぴらである。もういっぺん出なおして、人類発達史上における「人間としての日本民族の地位」を反省してみたい。それで日本人がだめなら、日本民族よ、ほろびてしまえだ。

「どうですか、宮原先生、ぼくの、この気持ちに共鳴して、人間の歴史を書いてくれる学者はいないでしょうか。いわゆる講壇学派の歴史専門家は、ごめんですが――」と、私は先生の顔を見あげた。

「さあ、そいつァ、むずかしい注文だが、安田徳太郎《やすだとくたろう》博士なら、どうかな。とにかく、神吉さん、いっぺん会ってごらんなさい。話のわかる、おもしろい、庶民性まるだしの方ですよ。」

——これが、わが敬愛する『人間の歴史』の著者と、出版企画者の私とが知りあった、きっかけであった。

博士は、京都大学でドイツ医学をまなび、やがてドイツ医学を脱してフランスの基礎医学に傾倒し、フランスの人間尊重《ユマニテ》の精神に夢中になった。そこから、若き学徒安田徳太郎の「人間探究」の三十余年の旅がはじまったのである。

「神吉さん、私はね、マルクスを学び、ダーウィンを研究し、ルソーを勉強しているうちに、だんだん、その弟子たちの得手勝手《えてかって》におどろいちゃいましたよ。勉強がたらんですね。まるで古典の孫引きやら誤訳だらけで平気なのにぶつかると厭《いや》になって、私は自分で古代語の研究をやらなくちゃ、人間の歴史の実相はつかめぬと決心しましたよ。」

かくて博士の、ヨーロッパ諸国の中世語、ギリシャ、ラテンの古語、中国の古典、それから日本の古典へと渉猟《しょうりょう》の手がのびて、ついには自分の目で見、自分の心に判断しなくては承知しない、安田精神が形成されていったのであった。

博士は、肺結核の医者である。たえず生と死の対決の場にあって、しかも古今をつらぬく「人間の歴史」の流れの中に、われわれ日本人の運命と幸福を考えている。

安田徳太郎著『人間の歴史』が、若い世代の共感をよび、今日を生きる勇気と希望の源泉として迎えられている秘密も、このへんにあるのではなかろうか。

昭和二十七年

修飾語《しゅうしょくご》、形容詞《けいようし》をぬいた手紙《てがみ》や文章《ぶんしょう》を書《か》け。

ぼくのほうからばかり発車《はっしゃ》している。
君《きみ》のほうからも発車《はっしゃ》しろよ。

日本には「天皇」を、生きてゆくための心の拠《よ》りどころにしている人人が、まだまだ何百万人もいるのである。その人々は天皇や天皇家のわる口をきけば、おもしろくないだろうし、怒るにちがいない。民主主義の世の中にする努力を押しすすめるといっても、そのことを頭に入れて、私たちは猪突猛進《ちょとつもうしん》せず、賢く生きていかなければならぬ。

私は、お金を出して買ってくださる人が、いちばんたいせつです。責任を感じます。

批評家の顔色ばかり気にしていたら、「生きている本」はできないよ。

案は、すぐ捨てるな。なんとか生かすくふうはないかと、せっかくの案には愛情をもて。

原稿の内容は、整理のしかたで、面目を一新することがある。

著者への義理は、原稿をはなれて、べつの形で考えよう。原稿で義理をはたそうとしたら、やがて君の破滅になる。お金を出して本を買ってくれるのは読者だ。

ぼくは五千部や一万部売れるかどうかを心配しているんじゃないよ。五万部売るにはどうしたらよいかを考えて、苦労してるんだよ。やがて十万部売るにはどうしたらよいかを考える自分に、はやくなりたい。

やさしく――ということは、むずかしいことを、やさしく書き改めることではない。対象をはっきりつかんでいなければ、やさしく書くことはできない。

読者の心に灯《ひ》をともす本。
おれでもやっていけると、読者に自信の湧《わ》く本。

同業の悪口は厳禁だ。けっして、こっちのプラスにならぬ。

学者の処女作は、その一冊のよしあしが、学者としての地位と将来を決定する。

修飾語、形容詞をぬいた手紙や文章を書け。

身ゼニを切って、わざわざお寄せくださるのだもの、読者からの手紙は、ありがたいわけだよ。

清水幾太郎《しみずいくたろう》さんの文章をよむと、理論的にうっとりさせられる。

著者がもっておられるものを、読者にどう橋渡しをするかは、私どものほうが、著者より上である。内田清之助《うちだせいのすけ》先生は、鳥については世界的権威である。しかし、子どもたちのために、鳥のことをどんなふうに書いてもらうかということになると、私たちのほうが上である。

早川二郎《はやかわじろう》著『唯物史観 日本歴史読本』（光文社発行）をゆずってくれと、ある出版社から申しでてきた。そのとき、私は、早川さんの遺族が困っておられると聞いていたし、その出版社と何かあるだろうと思って、おゆずりした。

なぜ、ゆずれたか。あの本は、戦後、やはり他社から私どもがゆずってもらって出版したものだ。もし、あの本が自分のところで苦労して作ったものだったら、おそらく遺族への同情だけでは、そう簡単にゆずれなかったと思う。本というものは、儲《もう》けた損しただけで、できあがっているものではない。

モーラル・サポート（倫理的ささえ）

日本人がほんとうにダメな民族なら、滅びたっていいじゃないか。——ところが、そう思えないのでね。

光文社のまねをする出版社が出てきた。まねをするのはいけないが、まねをされるようになったことは、結構なことじゃないか。それにしても、日本はイミテーター（模倣者）の多い国だなあ。

太平洋出版社から『日本無罪論』という本が出版された。ぼくなら『米国有罪論』か『日米同罪論』とするな。『日本無罪論』では、日本人におもねたタイトルだ。

アメリカの「サタデー・イブニング・ポスト」には広告をだす場合、その商品を実験して、まちがいなしとわかって、はじめて掲載される。

篠原《しのはら》正瑛《せいえい》さんの『僕らはごめんだ』には、ファシズムもあると思う。しかし、いまは、日本人が民族としての自主性をとりもどすときである。もし、日本人がファシズムにかたむいたら、「ちょっと待て」というねらいの本を考えればよいさ。

昭和二十八年

批評《ひひょう》するとは、

その代案《だいあん》を出《だ》すことだ。

『出版《しゅっぱん》は創作《そうさく》なり』などと、天下《てんか》に公言《こうげん》すると、こんどは言《い》いだした私《わたし》が、その宣言《せんげん》に責任《せきにん》をとらなければならぬ。むろん、それも考《かんが》えての公言《こうげん》ではあるが——。

「この本は五万部は売れる」ではない。
「この本を五万部は売ってみせる」だ。

こんなまちがいを、しでかしたのは――。
頭がわるいのか
熱心さがたりないのか
コミュニケーションが欠けていたのか
訓練ができていないのか
その、どれかであるにちがいない。
万能薬《ばんのうやく》といえば、じつは、なんにもきかない薬だということをいっているのと同じである。南博さんの『社会心理学』を悪口いう人があっても、それは、この本が万能薬でないことの証明になっていいじゃないか。この病気にはかならずきくが、あの病気にはききませんという特効薬だよ。

独創といっても、全部独創というわけにはいかない。まず九〇パーセント、いや九八パーセントまでは、従来のものと同じ内容である。残りの一〇パーセントなり二パーセントなりが独創だ。ただ、その独創に、すごいものが出れば、勝利をしめることができる。

自分のほうから読者を限定してしまっていることはないか。広告の書き方、記事の見出しのつけかた、著者紹介のしかた、キャッチ・フレーズ、販売のもっていきかた……いろいろ反省してみようじゃないか。

光文社が呼びかけている宣伝のよりどころは「大衆は賢なり」という

信念です。インチキなものを発行したら、かならずシッペがえしをくわされる。

フロイトの精神分析の著作集の目次をしらべてみろよ。きっと、企画にヒントを与えてくれる。

渡辺《わたなべ》一夫《かずお》教授の招待で、本郷《ほんごう》の「松好《まつよし》」でご馳走になった晩のこと――。

「神吉さん、うれしいね、いい晩だ、これからパチンコをやろうじゃないか。」

「渡辺さん、ぼくはパチンコはやらんことにしているよ。パチンコは偶然を愛するしかけになっている。あれは、ぼくの性《しょう》にあわん。」

フランスの小辞典『ラルース』の、詩人アンドレ・シエーネの項に、かれがフランス革命にまきこまれ、恐怖政治の行きすぎを批判したため、死刑になるとき、ひたいをたたきながら言いのこしたことばが、のせてある。「おれは、何かをやったんだ。」

この短い一言をのせることによってシエーネの面目躍如《やくじょ》、こんな、生きた、たのしい辞典をつくりたい。

アペル――ギリシャ第一級の画家。アレキサンダー大帝に仕え、肖像画をよくす。展覧会場の幕のうらにいて、見物人の言うことに耳をかたむける。靴《くつ》屋がやってきて、「この人間がはいている靴の描きかたはまちがっている。」アペルは、なるほどと、ただちに手をくわえる。他日、その靴屋がまたやってきて、こんどは絵の批評をする。とたんにアペル、大いに怒り、「そこにいる靴屋のおやじ、おまえは、靴のことだけに口出ししておればよいのだ！」

『ラルース小辞典』――こんなおもしろいエピソード入りの辞書はうれしいね。

私は西田《にしだ》哲学についてはよく知らないが、ひとつ感心していることがある。それは『働くものから見るものへ』という本のタイトル。しかし、いま哲学の本を出すなら、『見るものから働くものへ』でありたいな。

批評するとは、その代案を出すことだ。でなければ出版の企画者でありえない。

清水幾太郎さんとか、宮原誠一さんとか、忙しい人で、めったに会えない方のところへ行くときは、先方へ申すことを前もって準備して行け。

こっちが景気のいいときは、みなさんがチヤホヤしてくださる。落ち目になったら、だれも寄りつかなくなる。それを腹の底にちゃんとおさめておかぬとな。

それよりもなによりも、ぜったいぜったい、落ち目になっちゃいけない。

安田徳太郎先生のえらいのは、あの年配になると回顧録を書くのに、先生は、なまなましい『人間の歴史』にぶつかっていく——あれだな。

近ごろ、『ベイシック・フレンチ』というフランス語入門の英書をみていて感心したのよ。序文を読むと「独習者は目読《もくどく》せよ。もし、まちがった発音を身につけると、一生とりかえしがつかないから。」と注意してあった。

私は音痴《おんち》だし、オタマジャクシ（五線譜）も読めない。でも、童謡をきいたり、うたったりするのは、音楽の専門家じゃないのです。お母さんや小さい子どもです。だから、私に童心があれば、童謡のディレクターになれる、そんな気持ちがあるので、作曲家とも、ずいぶんケンカをやりました。

そのあげく、生まれたのが「かもめの水兵さん」や「赤い帽子白い帽子」など、日本中の子どもに、三十年たった今日でも、うたわれているでしょう。これが講談社時代にまなんだ私の経験のひとつです。

速戦速決。
油田《ゆでん》がふきだす。
第一級品。
旗幟《きし》鮮明。
鶴翼《かくよく》の陣ぞなえ。
横綱出版。
やじ馬精神。
花も実《み》もある出版。
以上は、おれの好きなことばさ。

「考える世代とともに」刊行のことば

今日、われわれは、あらゆる既成の権威に絶望しても、民族の将来に信頼をかけなくては、とても生きてゆかれません。もともと、われわれは、アメリカ人でもなければ、ロシア人でもない。やはり日本という歴史の流れと風土の中に生きてきた、この肉体を考えに入れなくては、すべてが嘘《うそ》になりましょう。わたくしたちは、出版企画者として、いま必死になって、民族の生きてゆくありかたと、そのなかのひとりとしての個人の幸福のありかたを追究しております。世界という大きなメカニズムのなかで、われわれ「日本および日本人」がどんな位置を占め、どんなはたらきをするものか、あらゆる角度から、その真実の姿をさぐりあてたいと、力をかたむけております。そうして、そこにこそ、ただひとつ、われわれの生々発展すべき源泉があるのではないかと、考えております。

ここに企画いたしました双書「考える世代とともに」もまた、この線にそって、今後ひきつづき刊行されるものでありますが、この双書で、わたくしたちが、とくに試みたいと願っていることは、つぎの点であります。

まず第一に、近代科学の生みだした「学問の方法」――その方法によって、われわれの学習をすすめてゆきたい。第二に、とりあつかう問題にたいしては、著者と読者と企画者の、その三者いずれもが共通の学習者でありたい。「与えるものと受けるもの」という立場の上下は、わたくしたちの取らないところであります。第三に、共通のことば、すなわち、われわれ日常ふだんの生活用語をもって、語りあいたい。専門用語、いわゆる術語なるものは、つとめて避けたいのであります。したがって、この双書は、著者も考え、読者も考え、企画者も考える「共通の広場」たらしめるうえからも、各方面より問題の提出と批判と討議がおこなわれますよう、願ってやみません。

昭和二十九年

入念《にゅうねん》にやって、しかも失敗《しっぱい》した場合《ばあい》は反省《はんせい》になる。

概念《がいねん》で、ものを見《み》るな。
概念《かいねん》で、考《かんが》えるな。
概念《がいねん》で、発言《はつげん》するな。

寝ころんで読んでもよい。しかし、会心の個所にさしかかったら、むっくり起きあがって、著者といっしょに考えようじゃないか——これが今日の、私たちの出版企画の態度です。

ぼくは、売れなかった本については、もちろん責任をとるよ。と同時に、君たちが汗水たらしてつくってくれた本でも、まるで、ぼくひとりがつくったような顔をして、みんなに吹聴《ふいちょう》する。そんなわけだ。

「味《あじ》の素《もと》」の罐《かん》を見てごらんよ、効能書《こうのうがき》がいっぱい書いてあるだろう。山下俊郎さんの『児童相談』のカバーは、あれでいこうよ。

入念にやって、しかも失敗した場合は反省になるが、なんとなく、いいかげんにやった失敗は、反省にならない。

カッパの文章は、表現が、いつも、読者への呼びかけになっていなくてはならぬ。

原稿には、「あなたがた」、「諸君」でなしに、「あなた」というふうに呼びかけてもらったほうがよい。ひとりに呼びかけることは、読者の全部が、自分に話しかけてもらっているという、したしみをもつ。それを、演説口調の「諸君!」では、どうでもよい、他人事《ひとごと》になる。

上田庄三郎《うえだしょうざぶろう》さん(「日本教育新聞」主幹)を、いつか男にしてあげたいと考えていた。

つまり、上田氏を生かすチャンスをねらっていたわけさ。

そのうちに、基地における教育問題が、やかましくさわがれだした。

そこで、子どもの綴《つづ》りかたの編集をおねがいすることになって『基地の子』ができあがったというわけだ。

あくまでペイ（採算がとれる）するかしないかを頭に入れて交渉してくれ。われわれは、社会運動や慈善事業をやっているのではないのだから――。

ソビエト・ロシアのことにくわしい人を、さがしておかねばならんな。

「南（博）さん、人間南が出てくる心理学の本を書いてくださいよ。」

ぼくは世間へむかっては、「光文社は紙屋さんじゃないのだから、紙は売りません、内容を売ります。」と申しているがね。しかし、業務の人間は、なんとか安くつくれないものかと、紙の買いかた、印刷所との交渉に、くふうをしてほしい。

相手が六十をこえた年配だったら、手紙のあて名に「侍史《じし》」と書きそえることも必要である。

すべて光文社としての統一がなくちゃいけない。たとえば奥付の定価のはいる場所だって、この統一にしたがってやる。さもないと、テンデンバラバラだ。光文社内が、加藤出版社、糸原出版社、伊賀出版社になってしまう。

判断するのは、著者ではなく、こっちだ。出版企画者だ。

安田徳太郎先生の『人間の歴史』第四巻の副題は「光は東方から」と

なっている。これには、すこし指導者臭《しゆう》がにおっている。「食と性の発端」（第一巻）、「日本人の起源」（第二巻）、「女の全盛時代」（第三巻）という副題には、われわれの生活との身近さが感じられる。「光は東方から」というサブ・タイトルは、光文社の本としては反省しなければならぬ。

読者に学《がく》がなくても、著者の言わんとするところがスポッと通じるような表現にしてもらいたい。

『ローゼンバーグの手紙』がベストセラーになったのは、

(一) 判官《はんがん》びいき、野党精神。
(二) 「政治」に全然ふれていないこと。
(三) 女子高校生に読まれだしたこと。

㈣　印税を遺児の養育資金にする――あたりまえのことだが、これまで他の出版社がやらなかったことを、ふたりの遺児の写真をつけて広告したこと。

王様でも、乞食《こじき》でも、上も下も、右も左もジャーナリストとしては、すべてこれを人間的関心《ヒューマン・インタレスト》の対象として、とりあげること。

ゲーテのウエルテルのように、それを読んだがために、日本中に自殺者が続出、警察から「神吉さん、ちょっとおいでをねがいます。」といってくるような――そんなパンチのきいた本になる原稿を見つけてこい。

企画をたてる――おそらく、私に「なるほど、よかろう。」と言わせることが、いちばんむずかしいだろう。右から突かれても、左から文句を言われても、びくともせぬまで企画は練りに練ってから見せてほしい。

泥《どろ》んこの流れのなかでもがいている人間を、土手《どて》の上から、ふところ手で、「ああだ」、「こうだ」とあげつらう、これを私は「土手評」という。

この土手評ばかりやっていた京大出の古知庄司《こちしょうじ》君が、近ごろ、その土手から泥んこの流れのなかへはいってアップアップやりだしたよ。目下、伊藤整《いとうせい》さんの『文学入門』の原稿のことで悪戦苦闘している。これで、あいつも、やっといちにんまえの編集長になったよ。土手評ばかりやる傍観者には、ものは創《つく》りだせないからなあ。

糸原周二《しゅうじ》君、君は心理学関係のものをやっているんだから、「心理学なら、おれにまかせておけ。」というわけで、心理屋になれ。これは企画者としての君の強みになるぜ。

伊賀弘三良《いがこうざぶろう》君も、いまは、つ、ま、ら、ん、ことに一生けんめい苦労している。ぼくも、むかしそうだった。それでいいんだよ。やがて自行自得《じこうじとく》するはずだ。

ぼくは、ことし入社した塩浜方美《しおはまやすみ》君に、しばらく奴隷《どれい》になって働けというんだよ。かれは、名門の一橋大学を卒業したとかなんとかでプライドをもっている。そんなものはかなぐり捨てて、いちにんまえになるまでは、なんでも先頭きってやれ、という気持ちでいっているのだ。ところが、奴隷になれということばだけを切りはなして、それが世間に伝わると、神吉晴夫はワンマンだということになる。

光文社の「カッパ・ブックス」誕生のことば

カッパは、日本の庶民が生んだフィクションであり、みずからの象徴《しょうちょう》である。

カッパは、いかなる権威にもヘコたれない。非道の圧迫にも屈しない。なんのへのカッパと、自由自在に行動する。その何ものにもとらわれぬ明朗さ。その屈託《くったく》のない濶達《かったつ》さ。

裸《はだか》一貫のカッパは、いっさいの虚飾をとりさって、真実を求めてやまない。たえず人びとの心に出没して、共に楽しみ、共に悲しみ、共に怒る。しかも、つねに生活の夢をえがいて、飽《あ》くことを知らない。カッパこそは、私たちの心の友である。

この愛すべきカッパ精神を編集モットーとする、私たちの「カッパの本」Kappa Booksは、いつもスマートで、新鮮で、しかも廉価《れんか》。あらゆる人のポケットにあって、読むものの心を洗い、生きる喜びを感じさせる――そういう本でありたい、と私たちは願ってやまないのである。

昭和三十年

この本《ほん》には必要《ひつよう》なムダがない。
だから、魅力《みりょく》がないのだ。

話題《わだい》を提供《ていきょう》せよ——

ベストセラーの秘訣《ひけつ》のひとつ。

買う、買わないは読者が決定する。その読者は、自分の財布《さいふ》から金を出してくださるのだ。これぐらい、きびしい批判はない。そのきびしい批判にたえうる自信のある企画をたてるのだから、たいへんだ。

読者が〝買ってみよう〟という気をおこしてくださるところは、この原稿では、どの部分か。

著者とも相談して、その、いちばん魅力のある部分を、最初（第一章）にもってくる。「がまんして読んでください。最後はおもしろくなります。」といったって、近ごろの人は、おちついて、おしまいまで読まないんだよ。それだったら、せっかくおもしろいところが、読まれずじまいになって、惜しいじゃないか。

よい知恵（アイデア）は、苦しまぎれに出ることもある。

「カッパ・ブックス」を創刊してよかったと思う本の一冊に、『裁判官』(正木ひろし著)がある。

「人の命は権力で奪えない」、「泣く子と地頭《じとう》にも勝てる」ことを、〝お上《かみ》〟に弱い日本人に示したのだからだ。これは、加藤一夫《いちお》君の功績だよ。

企画をたてる場合、いくつかの、考えのよりどころになるレパートリーをもっていることが必要だ。人それぞれ心理学もの、経済学もの、人間記録もの、歴史もの、冒険紀行もの、その他といったぐあいにね。なにか一つか二つぐらいレパートリーをもっていないと、いつも野良《のら》犬《いぬ》のようにウロチョロしていて、むだごとが多くなる。

経験にあぐらをかくと、若いものに追いぬかれるぞ。——とはいうものの、これは他人《ひと》ごとではない。

名刀のさえを見せろよ。

われわれの仕事は、長い戦いだ。捨て身でやると同時に、うまいこと息を抜く。これを、じょうずにやってゆくことがたいせつだ。お互い、生身《なまみ》の人間だからな。

「カッパ・ブックス」は、いい意味の大衆倫理にさからわず、それを肯定《こうてい》したものでありたい。

本のなかに出てくる人の名前や地名には、かならずルビ（ふりがな）をつけなさい。それはカッパの読者をふやすことであり、味方をふやすことでもある。

東大を出た優秀な諸君に申したい。

君たちは、おそらく、試験の答案は、じつにみごとであったにちがいない。しかし、仕事になると、そのみごとさは「あれ」として、ちっとも役だてていない。「あれはあれ」に止《とど》まって現場で役にたたないのでは、しかたがない。

「あれはあれ」、「これはこれ」では、名門の大学を出た甲斐《かい》がないじゃないか。

頭だけで考えた企画の本は、「一夜づけの勉強をしたやつが、試験場を出ると、トタンに忘れてしまう」あれだ。感情に訴え、本能に訴え、うーんとうなるような本でなくては大ベストセラーにならぬ。

地図を買うとき、その地図が正確かどうかは、まず、自分の生まれた県、郡、町の所在が正しく記載されているかどうかをしらべてみるのが、いちばんよい。

エチケットとは、人と人とのつながりが長つづきするための手段なり。緊張のなかにお互いが快感を感ずることなり。

人生の三分の二か、四分の三は、つまらぬことだなあ。

ペシミズムは、精神としては、たいせつな財産である。ただし、生活がペシミズムでは困るけれどもねえ。

本の執筆者を選ぶのに、読者に教えるという態度の先生は避けたい。

大衆のひとりとして、大衆のなかで、いっしょに考えてゆこうとするような人におねがいしよう。

その人に、こちらの意図《いと》を十二分に伝え、著者といっしょに、生みの苦しみをしながら、一冊の書物を創《つく》りだしてゆく——これが、私のベストセラー作法《さくほう》です。

自分のやったことを、ひとつひとつ分析し、吟味し、さらにダメをおす——ここんところが、私のいいところだよ。

波多野勤子《はたのいそこ》先生が、「神吉晴夫は努力家である。自分の、こうと思ったことは、異常なまでのガンバリをみせる人間だ。」と批判してくださっている。知己《ちき》の言なり。

いつも、よい子にばかりなっていないで、たまには君たちも悪役《あくやく》にまわれ。

いっぺんお世話になった著者には、用がなくても、ときどき、挨拶《あいさつ》ぐらいはしてこいよ。

ベストセラーを作るには、読者とともに企画を考えていくという気持ちがたいせつです。

「明治大正名画展」を見てきたが、みんな古くさくなっている。岸田《きしだ》劉生《りゅうせい》と藤島《ふじしま》武二《たけじ》だけは古くなっていない。このふたりはホンモノだ。

編集が「量」で競争するようになったら、世は末である。

この本には、必要なムダがない。だから、魅力がないのだ。

戦争はいやだ、いやだと言われながら『考える兵隊』（カッパ・ブックス）が、あまり売れないところに問題がある。

『財閥』（カッパ・ブックス）は平和論だが、平和だ平和だといわないところがよい。

丸太ん棒のような交渉をしては、人はひきうけてくれない。学者先生のばあいはとくにそうだ。

「戦争」は、平和なときでも魅力のあるテーマである。戦争は人生の一大ドラマだ。

見ること、しゃべること、食いさがること——これで、私は「考える」。

光文社は昭和二十年十月一日に創立されました。「光文」というのは、大正から昭和になるとき、毎日新聞社の小野賢一郎《おのけんいちろう》という宮廷係りの記者が、新しい年号は「光文」だと、すっぱぬいたために、おどろいた宮内省《くないしょう》が、それを「昭和」に変えてしまったということを聞いております。そんなことがなかったら、ことしは光文三十年のわけです。

昭和三十一年

「あっ、こりゃ、おれのことだ！」
と感《かん》じることが
「即物的《そくぶってき》」ということだ。

偶然にベストセラーになることがある。しかし、われわれは「偶然」にオンブしてゆくわけにはいかない。やはり科学的に考えて、ベストセラーを創《つく》ってゆくべきだ。

「カッパ・ブックス」では、漢字の使いかたひとつにも、私たちは心《しん》血《けつ》をそそいできている。それを、おまえさんたちがおろそかに考えるのでは、怠慢のいたりだ。

ぼくは、ピカ一の原稿を待ちうけている。ちょっとやそっとでは、首をタテにふらないわけだよ。

いいかげんな本を作っては、カッパのファンに申しわけがない、という気持ちを失うな。

「なんでもよろしゅうございます、書いてください。」——などと不見識なことは申すべからず。著者に、光文社が軽蔑される。

「カッパ・ブックス」は出発点に立って考えているのである。結論をうんぬんしているのではない。結論というものは、論議がおこなわれてのち決定されるものである。私たちは、出版を通じて、その論議をおこせばよい。

岩波新書の『昭和史』が売れたのはなぜか。自分がいま置かれている時代が、あまり近いので、どんな時代か見当がつかない。そのモヤモヤした、それでいてハッキリしたものをつかみたい——そうした要望、欲求にこたえたからベストセラーになったのだと思う。つまり、日本人の気持ちを整理してくれたからだ。

加藤正明《まさあき》博士『異性ノイローゼ』のサブ・タイトルができなくて困っていたとき、

「糸原君どうだい、この本のねらいは、〝浮気もできない人の精神衛生〟——という発想だろ。そこんところから考えてごらんよ。」

伊藤整さんの『日本文壇史』には、著者先生は意識してかどうか、ベストセラーの秘訣が書いてある。ピカリ、ピカリと光るダイヤモンドの小粒がころがってるよ。

悪書《あくしょ》できたえる。

企画者としてのわれわれにとっては、読書とは、身についているものを、さらに磨《みが》くための手段である。

読書で教養を身につけるな。そんなおかざりものは、イザというとき、役にたたないばかりか、じゃまになる。

日本人は小説を読んでも、その小説から「お手本」を求めている。いかに生きたらよいか、自分の日常生活の「基準」を、その作品のなかに求めている。吉川英治《よしかわえいじ》氏の小説が、日本人に愛読されるのも、そんなところに原因があるのではなかろうか。

子どもたちの目は、フシ穴《あな》ではありませんぞ。

Case History of American Motion Pictures. ——この本には、何かあるぞ。Case というところに。

糸原君、南博先生を、生かすも殺すも、プロデューサーの君しだいなり。

柚木《ゆのき》(ますさん(婦人図書担当)、伊賀君を一日も早くいちにんまえにしてやるために、私は、毎日毎日、ガンガン文句を言っているんです。ときどき、あいつを慰めてやってくださいよ。

人間は、日本でもソ連でも同様に、エゴイストで、助平《すけべえ》で、見栄坊《みえぼう》である。

スターだって、映画産業に働いているBGである。山本富士子《やまもとふじこ》がサツマイモを食べている写真をとってこい。

マンボだの、チャチャチャだの、生まれたときは雑音だった。それがいまでは、音楽になっている。そこのところさ。ぼくが、やってることは、いまにきっと出版の正道になるよ。悪口いってる連中が、きそって出版するようになるときがくる。

ノート一冊つくって、おれの悪口を書け。そいつを、おれに見せてくれるとありがたい。

こっちがくたびれているときは、敵さんもくたびれている。

ぼくの心のなかの〝みいちゃん〟、〝はあちゃん〟が感心しているのだよ。

「朝日新聞」の苦情処理「もの申す」欄は、某百貨店、S商店などと書かないで、それぞれ実名で書いてある。実名入りで書けば、書くほうに責任があり、書かれたものには信憑性《しんぴょうせい》がつく、そこが魅力になっているのだ。

「失敗したとき、商売がはじまる」――このねらいかただな。

「電報戦術」という手もある。思いがけぬときに、デンポウでお礼をいわれてみろ、どんなヘソまがりでも、いっぺんにこっちの味方になってくれるぜ。

けさ、社へ来る途中、防火の立看板に「マッチのふしまつが、他人の家まで灰にする。」とあった。「他人の家」ではピンとこない。「となりの家」を灰にするとあれば、こりゃたいへんだ、と他人《ひと》ごとでなくなる。

芥川竜之介《あくたがわりゅうのすけ》が女中の子であったという話がある。そんなことは芥川の文学に、すこしも影響がないという人があるが、私は反対だ。日本の私小説作家では、このことは、その人の文学を解く重大なカギになると思う。

おれが顔をだすと、ことが大きくなる。君が処理してこい。

昭和三十二年

かならずあたると決まってしまえば
おもしろくないよ。

ピークには裾野《すその》がある。

花田清輝《はなだきよてる》さんは、ヘンに妙なものをもっているお人だ。ひとりよがりのところがなくなり、わかりよい表現でものを書くようになられたら、ストーリー・テラーとして、うちの作家になれる人だ。

早く戦列につけ。

禄《ろく》ぬすびとになるなかれ。

惚《ほ》れこむと同時に冷淡である。これをプロデューサーと申す。

真実というものは、ちょっとしたことにあらわれる。逆に、ほんのちょっとしたことで、ウソであることも、ばれるものだ。

『挽歌《ばんか》』にしろ『愛のかたみ』にしろ、三十万部、四十万部と売れているが、あれは、文学として、そんなにたくさんの人に読まれているのではない。

大学教育をうけたということは、四十すぎてから、大きくのびるためだよ。そのために、親のすねをかじっていたんだ。

著者だって、なんだかハッキリしないが、不平を言いたい場合がある。その不平をきいてあげたほうがよいときがある。そのときは、その不平不満を吐きだしてもらって、著者がサッパリした気持ちになるようにしてあげなさい。

ぼくは、なんだかんだと文句はいうよ。しかし、みとめるところは、ちゃんとみとめているだろう。どうだ、わかるかい、君。

著者というものは、作家にしろ、学者にしろ、多少はともあれ、誇り高き異常性格者だ。世間の「常識」だけでぶっつかっていては、うまくいかない場合もある。

広告を見ていると、あそこの出版社は、自分の持ち味をすてて、どうしてこんな本を出すんだろうと、首をひねるような場合がある。光文社のだって、他人《ひと》さまが見たらどうだろうか。

社員に、若い人の数がふえてくる。そこで、大多数が賛成、決定ということになれば、いままでのよいところまで失われてしまうことだってあるぜ。

早く原稿を書いてもらうことは必要だ。また、催促の手をゆるめてはいけない。しかし、作家には、おおよその限界があるはずだ。いくら攻めても、これ以上早まらないというリミットがあるはずだ。それを心で計算に入れておかぬと、各方面へ迷惑をかけるよ。いや、元も子もなくなることだってあるぜ。

「上梓《じょうし》」ということばがある。カッパの本では、使わない。「出版」でわかるからだ。しかし、きみたちは「上梓」ということばがあり、それは出版するという意味であることは知っていてもらいたい。知っていて使わないのと、知らなくて使わないのとでは、たいへんな違いだ。

何もかも、さらけだしてしまえば、自慢話も自慢話にきこえないんだよ。それを、四つか五つは自慢して、あとの一つをさらけださないから、「あいつは自慢してる。」ということになる。

花ばかり咲かせていても、根のない出版は、いつか枯れる。

文章は――たるんだやさしさではなく、ピーンと張りきったやさしさ。

私たちは、思想をもって戦っているんじゃない。世のなかの流れとともに考えつつ、出版という仕事をしているのだ。そこのところを、あんまり狭く思いこむと、企画が窮屈になってしまう。

宣伝部の人に申します。広告は、たえずくりかえす、ということがたいせつです。それを宣伝部のものが、くりかえすことに飽《あ》いてしまっては困るじゃないか。

講談社の野間清治（初代）社長に魅力があったから、青年時代の私は、どんなに苦しいときでも、不遇《アンラッキー》だと感じたことはなかった。

私が講談社へ入社しようとしたところ、雑誌「キング」の全一ページ広告が新聞に出ていたそうだが、ちっとも目につかなかった。自分に欲求がなければ、どんな大きな広告でも目にはいらないものだね。

第一義的なことで悩まないで、第二義、第三義的なことで悩んでいやしないか。

自分で肩をいからして、「どんなもんだい」といばるのではドン・キホーテだね。

自分を売りこむチャンスは、だれにも平等に、いつでも与えられている。

「糸原周二、ここにあり。」と旗色鮮明、君の存在を示せ。そうなりゃ、いつでも、みとめてやる。

「カッパ・ブックス」は、一冊一冊が真剣勝負だ。

野心作をひっさげて、ぼくの前にあらわれよ。

この世ではじめてお目にかかったというような。——原稿を読んでいるぼくが、わくわくするやつをさ。

君はまだ出版の一兵卒だと思っているから、自分の成績がよくなくても平気な顔をしている。慚愧《ざんき》まではしなくてもよいが、「こりゃ、どうにかしなくちゃならんぞ！」ぐらいの責任は感じてくれろよ。

サラリーだけで、光文社とつながっているのでは、自分がみじめだ、かわいそうではないか。仕事が好きになったら、自分の世界がひとりでにひらけてくる。

光文社といっても、具体的には、ひとりひとりの社員が光文社である。新聞にのっている広告は、それ自体が、たえずひとつのニュース性をおびている。だから私は、広告を「読む」ことにしているのだ。

世間の人は、じつに忘れっぽいし、飽きっぽい。だから、忘れられないためにも、ときどき、場外ホームラン級の大ベストセラーを出さないと、カッパの本は、おいてけぼりを食うぞ。

昭和三十三年

私《わたし》は、熱《ねつ》っぽいやつには弱《よわ》い。

野蛮《やばん》プラス知性＝ベストセラー。

カッパの編集のみなさん、わかりますかな。

「泥くささ」、「どろどろしたもの」、「ぬるぬるしたもの」、「田舎《いなか》っぺ」、「みいちゃん、はあちゃん」そのようなものを私は野蛮といっているのだがな。つまり、私の中身の九〇パーセントは、「みいちゃん、はあちゃん」なんだ。

この本は、ついていけるが、こっちのほうは、ついていけないという本がある。

すみからすみまで書きこんであっては、息ぐるしい。ときどき、どっかまをおくこと。読者に、かってに空想させるまというものが必要である。

まをおけば、ユーモアが生まれる。本でも、いや人間関係でも、おんなじだ。

乾《いぬい》孝《たかし》さんの『女からの解放』――これは、世をまどわす本だ、という狙《ねら》いかたをしてみたいな。

「カッパ・ブックス」は、あいかわらず健在でも、ときに大きな話題を提供せぬことには、世間では、カッパはどうしているか、ダメになったのかなと思いこんでしまう。それがこわいよ。

主知派に、もの申す――犬田《いぬた》（充《みつる》）君にしても、岡橋《おかはし》（隼夫《はやお》）君にしても、それぞれ教育大、東大といった、りっぱな大学を出た主知派である。だから、できた原稿は優等生の模範答案になってしまう。あの本もこの本も、こむずかしい、うるおいのないものになる。それじゃ、カッパのいのちとりだ。

「カッパ・ブックス」は、反主知派でいこう。百花繚乱《ひやつかりようらん》、千変万化《せんべんばんか》、一冊一冊が「はじめてお目にかかった」ような新鮮さと、だれに読んでもらっても、その人が知的劣等感をいだかない本にしたいものだ。いや、むしろ生きる喜び、「おれだってやれば、やれるんだ。」という勇気や希望をもつようになる本にしてほしいのだ。

確実なデータに立って判断せよ、人のうわさぐらいに、ペースをみだされるな。

筆者の候補について――。

共産党なら共産党でもよい。社会党なら社会党でもよい。ただし、中途半端な、アヤフヤな共産党や社会党ではダメだ。論議の的《まと》になるのは、性格のはっきりしたものにかぎる。

私が「カッパ・ブックス」をやっていて愉快に思うのは何か。ふだんは、一般の人、学生やビジネスマンのために、『経営学入門』や『面接』のような本を出しているが、いざとなれば、『裁判官』のようなプレス・キャンペーンをやる本が出せることです。そういう仕事にたずさわっていることに、私は生きがいを感じています。資本金は小なりといえども、世のなかをうごかす武器をもっており、この武器は、われわれ庶民の幸福のために、使うときには使わなければならぬという責任を感じています。

本文はできあがっても、つきもの（表紙、口絵、カバー）一つがおくれたら、本はできあがらない。なによりも、まず足なみをそろえるんだ。

犬の本をつくる。すると、犬がかわゆくてしかたがない、——そういう本をつくれ。

人間としては上も下もないが、自分の責任において仕事をする人は上であり、しない人は下である。

ひろい意味のワンマンは、会社を栄えさせる。せまい意味のワンマンは、会社をつぶしてしまう。

検品《けんぴん》——むかし、東京外国語学校に貿易科というのがあったんです。

私はそこを出て、それから東大の仏文にいって、文士になろうとしたが、長い辛抱ができなくてとうとう出版人になってしまったんです。その外国語学校でおそわったのですが、コンファーム・レターというのがあるんです。途中で、この重大な手紙が紛失《ふんしつ》しては困る。到着しないようなことがあってはたいへんだというわけで、同じ文面のものを、ひとつ違う船に乗せて送りとどける。二通だすわけです。コンファーム・レター、あるいはレター・オブ・コンファメーションというのか知りませんが、そういうことをやるのです。イギリスとヨーロッパ大陸やインド、アメリカとの貿易につかわれたのですが、この心がけを出版の編集や業務上に応用したいものです。

これを読む人は当然わかるべきだ、わからなければ、わからぬやつが悪い、などといった考え方、態度は、ぜったいにいけない。あくまで、これならわかってもらえるというところまで、表現を、くふうすべきである。コミュニケーションの第一条件はそれだ。

ツルゲネフの『父と子』という小説が出たときは、きっと新鮮だっただろうよ。倉田《くらた》百三《ひゃくぞう》さんの『愛と認識との出発』も、そうだったろうなあ。

きのうのことは、いちばん古いといわれる。

夕刊が出たら、朝刊は十円では売れない。

「歴史」は、古くなったことを、新しく見せてくれる。

損得からいっても、君を生かすほうが、会社にとっても、君にとっても得《とく》じゃないか。

「出版は、こういうものだ。」という先入観からみたら、神吉晴夫の行き方なんかは邪道だというわけだろうな。

広告のしやすい本をつくれ。その意味では、宣伝部の篠岡《ささおか》昭雄《あきお》君の発言も、大いに役だつ。

もし、仕事のことで腹をたて、ふてくされて会社を休むようなことがあれば、それは、君が敗北したことになるんだよ。

ふたりが組んでやったから二倍――というのでは、あたりまえじゃないか。五倍か八倍の成績をあげてしかるべし。

私のことを「あたり屋」だという人がある。ところで、出すものが、かならずあたると決まってしまえば、おもしろくないよ。

人間の欲望に訴える産業、人間の欲望を誘いだす産業は、映画であろうが、化粧品であろうが、本であろうが、雑誌であろうが、そこに相通ずるものがある。

「カッパ・ブックス」は、きわものを出すといわれるが、ひとつの企画の実現に一年も二年もかけているのに、きわものとはなんですか。人工衛星が地球をまわった、それっというので、人工衛星のオモチャを売りだす、――そんなのと、まるでちがうんだ。

私は、こういうことをやっております。

たとえば、借金の申込みをうけたとします。さっそく断わりの手紙をかきます。

それを投函《とうかん》してしまう。あとで冷静になってから、「ああ、しまった、あんなことを書くんじゃなかった。二、三日たって、あの人にあったら、ちょっと顔があわせられない。どうもぐあいがわるい。」ということになる。

だから私は、興奮したり、人を攻撃したり、自分が攻撃されて反駁《はんばく》するときには、ただちに行動を開始しない。

手紙なら、書いた返事を、一晩ねかしておく。あくる朝、冷静な気持ちで、これならよいと判断できたら、はじめて投函するのです。

これは、まずいな。言いすぎている。文章が強烈すぎる。こんなことをしたためては、エチケットに反するし、こっちも損をする……などと、一晩ねかしておいてみると、そんなことが発見できるのです。

私は「出版界人」ではなくて、「出版人」である。出版人は読者を相手にする。

「カッパ・ブックス」の企画分野（昭和三十三年九月二十九日現在）

㈠ 社会正義に訴えるもの

例『裁判官』

権威の仮面をはぐもの。プレス・キャンペーン。「この旗の下にあつまる」といったもの。田中最高裁長官をして「世間の雑音にまどわされるな」と言わしめるようなもの。

㈡ 知識もの

例『経営学入門』

自分の生活を整理し、切りひらいてゆくためのドクトリン。「新しい教養」として、これからの生活方式を「変革」してくれるもの。

㈢　人間記録

例『少年期』、『愛は死をこえて』、『愛のかたみ』

「カッパ・ブックス」のきわめつけテーマ。このシリーズの永遠の柱になるもの。

㈣　心理学もの

例『心理学入門』、『面接』、『欲望』

人間を「心理学」という科学の道具で探究してゆく。

㈤　日本人の姿

例『裸《はだか》の日本人』

日本人の長所・短所を、歴史、つまり縦のつながりの面から探究する。民話、落書《らくしょ》、文学、経済、思想を手段にして、日本および日本人の姿を、現在の立場からえぐる。「前むきのための後ろむき」。

㈥　探検記、世界の窓

例『ネパール王国探検記』、『メキシコの青春』

日本および日本人の姿を、地理、つまり横のつながりで反省させるもの。日本人に自信と勇気をつけるもの。

(七) 日本の伝統の再認識

例『今日の芸術』

今日まで伝統として信じられていた各分野の権威を、「今日の目」で批判するもの。

(八) 実用物

例『エチケット』、『面接』

私たちの生活にむすびつき、そこで新しい仕事の知恵、暮らしの知恵として、プラスになるもの。

(九) 随筆

例『うらなり抄』

ヒューマン・インタレストの濃厚なもの。著者の人間臭フンプンたるもの。

㈢　小説

文学も社会現象である、というたてまえから考えたい。たんに、文学愛好家のための文学でなく、そこに民族心理の推移がうかがわれるようなものがよい。

なお、光文社で出版した小説でロングセラーになっているものは、「カッパ・ブックス」に再録していきたい。

昭和三十四年

思《おも》いこみ、思《おも》いあがる危険《きけん》。
常識《じょうしき》に立《た》ってする判断《はんだん》の危険《きけん》。

小《こ》味《あじ》は禁物《きんもつ》!

昭和三十四年一月七日、出版部企画初会議。

編集員　加藤一夫　糸原周二　高木幸雄《たかぎゆきお》　伊賀弘三良　塩浜方美　松本恭子《まつもときょうこ》

古田川浩《こたがわひろし》　犬田充　岡橋隼夫　（古知庄司　欠）

きみたちは、出版部長のぼくの、いわば旗本《はたもと》だから、ウンと実績をあげてくれ。

ことしは月三十万部、年間三百六十万部へもっていきたい。点数より、一点一点が大部数のもの、したがってアイデアがすぐれたもの、宣伝しやすいものを、たえざる努力で産みだしてほしい。

山崎豊子《やまざきとよこ》さんの『ぼんち』を読んだ、うまいものだ。以前に山崎さんから、たしか、原稿を見てくれという手紙をいただいた。まあ、いまとなってみると、縁がなかったわけだ。今後はいっそう、とびこみ原稿を、ていねいに扱いたい。

井上靖《いのうえやすし》先生クラスの作家とも縁をつけていきたいが、しかし原則としては、新人を発掘して世に送りだしたい。

他社で出版して売れたもののあとを追っかけるのは愚の至りだ。

小保方宇三郎《おぼかたうさぶろう》さん（講談社専務・のち副社長）が『にあんちゃん』を読んで、家族みんなで泣いてしまった。ついては、これを送ってあげてくれと千円送ってきたよ。

伊賀君（のち「カッパ・ノベルス」編集長）には、いままで、実用物など、彼の性に合わぬものをやってきてもらった。彼のやりたいものは、わかっているのだが、それをやらせなかった。

塩浜君（のち「カッパ・ブックス」編集長）は「助兵ェ出版《すけべ》」（といってもエロ出版ということではない。）ですぐれている。彼はいい意味でも、わるい意味でもジャーナリストである。

犬田君、ことしこそ君の存在を示す仕事をしてほしい。そのためには、みんなで犬田君を助けてやろうじゃないか。

加藤君、古知君、糸原君、保守的になってしまうと、若い連中に追いこされるぞ。ジャーナリストは、やわらかい頭脳でなくてはダメだ。過去の経験にあぐらをかくなかれ。

一年間に一冊の本で三十万部も五十万部も出るのは、その本の周辺、つまり相前後して出版した本にもきっと大きな、いい影響を与えるものだ。

いろいろのことがあるが、けっきょく、世のなかは、それでおもしろいじゃないかという気持ちだよ。たのしみながら、人生をつちかっていくという気持ちかな。

石鹸《せっけん》も本も同価値、いや、それぞれ違った価値かな、それに上下をつけるのは愚論だというのだ。本のほうが価値がたかいと考えるのは、エリート意識である。

まえにあるものに当てはめた価値の発見でなく、これまで、どこにもなかった価値を発見してもらいたい。

読者からいただいた手紙には、よく目を通してほしい。読者へ与える立場でなく、読者から受ける感覚を身につけてください。

みんながそろって納得して、ソツがない場合でも、できてみると、いっこう魅力がない本もある。また、だれにも役にたつかもしれないが、同時に、だれにも、どうでもよいといった程度しか魅力をもっていない本もある。

お涙ものでも、そこに明かるいスイートな要素がなくては、ひろく読まれない。

自分で蓋《ふた》をしてしまってはダメだ。こっちがテコでその蓋をあけようとしてもイコジになる――それではいけない。

自分に成案をもっていて、そのうえで、人の意見をとり入れ、鋭くし、みがきをかけるのだ。

(以上、出版企画初会議要旨)

真剣にやる――たよれるのは、これだけです。

原稿のなかに出てくる具体例は、戦後のものがよい。明治初年の西郷《さいごう》隆盛《たかもり》より、昭和二十年代の赤線の女のほうが、ピッタリすることもある。

一般むきの本は、結論を与えるのじゃなくて、その本を読むことによって、読者が自分の生活態度をはっきりと意識化すればいい。その本を砥石《といし》にして、感覚なり生活態度なりをみがく、そういう意味で、本というものは、日本人がデモクラシーを身につけていくための「共通の広場」になればよい。

古知庄司君のような殺風景《さつぷうけい》な男までが、「アジサイは美しいですね。」と言いだしたんだからな。世のなかは、いまや、人生をたのしむことを求めているんだ。

長い夏休みをむかえなさる大学教授に、絶好のチャンスだ、どう原稿をすすめていただくか、うまい作戦を立てろよ。

『赤と黒』だの『罪と罰』を出しておれば、いちおう商売になることは、おれだって承知している。しかし、そういう古典のセコハン出版をしないからこそ、今日、光文社はその存在を主張できるのだ。「創作出版」のよろこびと苦しみ、ここにありといえよう。

週刊誌は、すでに社会現象としてあらわれたものを、鋭角的にとらえてトップ記事にする。カッパの企画で、週刊誌と同じことをしていては、こっちの負けだ。カッパの場合は、現象としてあらわれないまえの、底に胎動《たいどう》し、うごめいているナニカを、一年も二年もまえに、いち早くかぎつけなくてはいけない。いろんなアンテナをはりめぐらしておけ。

共産党が『球根栽培法』というパンフレットで、指令を配布したそうだ。あれは、ちょっと、おもしろい。タイトルを考えるとき、参考になる。

伊賀弘三良君、もっと、聞き手をあふるように言えよ。「おれの言うことを聞かぬヤツは……」ぐらいのはったりをきかせろ。ボソボソと、色も艶《つや》もない話しっぷりでは、聞いているほうで眠くなるぞ。「企画発表会議」での君の発言は、なっちょらん。コミュニケーションがへただなあ。

「のっぺらぼうな熱心さ」では困る。つまり、「頭のわるい情熱」というやつさ。

そっぽをむいた読者を、こっちへ向けさせるくふう。――こいつに成功したら、読者がグングンひろまるよ。

カンヅメ、ヒモノは作りません。もっぱら、生《なま》のままの鮮度《せんど》をもった本、雑誌、それが私のところの売りものです。

光文社の存在を天下に誇示する「あっ！」というベストセラーを出せ。

この会議は、お互いベンキョウの道場なんだから、フリー・トーキングでいこう。

私もかってなことを言う。だから、アクセントをつけて言ったことを、いつまでも根にもってはいけない。

日本人は、科学《サイエンス》について、それが自分にどういう便利をあたえてくれるか、その結果だけは知りたがるが、途中のことには興味をもたない。そのことを頭にいれて、企画をたてること。

報告するときは、自分はわかっているのだが、相手の上長は、まだ、なんにも承知していないのだということを頭にいれておくこと。

つぎは、何を、どういう順序で話したら、相手が自分の訴えようとしていることを納得《なっとく》してくれるかを計算せよ。

『経営学入門』がベストセラーになったのは、そのまえに、「カッパ・ブックス」で『成功は君のものだ』、『面接』その他の下地《したじ》があったことを頭に入れておく必要がある。

スロー・アンド・クイックという呼吸さ。

「かくあるべし」では、いけない。それは政治の分野であって、出版ではない。

弱いなら弱い、強いなら強い、そこに、現代人に共通するものが感じられなければならない。

ぼくは相当有名だと、うぬぼれていたが、さて、銀行へいくと、カミヨシさんと呼ばれることがある。光文社という名まえだって、知らない人が多いんだなと考えると、ＰＲのむずかしさがわかる。ＰＲは根気のいるものだ。

日本では、〝おかわいそうに〟のほうが、うける。ただし、貧乏くさいおかわいそうにでは、これは歓迎されない。

爆発力を感じさせる作家を見つけてこい。

生命力を感じさせる本をつくれ。

「質」でたたかっておれば、「量」でも勝てるようになる。

自分で読者を捨ててしまっているようなことはないか、反省のこと。

〝自分〟をもっている人を、著者になってもらいたい。

その作品が力をもっておれば、一見タイミングにはずれているようにみえても、作品自体が自分でタイミングをつくっていくことがある。

他社の売れた本のあとを追っかけるのは愚《ぐ》の骨頂《こっちょう》。他人のペースに引きずりまわされる。

その筆者は、そのテーマについて、深い知識をもっておられるか、深い愛情をいだいておられるか、しらべてごらん。

現代人は自己防衛的でありすぎる。

ファシズムでなく、自信と勇気をあたえてくれる『英雄待望論』がほしい。

着手するまでは慎重に、着手したら夢中になれ。

思いこみ、思いあがる危険。
常識に立ってする判断の危険。

ジャーナリストは、いい意味のオポチュニストでなければならぬ。

「私の読者」が求めているからレジスタンスものを出版してきた。いまは、もう、レジスタンスものをあまり出さない。そこで、神吉は反動であるという人がある。私は、出版人として、そう言われてもかまわない。世のなかが動いているのだ。世のなかが流れているのだ。

思いこんでいることがあって、それにマッチしないからといって、スタッフの提出した企画を捨ててしまうのでは困る。つまり、既成観念にとらわれるな、自分の成功した経験にあぐらをかくな、ということさ。

『文章読本』といった本は、お筆先《ふでさき》（教祖）としての、魅力のある人でないと売れない。

人の悪口なんか耳にはいらないぐらい、ひとつの仕事に夢中になってほしい。私は夢中になって仕事をしてくれる人はたいせつにしなければならぬと思っている。

二十代で夢中にならないようでは一生ダメだ。夢中になれる人は、五十代でも六十代でもりっぱな仕事をしている。

十万部というところが、カッパの本の胸つき八丁である。

光と影のある本。

光と影のある人間。

ともに、魅力のある存在だ。

荷が勝ちすぎたテーマでは、いい原稿はできないよ。

著者に、ないものねだりをすると、どうしても原稿にムリができる。

情勢をそこへもっていくために、相手をおこらしたり、心配させたり、なにおっとおもわせたりする戦術も、ときに必要である。

自分で負け犬になるな。

ウソのほんとう。

伊賀君は、自分でフタをしてしまう。こっちがテコでフタをあけようとしても、いこじになる。そんな黙否権は、君にとっても損だよ。

塩浜（方美）君は、今夜あたりデンワをかけてきそうだな、と思っていると、ちゃんとデンワをかけてくる。こわいみたいだ。

日《ひ》高《だか》孝次《こうじ》・艶子《つやこ》夫妻の『エチケット』には、守って得《とく》になることが書いてある。べからず、べからずでは売れない。

古知庄司君への別れのことば（昭和三十四年九月二日）

君が、ふいにこの世からいなくなってしまったとは、どうしてもほんとうに思えません。先週の金曜日に午前から午後にかけて、ぼくたちは君を中心にして、「カッパ・ブックス」の兄弟双書「カッパ・ノベルス」を刊行するについて、前後四時間にわたって最終会議をやりました。その結果、全員が大いなる自信をもって、これでよいという結論を得ました。君は大活躍の第一歩として、さっそく田宮虎彦先生のところへとんでいきました。その夜、十時半ごろ、お宅の茶の間でテレビを見ていた君は、ふいに目が見えなくなったと、手さぐりで寝室にかえるなり、そのまま倒れてしまったと申します。

それでもぼくたちは二日もたったら、きっと意識をとりもどし、やがてもとの体になるだろうと、君の若さに期待をかけておりました。それが、一昨日の月曜日の午後九時半、お気の毒ですと宣告されたのです。たった一日、会社を休んで、それで死んでしまうなどとは、あんまり呆《あ》っけなさすぎます。どうしても、ぼくたちはほんとうにできません。

四十歳の若さの君は、これからウンと働いてと、あれだけ自信と、はりをもって仕事にあたっていたのに、それが突然こんなことになるなんて、くやしいかぎりです。中学生や小学生の、小っちゃな坊っちゃんとお嬢さんを、若い奥さんの手に残して他界した君は、うしろ髪を引かれる、せつない思いでありましょう。

思えば、昭和二十一年十一月十五日に、創立まだ一年そこそこの光文社に入社して、その後十三年間、会社の歴史と苦楽をともに生きてきた古知君、会社も君もこれからというときに君の逝去《せいきょ》のことを考えると、まったく胸のつぶれる思いであります。

君は終戦後、満州から引きあげてきて、まだ海のものとも、山のものともつかない光文社に、毎日、やせ細った体に、たぶん、兄さんから譲られたものでしょう、ダブダブの背広を着て、ゴム靴をはいて、ポコポコ音をたてながら、会社にでかけてきました。その姿、それは、そっくりそのまま創業当時の、敗戦直後の光文社の姿であったに違いありません。

その光文社も、十三年、十四年の風雪をしのいで、今日、ただいま日本の指折りの出版社に数えられるようになったのも、思えば感慨深いものがあります。古知君、君は光文社とともに成長してきたのでした。

古知君、君ははじめ「光文社の漫画文庫」の創設に熱意と努力をかたむけました。

やがて、少年探偵小説、少年冒険小説に異常な成績を示し、ついでおとなものの出版にあたっても、「カッパ・ブックス」の創設に人知れない、並々ならぬ苦労と努力をつくしてくれました。

ぼくたちが「カッパ・ブックス」の創刊を思いたったのは、伊藤整先生の『文学入門』の出版が機縁になっております。伊藤先生が、お原稿ができあがったとき、これは重苦しい本にしないでほしい、できるなら新書判のような軽装判で出してくれませんかとおっしゃった。と古知君、君が知らせてくれたのが、ぼくたちに「カッパ・ブックス」刊行の決意を固めさせてくれたのでした。

伊藤整先生の長編小説『火の鳥』の出版によって小説出版界における光文社の存在を、クローズ・アップしたのも、古知君の力のたまものと言わねばなりません。この『火の鳥』の出版の異常な成功によって、ぼくたちは小説出版に希望と方向を見つけだしたと言えるでありましょう。

やがて、古知君、君は田宮虎彦先生や井上靖先生、そのほか、多くの先生がたにご昵懇《じっこん》をいただき、つぎつぎに諸先生のお作品を出版するようになりました。とくに田宮先生と奥様千代さまの間にとりかわされました書簡集『愛のかたみ』の出版によって空然のベストセラーを作りあげましたのも、古知君のたゆまざるくふうと努力のたまものだと思います。

はじめ、小説は「カッパ・ブックス」のなかへ入れて、小説でない「ノン・フィクション」といっしょに出版しておりましたのでありますが、やがて、光文社が世に認められるにしたがって、どうしても、「カッパ・ブックス」はノン・フィクションの専門に、そして、それと相並んで、小説を専門に編集する「カッパ・ノベルス」という双書を出版する機運が向いてまいりました。その機運が熟して、その企画も最終の決定をみて、さあこれからだと編集全員が決意を固めた。その日、その夜、突然倒れてしまった古知君、そしてわずか二日間病床にあって、どうして君は、あの世にいってしまったのでしょうか。ほんとうに惜しい、ほんとうにくやしいかぎりであります。

このように編集企画者として優秀な才能を示した君は、一方で、とびぬけた行政的手腕、組織者的手腕を発揮しました。それは社内のひとしく認めるところとなりましたが、光文社が全社員の一致団結の力によって、これからいよいよ総合出版社として、天下に覇《は》をとなえるようになればなるほど、君のこのめぐまれた才能と手腕は、日とともに力を発揮するものと考えていましたやさきです。君の突然の逝去は会社にとっても、君にとっても、とりかえしのつかない損失をしてしまったと、残念で、残念でたまりません。

承れば、君のお父様も四十歳でご逝去されたそうです。五つでお父様に死にわかれた君は、お母さまや兄さまたちにたいへんお世話になって成長したと聞いております。君はいままた、お父様と同じ病気で、同じ年で、あの世へいってしまいました。あとに残された君の小さな坊っちゃん、お嬢さんもまた、若い奥様の手に残されてしまったのです。

これからあとは、また、年老いたお祖母さまや、伯父さまたちに、坊っちゃんたちがたいへんお世話になることと存じます。

しかし、ぼくたちも、また一同力を合わせて、何かとご相談にのり、お力添えをいたしたいものと思っております。どうぞ、ご安心ねがいたいと思います。

君の冥福《めいふく》を心からお祈りいたします。

光文社の「カッパ・ノベルス」誕生のことば

「カッパ・ブックス」Kappa Books の姉妹シリーズが生まれた。「カッパ・ブックス」は書下ろしのノン・フィクション（非小説）を主体としたが、「カッパ・ノベルス」Kappa Novels は、その名のごとく長編小説を主体として出版される。

もともとノベルとは、ニューとか、ニューズと語源を同じくしている。新しいもの、新奇なもの、はやりもの、つまりは、新しい事実の物語というところから出ている。

今日われわれが生活している時代の「詩と真実」を描き出す——そういう長編小説を編集していきたい。これが「カッパ・ノベルス」の念願である。

したがって、小説のジャンルは、一方に片寄らず、日本的風土の上に生まれた、いろいろの傾向、さまざまな種類を包蔵したものでありたい。かくて、「カッパ・ノベルス」は、文学を一部の愛好家だけのものから開放して、より広く、より多くの同時代人に愛され、親しまれるものとなるように努力したい。読みおえて、人それぞれに「ああ、おもしろかった。」と感じられれば、私どもの喜び、これにすぎるものはない。

昭和三十五年

ずれるとは、
お客《きゃく》さんにソッポをむかれることなり。

ぱつと感覚《かんかく》に訴《うった》える――
それがメーン・タイトルなり、
サブ・タイトルに出《で》てくるとよい。

一月二十七日（水）「カッパ・ブックス」編集会議。

今朝、新聞で週刊誌の広告を見ていて、ほんとうにいやになったよ。「大川橋蔵《おおかわはしぞう》さんが結婚する、ワー、ショック」これじゃ、まったく、一億総白痴のサンプルという感じだな。

しかし、だからといって「カッパ・ブックス」で、〝ピークだけの読者〟をねらってしまっては売れなくなる。自分のほうから読者を排撃し、自分の好む読者――つまり、知的で教養のある読者だけを歓迎する企画をたてるようになっては、たいへんだ。

せまく、たかく、するどい傾向にテーマを選ぶと、ピークの読者だけしか、ついてこなくなる。

週刊誌を読めばたりるものは、週刊誌でまにあっているわけだ。「カッパ・ブックス」は、週刊誌では求められないものを企画してほしい。

「カッパ・ブックス」では、現状にあきたらず、なんとかしたいと考えている人を読者対象にしているのだが、だからといって、冷静でよいというわけではない。いつも、「カッパ・ブックス」では『裁判官』（正木ひろし著）をやれとは申さぬが、あれを忘れてはいけない、と申したいのだ。

伊賀（弘三良）君、塩浜（方美）君、君たちは、お互いに競争心があると思う。なければ、ふたりとも、ぼくは軽蔑するよ。

大学の先生に本を書いてもらうときの注意。——大学の先生は、自分から進んで教えてもらおうとする学生を相手に講義している。心がまえのできている学生を相手にしている。

「カッパ・ブックス」のばあいは、心がまえのできていない読者を相手に書いてもらうのだ、ということを忘れぬように。

私は、二万部、三万部売れる本のことをいっているのではない。その点では、どの本も合格さ。「カッパ・ブックス」なら、二万部、三万部売れるのは当たりまえだといってもよい。十万部売れる本にするには、どうすればよいか、二十万部にのばすためには、この企画にはどこに限界があるか、を考えてくれ。

この企画は、十万部はのびるぞということになって、はじめて自信と情熱がわいてくる。タレント出版の妙味は、それだ。

読んでみて「ああ、おもしろかった」というのではなく、読まないまえから、「この本は、なんだかおもしろそうだ」ということでないといけない。人の気持ちをつかんだ企画、題名、副題をくふうせよ。

糸原（周二）君、「ハイ、わかりました。」と言っているが、わかっちゃいないよ。私のいうことが「皮膚でわかる」ようになってもらいたいな。

はじめからリミテーション（限界）をもった企画は困るよ。ただし、そのリミテーションをもっていることが、かえって魅力を増すばあいもある。

糸原君、君はよく、「私の本は、ベストセラーにはならないが、そのかわり長く売れます。」という。ぼくも、たまには「君のつくった本は長く売れるね。」と言うことがある。しかし、それは、君に対する同情票だよ。

塩浜君。君は「カッパ・ブックス」に女の子を忘れているよ。〝国民的カッパ・ブックス〟という課題を君に与える。

メーン・タイトル（主題名）とサブ・タイトル（副題名）は、いっしょになって一つの雰囲気《ふんいき》をつくっている。だから、メーン・タイトルとサブ・タイトルが重複したねらいでは意味がない。

篠岡（昭雄）君が広告作成のとき、よくメーン・タイトルとサブ・タイトルを離してしまうが、離れてしまっては困る。二つが合わさってその本の内容を力づよく伝えてくれるのだからね。

タイトルは、読者にイリュージョンをおこさせ、食欲をそそるためのものである。

だから、タイトルに結論が出てしまってはおもしろくない。買わなくてもわかったということでは困るんだ。

加藤（一夫）君。会議中、立ったり坐《すわ》ったり、出たりはいったりでは、会議ができない。会議を尊重してくれよ。用があるのなら、はじめから出席しないでくれ。

会議場へはデンワをしないようにと、交換手へたのむことにしようよ。

この企画に、「今日性《こんにち》」とか「現実性」があるかないかということは、いま、自分は月給二万円で、こんな生活をしているというような、現象をさしているのではない。そんなのは「糞《くそ》リアリズム」である。いま、胸のなかで、頭のなかで、何を求め、何を考えているかということだ。月の世界に行く方法、どうして行くかという未来性をふんまえた現実性をいうのだ。

大事をふむ、ということは、平均点をよくするということとは違うよ。

立ちあがってから、考えろよ。考えてから立ちあがるのでは優秀なジャーナリストじゃない。

（以上、一月七日の「カッパ・ブックス」編集会議でのメモ。）

『結婚入門』（J&J・レイナー著）や『催眠術入門』（藤本正雄著）は、大きな広告をすると、どうしても誇大《こだい》な感じをいだかせる。要注意。

論理で、割り切った近代感覚で、計算してやってゆかなくてはならぬが、同時に、日本の風土性、つまりナニワブシのムードをちょっぴり持たせたいね。

渡辺英幸《わたなべえいこう》君、入社してから九カ月になるそうだな。やっと君も「足手まといの存在」になった。いままでは、じつは「迷惑な存在」だったんだ。一日もはやく「戦力としての存在」になってくれろよ。

カッパの本は、学問的にはしっかりした科学的立場にたちながら、そんなことは、わしゃ知らんといった顔のものにしてほしい。

タイトルは説明ではない。センスである。おもしろそうだ、読んでみたい――そういう感覚に訴える力である。本文を読まなくて、買わせる魅力である。

『人生は芸術である』、『発明学入門』――最近出版された本では、この二冊は、読みたいなという気をおこさせる。

『もはや高地なし』(F・ニーベル C・ベイリー著)を、「カッパ・ブックス」の一冊として出版するにあたって——。

広島へ原爆を投下するといった異常な事件に「アメリカの本音《ほんね》」がでているかどうか。

言いわけや、かざりごとや、エチケットでなく、ほんとうのところは日本人を劣等視《れっとうし》しているアメリカ人の本音が出ておれば、この本は、日本で問題をおこすと思う。その点、どうだ。

世のなかのことは九分九厘、つまり9/10が記憶で、あとの1/10ぐらいが創意くふうである。先人の経験(記憶)に、ちょっと創意を加える、というわけだ。それが世のなかのほんとうの姿である。

私が創意くふうだ、アイデアだと天下に呼号《こごう》するのは、みんなが、経験だ経験だといって、過去の記憶だけが、たいせつであるかのように言う。

学校の教育も、そういう仕組みになっている。立身出世も記憶のよさによってきまる。だから、私はアマノジャクになって、アイデアがたいせつだ、アイデアがたいせつだと言っているんだ。

ところが、アイデアといっても、そんなにすばらしいやつが、毎日浮かんでくるものではない。ほんとうは、記憶も経験もたいせつである。創意くふうがたいせつだといっても無から有は生まれてこない。やはり記憶や経験があってのうえでアイデアが生まれ、創意くふうが出てくる。

私は、ずっと昔、本を読むということに疑問をもち、しばらく本を読まないでいたことがあった。すると、私の頭はカラッポになって、なんにも浮かんでこなかった。

そこで、アメリカの新聞雑誌の広告記事を読むことにして、そこから、仕事のヒントを発見するようになった。つまり、広告記事が触媒《しょくばい》になって、私の考えがでてきたのだ。

食いさがってゆく情熱のない人間は、なにごとにも成功しない。小林《こばやし》察《さとる》君、君は、食いさがってゆくことにおいては、他の諸君にひけをとらない。たのむよ。

伊賀君が「野間《のま》さんに会ってきました。」という電話をかけてきた。ところが、ぼくには野間という人が何人も知人にある。講談社の野間省一《しょういち》社長、画家の野間仁根《ひとね》さん、それに作家の野間宏《ひろし》という人の名も知っている。野間さんといっただけでは、どの野間さんだかわからないじゃないか。「小説家の野間宏さんに会ってきました。」と姓と名をあわせて言ってもらいたいんだよ。

『説得の仕方』の著者の冠地俊生《かんちとしお》さんからの電話で「カンチです。」と言われると、交換台では「カンキ」とまちがってしまう。「カンチ・トシオです。」と言っていただくと、ありがたいのだがなあ。ぼくは、いつでも「光文社のカンキです。」とか「カンキ・ハルオです。」と言うことにしているよ。

良書意識を捨ててほしい。「カッパ・ブックス」に優等生的良書ばかりできたら、世間から問題にされなくなるし、ベストセラーもうまれない。

先覚者とは、一般の人よりさきに、あることを意識化してゆく人のことである。

「文化」とは、「遊び」のことである。

「カッパ・ノベルス」編集長、伊賀弘三良君へ――「カッパ・ノベルス」を「カッパ・ブックス」と書きちがえるようでは、まだまだ、ノベルスに自信がないからだ。

名もない人間が世に出るには、目につくことをしなくてはならぬ。しかし、金も力もないから、どうしても軽出版《けいしゅっぱん》で出発することになる。電気屋さんでいえば軽電器で出発してうまく成功すれば重電機へ。ル・ボン・ノム。

『裸足《はだし》の王国』（日本女性アフリカ進駐記）元エチオピア宮廷女官 松本真理子 福本昭子著

小林祭君（この本の進行担当者）、松本《まつもと》真理子《まりこ》さんや福本《ふくもと》昭子《あきこ》さんに惚《ほ》れるんじゃないぞ。「宮廷女官」というところに惚れなさい。

二月二十四日夜、電話にて――。

「東京新聞」夕刊にでた『情事の人びと』(ベン・ヘクト著、新庄哲夫《しんじょうてつお》訳)の広告を見た。全体として、よくできているが、気づいたことを二、三申します。

一、私に見せてくれた広告原稿では「夫は他の女と寝たがる。妻は他の男にだかれたがる。」となっていた。

私は、これでいいのか、と念をおしたら、だいじょうぶです、と言った。それが、新聞を見ると「夫のすべてを知りたがる妻と、妻に秘密をもつ夫」と変わっている。私がダメを押したら、だいじょうぶですと言っておきながら、新聞社のほうで、これでは困るから改めさせてくれと言われて、急に改めるというのでは、いったい、どうしたことだ。

光文社も、もう一流の出版社といわれるようになったのだから、こうした点にも、見識《けんしき》をもってやってほしい。商魂はみとめるが、エロで売るというような、さもしい根性は困る。気をつけてください。
二、「版権本社独占」とある。これは「版権光文社独占」としたい。本社というのは、この広告がのっている「東京新聞社」のことだと思ってしまう読者だっているかもしれないからね。
三、伊賀君が火野葦平《ひのあしへい》氏の葬儀に参列するために、九州の若松《わかまつ》へ出むいたことがある。そのとき、新聞社の広告部の人に、「カッパ・ノベルス編集長」という肩書の名刺を出したら、「へえ、『カッパ・ノベルス』とは、なんですか。」といわれたそうだよ。うぬぼれちゃいけない。こっちは、相手が先刻ご承知ねがっていると思っていても、世間の人は、光文社のことなんか、たいして知ってくださってはいないんだよ。その「カッパ・ノベルス」は長編小説ということを売りものにしているのだから「カッパ・ノベルス」だけでなく、光文社の社名とつないで、「長編小説のカッパ・ノベルス」としたほうがよい。

われわれの考えていることを世間にむかって発表する機会は「広告」においてしかないのだ。いろいろな点に気をくばってやってほしい。

孫のことは孫自身が考える。

今日、生きているのが神吉晴夫だよ。

光文社の人間として生きているのが神吉だよ。

日本人のひとりとして生きているのが神吉だよ。

カッパの原稿には、いろいろな人の、いろいろな作品をいただくのは結構だよ。しかし、どんなことが書いてあっても、そこに、人生に対する誠実さが感じられないものは、頂戴《ちょうだい》してはいけない。

「カッパの本」というのは、「あなたも成功する」、「あなたも金もうけができる」、「あなたもしあわせになれる」といった、夢や希望や自信を売る「商品」です。

自分のことを正しく知らせることが、「自分を売り出す」ということである。ちっとも僭越《せんえつ》ではない。自分のことは、とっくに他人《ひと》が知ってくれていると思いこむことこそ、思いあがりだ。

自分をたいせつにする人ほど、他人をたいせつにする。

自分を抜きにして、世界は存在しない。

私はナショナリストである。同時に、インターナショナリストである。

私の社から新刊が出ますね。誤植《ごしょく》がいちばんさきに目につくのは、私なんです。そこで、みんなに、こういうことを申すのです。

「私が本を読んでいると、活字が、神吉さん、神吉さん、私、ここにまちがっておさまっているけれども、だれも見つけてくれません。どうぞ、私が場所ちがいのところに入れられて、困っていることを、担当の人に教えてください。」と呼びかけてくるのです。

文章には、ひとつの流れがあるのです。「神」も「吉」も「晴」も「夫」も、一字一字には生命は宿っていないかもしれない。しかし、「神吉晴夫」と四つの字が組み合わされて一団となると、生命が宿ってくる。文章には、ひとつのリズムがあります。そのリズムに乗ってみると、誤植がパッと目にとびこんでくる。どこかが狂っているなと気づくんですね。

もちろん、私が校正をやったら、本職にはかなわない。しかし、できあがったものの急所が私の目にうつるのだと思います。それは、多年、愛情をこめて真剣に出版と取りくんだ私の体験がモノをいっているので、技術がどうのこうのといっているのではありません。

この本の核《コア》はどこだ。

この広告の核はどこだ。

君の報告の核はなんだ。

セリング・ポイントのはっきりしない本なんて、売りものにならぬ。

宣伝のしようがないじゃないか。

まねるということは、自分のペースを忘れて、その亡霊《ぼうれい》に引っぱられることです。うまくいく道理がありません。もし、まねをしたいなら、アメリカのまねをしたらどうでしょう。しかし、それは、アメリカのまねではなくて、二十世紀の人間性の流れをつかむことなんです。アメリカから、近代の人間としてのものの考え方を学んで、それを日本の立地条件にあわせて風土化す。つまり自分ふうに生かせばいいわけです。

その仕事に、愛情をもち、情熱をいだいているかどうかで、その人間の価値も、その仕事の価値もきまる。

ずれるとは、お客さんにソッポをむかれることなり。

私のねらっているお客さまは一日も停止していない。たえず動いています。その欲望が移り変わっています。いっぺんうまくいったからといって、その成功にアグラをかいて、今やっていることを、いつまでも、そのままやり続けていたら、いつのまにか、お客さまの欲望が変わっていて、こっちがずれることになる。

流れ流れて止《とど》まるところを知らないのが実情です。その時代の欲求が変わっていく――それを忘れないでほしい。

喜劇――人間はうわさが好きです。となりの奥さんは、このごろどうだとか、こうだとか……。喜劇をよろこぶのも、こういう心理に通じているのです。

喜劇に、しわん坊なんかが出てくる。たとえばモリエールに『守銭奴《しゆせんど》』

というのがありますね。ほんとうは、あの芝居《しばい》は、人間のけちんぼさを象徴している風刺劇なんですけれども、あれを見ている連中は、「ああ、あれは、となりの爺《じい》さんそっくりだ。」とか、「一軒おいてとなりの婆《ばあ》さんみたいだ。」といって拍手喝采《かっさい》する。じつは、おまえさん自身がやられているのですがね。

人間というやつは、うまくいっているときはボロがでない。ひとつ、つまずくと、あちらからもこちらからも、ボロがボロボロ顔をだしてくる。

自分の意見を、ちゃんと述べなければ、相手は、きみを信用し、きみの存在をみとめてくれないよ。

トコトンまで考え、トコトンまで責任を感じる人間が、最高責任者である。

駅弁は、たいてい百円です。どこの駅弁も百円で、高すぎもしないし、安すぎもしない。なるほど百円払って百円のものが買えれば、がっかりはいたしません。

しかし私は、百円出して、百円の値打ちしかない本など作らない。百円払ってくださった読者へ、本を読む楽しみに、プラス・アルファーを差しあげる。そのアルファーがどんなものかは、もっぱら制作者が、その本にそそぎこむ愛情と理念によって、決まるのではないでしょうか。

永遠の野党はつまらん、ごめんこうむるよ。

われわれ日本人は、この日本列島に何千年、何万年と生活してきているから、その長い間に体得した、言うに言われぬ生命感にあふれたモラルがある。その庶民の心の底にひそんだ、素朴《そぼく》なモラルは生きているのだ。それを尊重しながら、目はたえず、われわれ、ひとりひとりの幸福完成にむかって、前向きの姿勢でいなければならない。

セールスマンとは「魅力」を売る商売なり。

マンガであろうが、週刊誌であろうが、スポーツ新聞であろうが、活字を読む人はインテリであり、文化人ですよ。私は、これを「インテリ大衆」と呼んでいます。

もしも私が共産党にはいっていたら、あの手この手で、相当なことをやっただろうと思いますね。ところが、いまの日本共産党は、人の足をひっぱることや、悪口の言い合いばかりやっているようだ。ほんとうは、共産党こそ、人間の欲望を満足させ、「あなただって、自信をもって生きていける世のなかにできる。」と、カッパ精神でやるべきだがね。

好きな画家はマルク・シャガール、ホアン・ミロ、そのつぎにパウル・クレー、つぎあたりがピカソ。日本では加山又造《かやまたぞう》が好きだ。桂ユキ子のものには、その生命のニヒル感に惹《ひ》かれる。岡本太郎《おかもとたろう》のものには、ものすごい生命の炎《ほのお》を感じる。

ぼくは、君にどなるとき、「バカヤロウー」とは言わないだろう。そんなことをいったら、ぼくをブジョクすることになるからだ。君をみこんでいたぼくが、目のないバカヤロウになってしまうからね。

自分の仕事に自信があれば、広告にも、販売にも迫力が出てくる。

私は企画者の君を大いに鍛える。ただし、その「鍛える」というのは、私の持っているものを君に押しつけるのではない。君自身の持っているものを引っぱり出してやろうとする。

私と縁のなかったやつは光文社をとびだす、気の弱いやつは泣き寝入り。

私に黙秘権を行使しながら、けっきょく自分自身のすすむ道を、パッと発見してくれたのが伊賀弘三良君だ。私は一度も伊賀君に押しつけたことはない。大いに鍛えてやった覚えはあるがね。

もっともっと自分の名前をたいせつにしてくれ。ぼくは、どんなところへ書くときでも書く以上は、いいかげんなことは書かない。神吉晴夫の名前が恥をかくからな。

自分のアイデアを大事にしたいなら、他人《ひと》さまの考えだしたアイデアも尊重しなけりゃいけない。その点では、われわれはアメリカ人に大いに学ばなければならない。

「新書」という名をつくりだしたのは岩波書店だ。オリジナリティをたいせつに考える私である。だから光文社では、「新書」という名を使わないことにしたのだ。

ひとりよがりの商品は、いくら宣伝しても売れない。お客さんは、そっぽをむいている。

読者に押しつけるのではない、共鳴共感度をたかめて、ブームをおこすのです。

仕事におもしろさを発見するまでは、さっぱりエンジンがかからない、――私はそんな男です。

ベストセラーとは「社会現象」である。

メーン・タイトル、サブ・タイトル即《そく》セリング・ポイント。

ハタでなんと言おうと、私はもともと、ベストセラーを作ろうと思って、本をこしらえたことは、まだ一度もない。ただアイデアが浮かぶと、それを胸のなかで、十分発酵させて、異常なねばりをもってものにしてゆく。そのうえ、いいものを作ろうとつとめる。そして、それを世間に出したとき、ベストセラーになる。ベストセラー作法とは、つまりそれなんだ。

われわれの国には「居ないと損をする」とか、「居ないやつは、いつも悪者にされる」ということばがある。

こういう人間心理は、どこの国でも同じらしい。イギリスやフランスにも、

The absent are always in the wrong.

Les absents ont toujours tort.

というのがある。おもしろいね。

昭和三十六年

アイデアがすぐれておれば、
資本《しほん》は、あとから追《お》っかけてくる。

反米《はんべい》は即《そく》親ソではない。

はじめから理屈をつけて、ものを見ないこと。

すなおに見よ。

他人の目でなく、自分の目でみよ。

「じつは私、頭がよくなりたいと思って『頭のよくなる本』を買い、机の上に三日《みっか》ばかり置いていたのですが、私の頭はちっともよくなりません。あの本はインチキです。」

こういう抗議の手紙がいくつか、著者の林《はやし》髞《たかし》先生のところへきました。

おまじないじゃあるまいし、これでは頭がよくなるわけがありません。

しかし、こんな手紙が来るぐらい、この本が日本中にブームをまきおこしたのです。

私も人間だもの、弱いところを強くみせようと、リキムときだってあるさ。

「思いつき」と「アイデア」とはちがいますよ。しかし、「思いつき」も、食いさがっていけば「アイデア」になるかもしれない。

有名人は、もう有名になれっこない。ビジョンが消えうせている。

岩波書店さんは身だしなみのよい美男美女。光文社は、そこいらに、ぎょうさんいる、あんたや私や。

アメリカを砥石《といし》にして、自分を磨《みが》き出せ。アメリカのまねをするな。売れるものを、売らないつもりなのかなあ、と思われる新聞広告がある。

みんなが、「こりゃ、だれかが考えるだろう、解決するだろう。」ということになっては、民主主義の世界になりっこない。

おれのことを文句《もんく》ばかり言うオヤジだと思っているだろうが、ほんとうに信用したら、一言《ひとこと》も文句はいわない。君が、うすきみわるくなるほど、なんにも言わん。おれが文句を言うのは、一度注意したことを、また失敗したときとか、まかせても、ちょっと心配だなと思っているときだ。

どうにもこうにも、ご縁のない人には、もちろん、文句は申しません。文句をいうだけ、こっちが損をする。

「敗戦」である、それを「終戦」でごまかしている。日本人は、真実がこわいのか、美辞麗句《びじれいく》が好きなのか。

「ご足労ねがいます。」というよりは、「お知恵を拝借したいのですが……。」と言ったほうが、相手は早く来てくれる。

理屈や論理だけでは人はうごかせない。大学を出たなんてことは忘れて、火の玉になってぶつかっていかんと、人はうごかせないぞ。

内容が充実していて、はじめて、やさしく書くということができる。

企画のセリング・ポイントについて――。
著者が、「うん、わかった。」とおっしゃっても、ほんとうは、わかっていないことが多いんだよ。

平均して「よい本」は、つまらない。

校正をやっている持丸《もちまる》（輔夫《すけお》）君が、その原稿を、まず「こりゃ、おもしろい。」と言うようだったら、かならずベストセラーになるね。
出版局に備えつけておく本が、いつのまにか、なくなるようだと売れるよ。おもしろいから、だれかが持っていっちゃうからだ。

本や雑誌の定価の数字をまちがえるようじゃ、どんなにうまいことが書いてあっても、その広告文全体が信用されない。

「神吉晴夫の利用法」の研究がたりない。そうじゃないか、君。ぼくは最高責任者だ。ぼくに相談したら、すぐ決定することを、ぼくを抜きにして、ワヤワヤやっている。時間の浪費だ。エネルギーの消耗だ。

われわれは、ジャーナリストであるまえに、まず人間だ。

アメリカの一流商品は、相手にその商品を押しつけず、相手の心の中の欲求を、どんなぐあいに引っぱり出し、それを自分のところの商品と、どう結びつけるかに苦心している。このへんの呼吸が心にくいほどである。メーカーとしての与え手と、コンシューマーとしての受け手とが、ひとつの商品を共通の話しあいの場として、おたがいにプラスしあい、おたがいに人生をたのしもうとしているように思われるのだ。

広告とは、提供する商品が、お金を支払うお客さんに、どれだけ、プラス・アルファーになるかということを、自信をもって呼びかけることである。

企画がぬるま湯になったら、創作出版、タレント出版をやっている光文社は、いつでもぶっ倒れるぞ。

早く光文社の人になってください。

三年たっても社員にならない人もあり、五年たっても社員になれない人もある。そうかと思うと、入社三日にして社員になってしまう人もある。

篠岡（昭雄）君、君はアド・ライターのベテランのはずだ、本に縁のない人も買ってくださるような広告をつくってくれ。

私は、担当者の熱心な態度の度合いで、読まずして、この原稿は大丈夫、いい原稿だと判断することもある。

人間には選択権がある。拒否権もある。だから読者は、たよりになる。

全学連のやりかたには批判もあるだろうが、どんな権力にも屈しないぞという、若い日本人のエネルギーとしてみれば、これをみとめてもよい。

馬場《ばば》（真美《しんび》）君（営業局・業務部長）、みんなの意見に耳をかたむけるようになって、君の理論は、だんだん厚みが出てきたよ。

『頭のよくなる本』——このタイトルは、読まずして、「これは読まなくてはならんぞ。」と感じさせる。こういうタイトルなら、必ずベストセラーになる。

『頭のよくなる本』と『頭がよくなる本』。この「の」と「が」のちがいがわかるかい、君。読者に、意志力を強要しては、ベストセラーにならんよ。

『頭のよくなる本』というだけでは、そそっかしいやつに、赤本《あかほん》とまちがえられる。それに「大脳生理学的管理法」というサブ・タイトルをつけて、光文社式赤本を誕生させたのだ。つまり、これまでの赤本に科学という権威と、愛情という親切をそそぎこんで、この本ができあがった。

市川元夫《いちかわもとお》君、君が宣伝部へ移って、はじめての作品（野口益栄《のぐちますえ》著『文化式洋裁子供服』の広告）を見ました。その中に「春近く一家の服装プランニングに好評」という横文字が使ってあります。

プランニングということばは、この本の読者に、すでに、したしまれているかどうか、たしかめてみましたか。

君のまわりの女性にきいてみてごらん。デザインということばと同じくらいに洋裁用語として、なじまれているのならよい。まだ、あまり使われていない英語だったら、使わないほうがいいね。

近ごろ、加美乃素本舗《かみのもと》のテレビの広告は、あっぱれだね。「失地回復」なんて文句は、髪が後退しつつある中年の男性には、ピンとくるじゃないか。なにかの機会があったら、あそこの宣伝部の頭脳活動を、ほめてあげたい。

『記憶術』(カッパ・ブックス)の広告の原稿をみせてもらった。具体的に、この本の〔主要内容〕を並べてある。○記憶できるのだという自信をもて　○記憶しようと意図すること　○注意ぶかく観察せよ　○意味をはっきりと理解せよ　○自己に適した方法をえらべ……これでは、こちらの手のうちを、すっかり明かしてしまってるじゃないか。ストリップも全ストでは、がっかりだよ。ふくみのある、何だろう、何だろう、と思わせるくふうがないと、まちがいなくベストセラーになる本も、ならずじまいだ。

こんな広告では、読者は、「ああ、そうか」だ。買いたいという気がおこるかい。この本に百六十円投資しても得《とく》になる、プラス・アルファーになるという気がおきないじゃないか。

たとえば「忘れないくふうは、どうすればよいか。」といったふうに改めなさい。

「面白倶楽部《おもしろクラブ》」の休刊について、ある広告代理店の人の、質問に答えて——。

「『面白倶楽部』を存続させることが、経済的に大きな出血《しゅっけつ》だから休刊にするというのではありません。そのくらいの出血だったら、いまの光文社はなんとかなるところまで、土台ができております。

私たちが『面白倶楽部』の休刊を決意しましたのは、斜陽の運命をたどっている倶楽部雑誌の編集にたずさわっている社員諸君のことを考えるからです。希望と夢のない仕事をやっていて、意気が阻喪《そそう》し、せっかくの才能も発揮できないということになったらと、それをおそれるのです。多少の経済的マイナスなど、それほど問題にしておりません。」

自分の能力のことは棚上《たな》げしておいて、条件ばかり、いいとか悪いとか、うんぬんするのはどうかな。ローマのオリンピックで山中毅《やまなかつよし》選手が四百メートルに負けたのは、一カ月早くローマに来すぎたからだ、などというのが、それだね。

プラン三つ——。

『日本絵画史』これを「パトロンは誰か」という角度から。

『ネパール王国』だけに秘境があるのではない、日本にもある。『秘境日本』はどうだ。

むかし、人心観破術ということがはやった。『読心術』という企画はどうだ。

ある事情があって退社した人間がいる。その男は、われわれのことを、いろいろと遠吠《とおぼ》えするかもしれない。しかし、われわれは、外部に向かって、絶対にその男の悪声《あくせい》を放たぬことにしよう。「人間を見る目」ということで、いい勉強をさせてくれたのだからな。

著者から、こっちのねらっているものをひっぱりだすつもりで、じつは著者をこっちのペースに引きさげているようなことはないか。まず、著者が、何を言おうとしているか謙虚にきくこと。相手の考えを、のっけから拒否してはいけない。

ぼんやり見ておったら、それっきりになってしまうことが多い。こっちに問題意識が出てきたら、これまで見えなかったことが、急に見えてくる。それが事業であり、それが人生だと思います。

新雑誌創刊準備中の金井《かない》武志《たけし》君に——。

本でいえば、ベストセラーになるのは、ごく平凡な真実につながっていて、しかも、おどろきがある。そのへんのむずかしさ、おもしろさを、雑誌にとり入れられないだろうか。

福岡《ふくおか》市での文化講演会へ、空路、出かけたときのことだ。どこかの旅行団といっしょになった。

そのグループのなかの一人が、下に見えている町について、仲間ともめている。

「いや、この地図に書いてある。あそこが四日市《よっかいち》にまちがいない。」

ところが、その日は天候の関係で、いつものコースとちがって、四日市の上空は、飛ばないのだ。

このとき、社長が私につぶやいた。

「人間ってやつは、とかく活字になったものを信用してしまう。この人も、地図より地球のほうが早くできたのを忘れているぜ。こわいね。」
（秘書の塩出重昭《しおでしげあき》君の話）

これはと思う青年社員を、思いきって上級の管理職につけてみたい。彼が、もし未開発の器量（才能・統率力）を持っておれば、上級職につくことによってものを見る目がひろくなり、考えかたも深くなってくれるだろう。すぐれた人間というものは、置かれた地位、役職によって、新しい世界がひらけてくる。これが名詮自性《みようせんじしよう》というやつさ。

管理職の諸君——。
「権兵衛《こんべえ》がタネまきゃ烏《からす》がほじくる。三度に一度は、追わずばなるまい。ズンベラズンベラ」——この俚謡《りよう》の意味がわかるかい、君。

正確であることは、親切であることだ。

あいまいさ、不正確なのは、不親切というより、むしろ相手にとって有害だ。

「郵便料がバカ高くなりました。ぜひ、お近くの書店でお求めください。」

というのを、うちの出版物の広告文の中へ書きこむこと、——これは、社長命令だよ。

雑誌「少年」（定価百六十円）を、北海道や九州から注文してくださる人があったとする。その郵送料が、なんと定価とおなじく百六十円もかかる。それで、なお遅配《ちはい》ときている。

こんなバカバカしさを、社会的批判として、訴えたいのだ。

君と僕——これは、殿《との》さまと家来《けらい》という人間関係から生まれたことばです。

いまの時代にぴったりくる、なんとか、新しいことばが、つくり出せないものかなあ。

昭和三十七年

まをぬくと、まがぬけていることは、大ちがいだよ。

『流《なが》される』には、エゴがない。
『流《なが》れる』には、エゴがある。

サムボデイ（Somebody）とは、何かある人間――つまり、その人のいることが、まわりにプラスになることだ。

ノーボデイ（Nobody）とは、なんにもない人間――つまり、その人のいることが、まわりに、なんの役にもたたない、いや、かえって邪魔《じやま》になることだ。

どこの社会、どの職場でもいい、サムボデイになれば、他人《ひと》が進んで、あなたを売りこんでくれる。

光文社には、芝居《しばい》の裏方《うらかた》さんのように、黙々と働いている人たちがたくさんいる。出版局の進行をやっている高木幸雄君もその一人である。高木君には、一年に二回か三回しか声をかける機会がない。しかし、私は、けっして高木君を忘れているのではない。

渡辺英幸君、近ごろ君のことを、いろいろと言う。それは君のことが、ぼくの頭を占領しているからだ。はやくいちにんまえの戦力になってくれ。ぼくは光文社全体のことを考えねばならん。いっぱい仕事があるんだ。そのぼくの頭の中を、いつまでも占領していることに対して、君も考えてくれるところがあってしかるべきだよ。

自分がやりたいと思っていることだけが、やりがいのある仕事ではない。要は、いまやっている仕事に、やりがいを発見することだ。

みなさんに「私が、私が……」と申しあげているのですが、この「私」というのは、複数です。光文社では、人材がどんどん育っていますから、神吉晴夫ひとりが「私」ではありません。ただし、私は、そのエネルギー源ではありますよ。

プロデューサーとは、メーカーとコンシューマーとが同居している人間のことです。こっちにアイデアがあり、自主性があり、しかもセリング・ポイントをつかんだ人間にして、はじめてプロデューサーといえるのです。

私は、これまでの一生をふりかえってみて、自分でほんとうになりたかったのは、小説家だけです。

それが、私のしてきたことといえば、全部、他人《ひと》の命令で、ああせい、こうせいと言われてやったことばかりです。

それで私は、同じやるなら、その仕事がおもしろくなくてはいけない。仕事におもしろみを発見すればエンジンがかかる。なにくそ！ という根性をうちこんでやっているうちに、自分がエキサイトしてしまって、夢中になる。

ちょうど私が、文豪を志望して小説が書けなかったように、みなさんだって、その会社で、自分の好きなことがやれる部署にはいった人は、おそらく少ないと思います。けれども、みんな、これ、縁ですね。

私も、いま六十年の生涯《しょうがい》をふりかえってみて、じっさい、私がふれあった、あらゆることが、ふしぎなご縁だったと思います。

と申しますのは、自分がその仕事に合うか合わぬかは、ほんとうは、やってみなければわからぬことです。まず、やってみる。すると、あんがいおもしろい。やる気がおこる、研究心もわいてくる。夢中になる、――というふうになってくる。つまり、仕事に縁があったのです。

こう考えると、世のなかはすべて、縁がないようで、縁がある、という気がしてしかたがないのです。

敵を変じて味方にしてしまうのが、ほんとうのセールスマンである。つっけんどんに取り扱われたら、この相手は脈があると思え。張合《はりあ》いのある相手だ。

エゴ（自我）をもった日本人をつくる、エゴをもった地域社会をつくる——これがカッパの本の任務である。

日本では、すぐマネが出る。アイデアをひねり出すより、てっとり早く他人《ひと》のマネをしようというわけだ。らくだからな。とくちんだからな。いつでも敵さんはマネという密着戦術《インスタント》で来る。だから、こっちは、その密着作戦をグーンと引きはなして、独走しなけりゃならん。しんどいこっちゃ。

私のところにくるデパートや銀行からのダイレクト・メールをみますと、私の名前の「神吉晴夫」が、「神木」になったり、ときには「神」が「紙」になったり、「吉」が「喜」になったりしているのです。名前のほうも「春夫」、「晴雄」ひどいのは「晴吉」となっているのもある。せっかく金を払ってアルバイトをやとい、時間をかけてそんなことをしながら、受けとった私に反感をいだかせる。

中にはいっているものには、よいことがいっぱい書いてありますよ。「日本一信用のある銀行です、私のほうにお預けになれば、あなたは繁栄する……」なんてね。これは、メーリング・リスト（手紙をだすものとの台帳）を、しっかり検品しておけば、神木晴吉なんて名前で私をがっかりさせないと思います。

悪口をいうわけではありませんが、大口の取引きさきの旦那といっしょに、ウイーク・デーにゴルフに行く。だから、支店長は、ダイレクト・メールでこんなことが行なわれているとは、ご存じない。われわれ庶民と手をにぎって、こまかく金を集めようということでしたら、私は、こういうところへ気をくばられるのも、あんがいたいせつではないかと思います。

しかも、私が、そういうまちがいを発見してから三年になりますが、同じ銀行からいまだにまちがったままのものがやってきますよ。

（銀行の青年幹部のセミナーにて）

本でも雑誌でも、いや人間でも、実用性、物語性、扇動性の三つをそなえていないと、売りものにならない。

私は、学者のように、研究の成果や、「結論」を申しあげるのではない。私は、いつでも「告白」しているのです。自分のやってきたこと、考えていたこと、失敗したこと、とびあがって喜んだこと、くやしかったこと、うまくいって、うぬぼれたこと、等々、そのままぶっつけた「告白」なのです。あるいは、あれもやりたい、こうしたらどうかという「夢」さえも、ときに告白しているのです。

自分の現状に不満を持っていて、それを解決したい人びとが、私の読者です。

肉体だとか、精神だとか、あるいは生活環境、社会組織——そういうものに対して、なんとか、もっとよくなろう、もっとよくしたいという欲求をいだいている人びとが、私の読者です。

カッパの本の念願は、そういう読者といっしょに、われわれの社会を、もっと住みよいものにしよう。いまの日本をデモクラシーの世のなかに、ほんとうのものにしていこうじゃないかということです。

だから、私の読者は、大学を出ている、出ていないというようなことは末の末です。ドイツ語、フランス語を知っている、知っていないは関係ありません。みんなが使っている、ことばを知っていればよい。現代人として、人間性ゆたかな、生き生きとした感情をいだいている人びとが、私の読者です。

「はじめに消費者の欲望ありき」

私は、「あなたの求めていらっしゃるのは、これでしょう。きっとご満足いただけますよ。」と、読者の欲望を刺激する、——眠っている欲望の目をさますのが広告であり、宣伝だと思います。白を黒といって相手をダマスことではない。

有名になることのこわさを、よく承知していてほしい。十のことが百ぐらいに評判をたてられるよ、とりわけ、悪いことはね。

大多数の読者は眠っている欲望をもっています。では、どうしたら眠っている読者の欲望を目ざめさせ、購買行動に移させるか。まず、広告による呼びかけです。

たとえば、本の広告には、新聞第一面の三段八つ割りの小さな広告がよく使われます。しかし、これは、とくに本の好きな、ごくわずかな人にしか気づかれません。

私はもっと大きな広告を使って、本が出たことを知らせるだけでなく、社会的ムードを演出したいのです。「あなたの求めていらっしゃるのは、これでしょう。この本は、きっと、あなたにご満足を与えますよ。」と、読者の欲望をさそいだすわけです。

社長の悪口を陰でいうことは、社員である君自身の悪口をいっていることだ。自分を恥ずかしめていることだ。自分にツバをひっかけていることだぞ！　何かで社長に反対なら、堂々と正面切って論戦すべし。

社長である私がどう思うか、顔色ばかりうかがっているのはやめてくれ。それじゃ、君のエゴもなければ、自分をたいせつにするということもないじゃないか。君はどう思ったか、そして、それをどう解決したいか――私の聞きたいのは、それだよ。

古典とはなんぞや――「おまえは、あさってになったら消えてなくなるようなベストセラーを作っているが、百年たっても千年たっても残る、古典となるような本を出さないのか。」と、よく言われる。

私は、それに対して、こう言うのです。わざわざモリエールやシェークスピアを引き合いに出さなくても、例を日本にとれば、近松門左衛《ちかまつもんざえ》門《もん》がある。彼は、当時の京・大阪の裏だなのかみさんたちの井戸端《いどばた》会議でのウワサ話、心中や人殺し、暴行事件をとりあげて、町人たちを喜ばすために、そのニュースを人形浄瑠璃《じょうるり》にしたものじゃないか。作者・近松門左衛門は、三百年後の文学者たちから、これこそ日本を代表する芸術作品だと褒めてもらいたいために書いたかというと、そんなもんじゃない。サービス精神で書いたものが、結果において、人間精神の底にふれたものになっているからこそ、今日もなお、生命をもっている。

門左衛門は、そのときそのときの対象に、情熱をぶちこんで書きあげた。おそらく、この作品を古典にしてやろうなどと考えてはいなかったはずだ。あれは古典だ、これは古典ではないなどというのは、ときの流れと、のちの世の人が決めることだ。ものを創《つく》りだす人間は、自分の創ったものを、同時代の人たちに共鳴・共感してもらって、その人たちの生活を、いっそう豊かにできればと願っているのだ、ただ、それだけだ――というのが、私の本音《ほんね》なんです。

週刊誌は新聞社でなければやれないという世間の既成観念をくつがえした「週刊新潮」。ここにも、先人のペースにまきこまれないで、自我を生かして成功した実例がある。ものみな、自分の立地条件を活用せよ。

旺文社《おうぶんしや》の赤尾好夫《あかおよしお》社長は、〝虎の巻〟といわれていた受験用の赤本を、〝学参物〟にたかめた人です。受験生に愛情をいだいて、精魂こめてやってこられたからこそ、それができたのです。たいしたものだ。

「みいちゃん、はあちゃん」といわれる若い世代の欲求不満を充足させながら、日本人にデモクラシーのほんとうのありかたを、はっきりさせていこう。そうすれば、おのずから、新しいモラルがそこから生まれてくる。その地盤を開拓しようとしているのが岩堀喜之助《いわほりきのすけ》さんの雑誌「平凡」です。

心理的かつ生理的に、その両方の緊張感と喜びを感じさせないものには、現代性がない。

こっちがお客さんを招待しておきながら、知らぬまに、こっちがお客さんになってしまっている、――君にそんな経験はないか。

「光文社と関係していれば儲《もう》かる、プラス・アルファーが多くなる。」

——そういわれる会社にしたいね。

ブルドーザー役——私は、何百ページかの紙を売るのではありません。そんなら大学ノートのほうが値打ちがあります。また、有名な著者先生の名声にすがって本を売らしてもらうのでもありません。読者が求めているもの、つまり、読者自身の欲望を買ってもらいたいのです。私の仕事は、その読者の欲望をさぐりあてて、それを掘りおこすブルドーザーの役だと考えています。

誤解してくれちゃ困るぜ。ぼくは、「神吉晴夫を砥石《といし》にして、みんなが自分のなかにもっている才能を自分でひっぱりだせ。」と言っているんだよ。神吉晴夫そっくりの人間になれ、——なんて、号令をかけているんじゃないんだ。

洗脳《せんのう》はファシズム。

開発はデモクラシー。

八紘一宇《はっこういちう》の日本人でなく、世界の共同体における日本人として、相手国の人と堂々と手をにぎる、あるいは競争する、そういう日本人になりたいという気持ちなら、全学連に賛成してもよい。

日本の道路は、世界に悪名《あくみょう》をとどろかせている。自動車では快適というわけにいかない。自転車ではスピード感が出ない。自動車より安くて、自転車よりスピード感がある。――そういう点が、本田宗一郎《ほんだそういちろう》さんの、オートバイ・メーカーとして今日成功したひとつの条件になっているのではないか。

意識的にあぐらをかいている人なんか、光文社にいるはずがない。自分でも気がつかないあぐらをかいていないか——それを反省してもらいたい。

『易入門《えきにゅうもん》』が売れたら、「あれは易ブームになっていたから売れたのだ。」という人がある。そうじゃない、『易入門』によって潜在易人口が表面に浮かびだし、ブームがおこったのだと思う。

私自身が、もっと英語に強くなりたいと願っている——それが、英語の本を企画する場合、まず、根本的な条件である。

竹田吉朗《たけだよしろう》君（宣伝部）。いままでは教育大の独文出身らしく、よそのインテリ出版社の宣伝部へ入門していたんだな。ちかごろ、やっと、光文社の宣伝部へ入門してくれたらしいよ。

糸原周二君、君は社長室長だが、「社長室長」と「社長」とは、たった一字だけのちがいじゃないよ。そこんところをわきまえておいてくれ。

ちかごろ、ゴルフは猜疑心《さいぎしん》の培養競技じゃないかと思うことがあるよ。ぼくが、まだビギナーだからかもしれないね。

おたがいの繁栄、共同の繁栄のために必要な労働組合であってほしい。

まだだれも気がついていない「人間の欲望」を発見するのが、アイデアマンである、プロデューサーである。

怒りも、ときに美徳になる。

いままでは、もう日本中の人が、だれでも光文社のことを知っている——などと考えるのは、たいへんな思いあがりである。まだ、ようやっと事業がいとぐちについたにすぎない。自信をもつのはよいが、うぬぼれたら、それこそ光文社はいつでもつぶれてしまう。

新聞には、A出版社、B出版社、C出版社……の広告が載《の》る。その一つとして光文社のものも掲載されるのである。

だから、うちの広告それ自体がよくできていても、隣《となり》の広告、あるいは、対向面《たいこうめん》の広告に圧倒されて、注目効果が半減するばあいもありうる。環境《ミリユー》の中の自己主張はどうかということだ。

そのへんのことがわかるようになると、君もいちにんまえに近づいたといえる。

君の想像で、事件の推移を私に報告してくれては困る。私の判断が狂ってしまうじゃないか。正確なデータを陳述することが秘書の役目だ。

マスプロの第一条件は、「単純化」、「スピード化」ということである。たとえば、「女性自身」を、表紙も口絵も、本文と同じ紙を使ってやれないかな、と考えてみてくれ。「カッパ・ブックス」だって同じだ。

交渉ごとでは、即答してはいけないばあいが多い。それを、自分ひとりぎめで即答すれば、なんか社で偉い人間のように相手が思うだろう――なんて、とんでもない浅はかな考えの者がいる。そんな社員が、うちにもいるんじゃないか。

社長のぼくだって、事と次第によっては「帰って、みんなと相談してから、ご返事いたします。」ということもあるよ。

会社の組織化ということは、社員のひとりひとりが、何を考えているかを、組織というクダを通って、社長の耳へスピーディに達するようにすることです。

黒崎勇君（取締役・編集局長）のえらいところは「女性自身」の創刊第一号の大失敗を、すばやく第二号で切りかえた、その変わり身の早さだ。これこそ、かれがジャーナリストの第一条件をそなえている証拠である。

「女性自身」が三年にして八十万部に達したことも、おどろくべきことだが、私はむしろ、創刊号の失敗を創刊号だけに止めてしまった転換のすばやさこそ、あっぱれだと言いたい。

これまで行なわれている出版は、いわゆる欲しい人、読みたい人が、そっちから求めてくれればいいじゃないか、そっちで勉強してやってきなさい、そうしたら、この本の学《がく》の深いところがわかるよ、というやりかたでした。著者も、出版者も、そう考えていたようです。

私は、そうではなく、こっちから呼びかけていくことが、たいせつだと考えるのです。呼びかけていけば、いわゆる「眠っているお客さま」も目をさまし、こっちの味方になり、同志になり、あるいは同時代人としての喜びを共感しあえる。

その呼びかけは、メーン・タイトル、サブ・タイトル、あるいは宣伝のしかた、本の見出しのつけかた、著者紹介、その他、いろいろなところにあるはずです。

「やさしい心理学」とか、「一時間文庫」などという書名や双書名がついている本は、それだけでもう読者のプライドが傷つけられる。わざわざお金を出す気にならない。

自分の考えを十五分でしゃべることも、自分の思っていることを原稿紙三枚で述べることも、一種の才能開発の方法である。いずれの人生にも、何かの制限がある。その制限内で目的を達せねばならぬからだ。

本は、かたぐるしいものだ、気らくには手にとって読めない、——そう思っている人たちにとって、『英語に強くなる本』は、これを買って机の上におくだけでも、英語に強くなれるというイリュージョンというか、夢をもたせる。

アメリカでは乞食《こじき》だって英語をしゃべってるじゃありませんか。あなただって、きっと英語に強くなれますよ、と希望をあたえる。――そういう願いが、いつも私のなかにあるのです。

偶然、なにかひとつベストセラーになったからといっても、その会社にアイデアマンがいなければ、あとが続かないでしょう。すべては「企画性に徹せよ」です。仮にベストセラーが出ないようなことがあっても、ベストセラーをうみだすエネルギーをもった人間がたくさんいるかぎり心配はない。時代感覚の鋭い、たえずこっちから働きかけていく頭脳をもった人間が私の会社に何人いるかが問題です。要はエネルギー源の培養にあり、です。

「カッパ・ブックス」も、もう八年か九年になりますが、根本の考えかたは、創業当時とつながっております。ただし、そのあらわれかたは、違ってきております。それを「創業当時のカッパは……」なんて、若い連中にしゃべりまくっている人がいたら、その人は既成概念《きせいがいねん》にとらわれてしまっているのです。

われわれはメーカーであり、コンシューマーなんです。コンシューマーの欲望が変われば、われわれも変わっていかなければいけない。ただし、変わるということは、右になったり左になったりすることではない。関連性、連続性がなくてはいけない。その連続性のうえに立って、変わっていくのは当然です。

そのことで注意すると、「いや、社長は創業当時、よく、こう言われた……」と食ってかかるイサマシイやつがいます。

「バカヤロウ、まえにやっておったことだから、よかった、わるかったなんて、そんなことは言わぬことだ。君子《くんし》豹変《ひょうへん》とは、このことだ。」

いまでも、カッパの本のメーン・タイトル、サブ・タイトルだけは、私が最後の決定をいたします。

題名というものは、商品の顔です。それをとおして、お客さんとのコミュニケーションがおこなわれるのですから、売れゆきに大影響あり、あだやおろそかにできません。タイトルそのものがアイデアです。だから、タイトル決定では大いに論議をつくします。それはまた、社員の才能開発にも大いに役だっていると思います。

本のメーン・タイトルとサブ・タイトルをきめる、いや、きめてもらうことは、担当者にとって、まさに難行苦行《なんぎょうくぎょう》。「君のセンスも、そろそろずれてきたね。」、「なんだ、君、せっかく苦労してできた、こんなすばらしい原稿に、つまらんタイトルをつけて、売らないつもりか、もったいない話だ。」、「このタイトルでは、返品五割は確実だ。」残念無念、こんちくしょう！

よその出版社の連中は、いいなあ、よい原稿をもってくれれば、それでオッケイだろう。それにひきかえ、カッパときたら、これからが胸つき八丁だ……。

ここに一例として、星野《ほしの》芳郎《よしろう》氏の『マイ・カー――よい車わるい車を見破る法』が決定するまでに、担当の渡辺英幸君が、社長へ提出したタイトルとサブ・タイトルの一部をかかげてみよう。

タイトル

〔日本の自動車〕〔自動車《くるま》の魅力〕〔国産車〕〔マイ・カー時代〕〔マイ・カー時代の自動車〕〔良いクルマ悪いクルマの見分け方〕〔乗用車（マイ・カー）〕〔自動車《マイ・カー》への招待〕〔乗用車《マイ・カー》への招待〕……〔マイ・カー〕

サブ・タイトル

〔クルマの良し悪しを見破る法〕〔マイ・カーをズバリ分析する〕〔クルマを選ぶ戦略・戦術〕〔よいクルマとわるいクルマを見分ける術〕〔マイ・カーの性能総まくり〕〔全マイ・カーの性能を分析する〕〔あなたに合うマイ・カーの選び方〕〔良いクルマ・悪いクルマの見破り方〕〔消費者（ドライバー）の目で採点する〕〔あなたのマイ・カーをどれにするか〕〔あなたのマイ・カーはどれがよいか〕〔外車コンプレックスからの解放〕〔どこに魅力を感ずるか〕……〔よい車わるい車を見破る法〕

このメーン・タイトルとサブ・タイトルをいろいろに組み合わせ、その一つ一つを原稿用紙に一枚ずつ清書するのだから、三十か四十ぐらいになる。

社長も編集長も担当者も、へとへとにくたびれるのが、タイトル決定会議。

ロゴスとパトス——君たちは大学を出て、出版という知的活動にしたがっている。いわば知的従業員だ。そこで、とかく、冷たいロゴスにとりつかれてしまう。その結果、カッパの企画傾向が知的（理論、理屈）にかたよりがちだ。

しかし、カッパの本は、冷たいロゴスを底にひめた温かいパトス、つまり、知性をふんまえた感性、感覚、感情にうったえる企画をたててもらいたい。

岩波新書とカッパの本は、似ているところもある。しかし、根本的にちがっているところは、ロゴスとパトスの問題です。

まをぬくと、まがぬけているとは、大ちがいだよ。

昭和三十八年

会議《かいぎ》には、ユーモアが必要《ひつよう》だ。
愚直《ぐちょく》な議長《ぎちょう》は、笑《わら》いの価値《かち》を知《し》らぬ。

人生の大部分、一日の大部分を光文社ですごすのだ。いい会社にしようじゃないか。

私、神吉晴夫のことを、世間さまは「ベストセラーづくりの名人」だとおっしゃってくださる。しかし、私は、ほんとうは「アイデアマンをつくるアイデアマン」と言われたいのです。

ヒトラーは結論をおしつけ、右むけ右！　左向け左！　と命令した。私は、結論をおしつけてはいない。問題を提出して、それを、みんなで考え、みんなで結論を出そうとしている。「洗脳《せんのう》」ではない、「開発」だよ。

私も戦前・戦中の教育をうけた人間だから、やっぱり権威主義、エリート臭《しゅう》がコビリついている。まだまだデモクラシーの人間じゃない。自分のなかにも非人間的なもの、亭主関白《ていしゅかんぱく》的なところもある。そんなものを取りさらねばと反省すればこそ、デモクラシーだ、ヒューマニズムだと、一生けんめいやっているのだ。

人間、バカにしちゃいけない。おたがいに尊重し、同じ気持ちでつきあいをしなくちゃいけない。それが世のなかというものじゃないか、という気がいたします。

光文社は、ひとつの会社のなかに、ものを創造する研究所的なものと、それをマスプロ化する工場的なものとがいっしょになっている。しかも両方のバランスがとれなくては、仕事が完成しない。それだから、むずかしい問題が出てくるわけだ。

坂本藤良《さかもとふじよし》さんが『経営学入門』の内容を「人間関係」にしぼって書いたのは、当時の立地条件を考えてのことである。だから、経営学ブームがまきおこせたのだ。

メーデーとは、働く人間の祝祭日じゃないのか。会社もお休みにする。だから、諸君全員が参加することによって、愉快な、たのしい一日にしてほしい。

ほんとうは、おれも参加したいくらいだ。

ある面からみればエリートであり、べつの面からみれば庶民。これが新エリートである。つまり、私のいうビジネスマンは、こういう性格をそなえている。

私は、去年、五百五十回も会議に出席しているそうだ。それだけに、諸君は私のためにも会議には、キチッと出てくれ。時間の尊重こそ、近代ビジネスの第一条件じゃないか。

出席者十人の会議に、たった一人が十五分おくれて出てきたら、会社としては二時間半の赤字になる。「タイム・イズ・マネー」とは、このことだ。

経営セミナーがはやるためだろう、アメリカの形だけをまねて、会議さえやれば民主的運営だと思っているものがふえてきた。

会議、会議で日をくらす。バカの骨頂《こっちょう》さ。

仕事の成績をあげるための会議だ。

会議の目的は、仕事の目標をはっきりさせ、能率があがるようにするにある。

会議のテーマは何か？　何時から何時までか？　出席者全員に、前もって、はっきり伝達されていなければならぬ。

目的のない会議は、会議とはいえない。

会議にはいる前に、会議のテーマと会議の時間を確認せよ。

一つの会議に一つのテーマ。

会議は、一時間をよしとしたい。二時間以上になっては、だらけてくる。

斎藤《さいとう》（梅治《うめじ》）君（取締役・営業局長）、君の議長ぶりも近ごろうまくなった。とにかく会議での議長の役わりは、つまらない意見がへって、生きた意見がポンポン飛び出すようなムードをつくることだね。

会議をやる場合、部内に残った人たちが、仕事の進行にさしつかえないようにしてもらいたい。何をやってよいか、わからずに遊んでいる、そんなことがないようにしてください。

管理職ばかりが承知していて、会議で決定したことが、部内に伝わっていない。「へえ、そんなこと、おれたち聞いていないや。」というようなことはないか。

「会議」という制度の奴隷になり、ガヤガヤ、ワヤワヤ、会議にふりまわされていないか。

会議での他人の失言を、いつまでも根にもつな。根にもつほうが損をする。

営業局の対外的・対内的な政策《ポリシー》をテーマにして知恵をしぼるのが、営業局の次長会議のありかたです。それが、事務のうち合わせ会議になっているんじゃないかな。

欧米では、百年も二百年もつづいている会社がたくさんある。日本では、特別の場合をのぞいて、会社の生命が短いのは、なぜだろうか。いろいろの理由はあるだろうが、私は、デモクラシーの精神が、その国にしみこんでいるか、いないかの違いだと思います。

「カッパ・ブックス」で『物理学入門』が出ている。企画スタッフの君たちは、さぞかし物理に強いはずなのに、〝風が吹けば、机の上の原稿用紙が吹きとんでしまう〟という物理現象のＡＢＣには、いたって弱いよ。「論語読みの論語知らず」なんて悪口をいうつもりはないがね。

世のなかがどんどん変わってきている。既成観念にとらわれていると、視野《しや》がせまくなり、おいてけぼりをくうぞ。こわいねえ。

むかし、読んだアメリカの本に、こんな話が出ていて、いまでも忘れないでいる。新聞記者がスクープ（特種記事《とくだね》）をとったとき、ぜひ守るべき一線がある。それは、「スクープした記者が、スクープされた人のところへ、もういっぺん、堂々と乗りこんでいけるような、気持ちのよいスクープをやれ。二度と顔を合わせられないようなスクープは絶対にやってはいけない。」という鉄則。

これは、光文社の諸君にも守っていただきたいので、申すのです。

やるだけの手を打ち、これなら大丈夫ということでやってくれ。それでもなおトラブルがおこるなら、大いに戦おうではないか。その第一義的なことをしないで、第二義的、第三義的なことで問題をおこすから、私はほんとうに困る。

「女性自身」の森繁《もりしげ》氏事件なんかが、それだ。私だって、あんなことになったら、カンカンに怒るよ。あれは、担当記者の人間性の問題だ。ジャーナリズム以前のことである。

原稿を読んでいるとき、「ここんところは怪しい！　何かあるぞ。」とカンがはたらかなくちゃ、デスクとして、いちにんまえじゃない。

私は、こんどの事件（森繁氏事件）で、週刊誌のデスクの重大さを痛感した。デスクがしっかりしていれば、クレームの問題は、大半なくなる。

デスクには刑事の目、検事の目がなくちゃいかぬ。私は、アイデアマンとしてのデスクに比重をかけすぎていたようだ。

「もう少し入念に」、「もう少し慎重《しんちょう》に」という心がけがあれば、編集でも、営業でも、なさけない問題がおこらないですむ。

週刊誌は、しめ切りの関係で、速戦速決の意志決定をせねばならぬことが多い。それだけに、デスクよ、責任が重い。ご苦労なことだ。

犬山《いぬやま》市の、熊木寛包というひとから、森繁氏事件について、バリザンボウをつらねた、はげしい手紙が社長あてにきた。

「こうした手紙は、たいてい、無名か変名でくるものだ。それなのに、この人は、ちゃんと住所・姓名を明記してくださっている。だから、こちらも、その間《かん》の事情をよく説明したお返事をさしあげよう。この手紙がご縁になって、熊木さんが、従来以上に光文社のファンになってくださるかもしれないじゃないか。いや、きっとなってくださるようなご返事をさしあげよう。」

こんどの事件ばかりじゃない、なにかトラブルがおこったとき、光文社のことを、いろいろ心配してくださる方もあれば、ケチをつけてやれとお考えになる人もあるだろう。

かといって、そういう人を恨んではいけない。そういう人がおられるということで、逆に私たちに対して、ひじょうな刺激になるんだと思って、そのマイナスの刺激をプラスの刺激に転換していくということが、ほんとうに値《ね》うちのあることと思う。

週刊誌というものは、私たちが、今日ただいまの日本に生きているということを、実感させてくれます。楽しみも与えてくれます。人生のよろこびも与えてくれます。日本人として考えなければならぬことも、具体的な社会現象を通じて取りあげてあるはずです。それを、エロだ、グロだと、数えたてて、だから週刊誌はけしからんという結論をくだしてはいけない。

週刊誌は、もともと、トラブルがおこりやすいのです。それは、こういうわけだからだと思います。

新聞なら、ひとつの事件を扱うばあい、それはニュースなんです。ニュースというのは、ライターが意見をくわえない。できるだけ、ありのままを伝えるのが、たてまえになっております。ただ、それをニュースとしてのせるか、のせないかの問題であり、他社を抜くか抜かれるかの問題であって、事実そのものには、Aの新聞とBの新聞で違いはない。

ところが、週刊誌は、そのニュースのなかへ批判というものがはいってくる。コメントです。批判というものは、ほんとうは時間をかけてやらなければ、まちがいを防ぎきれない場合もある。――この条件と

この条件と重なりあって、こんな事件がおこった。こんなときは、時間をかけて入念にやれば、まちがいもおこらない。それはわかっていても、とにかく一週間でしめ切ってしまわねばならぬ。しかも、トラブルはえてして、しめ切りまぎわにおこりやすいのです。それに競争も、苛烈《かれつ》をきわめている……。

とりわけ、出版社から出している週刊誌は、まだ十年たつかたたないかです。新聞社のものは四十年、五十年かかって、ここまできたものです。だから、われわれは、技術的に未熟なところを早く卒業するとともに、出版社から発行する週刊誌の特色を、ますます発揮したいものです。

週刊誌は、これからも問題があるでしょうが、人間の関心事、欲求に、ただちにこたえてくれるのが週刊誌です。新しい時代の産物です。それを、未熟だからといって、袋たたきばかりしていて、育てようとしないのは、まちがいです。これは、なにも週刊誌だけでなく、少年期、青年期にある産業にもある問題です。

保守と革新とのたたかい——過去の経験、過去のものにすがりついている保守と、新しく生まれてくるものを大いに育てていこうとする革新とのたたかいは、私は永遠につづくと思っております。

（「女性自身」に関連した森繁氏事件問題について、全社員への訓辞の一節。）

「あいつがいるから、おれは出世ができない。」——なんというケチな根性だ。これじゃ、もう先がみえているよ。

管理職とは、部下を戦力にする役目である。

どこの会社にだって、百パーセント完璧《かんぺき》な管理職などいるものじゃない。「あいつに任《まか》せておけば、現状からさらに一歩でも二歩でも発展させてくれるだろう。」こんな信頼と希望がかけられる人材が多ければ多いほど、それは発展する会社である。

現場をまかせるアシスタントができると、上級管理職のなかには、「よしなに取りはからえよ」と、まるで昔の殿さま気どりになってあぐらをかくものがある。それじゃ、光文社も〝危《あぶ》ない会社〟になってしまうじゃないか。

清水崑《しみずこん》画伯に、管理職諸君の似顔絵をかいてもらった。なかには、あんまり似ていないな、と思って見ているると、それがだんだん似てくるから妙だ。崑さんは、やはりセリング・ポイントをつかんでいるのだな。

随筆の本にだってセリング・ポイントはあるよ。

常識を心得たものだけが、常識を克服できる。

現代は、コミュニケーションの時代だ。コミュニケーションがうまくいけば、会社は栄え、社会は繁栄する。

長瀬博昭《ながせひろあき》君（「カッパ・ビジネス」編集長）、まずオーソドックス（本格）。さてそこからどう脱《ぬ》けだすか。君なら、オーソドックスに、しがみついていないだろう。

本格ばかりにしがみついていると、凡庸《ぼんよう》になる。
変格ばかり追っかけていると、軽薄になる。
本格をベースにして、変格を前面に押し出せ。

上長に報告するときは、その仕事のなりゆきを、前後の事情がわかるように報告してほしい。その日の報告だけでなく、一週間まえ、一カ月まえ、あるいは三カ月まえからの仕事の流れはこうだというふうに。たとえば、ここ半年間の毎月の返品のカーブがこう動いている、一年間の売りあげの上昇線・下向線はこうだとか、肝心なポイントがわかるような報告をしてください。

会社とはコミュニケーションの道場であり、戦場である。

「広告」は会社の顔である。広告に魅力があれば会社にも魅力がつく。

文は人なり、広告は会社なり。

発注者意識——お流れをつかわす立場。

受注者意識——お流れを頂戴つかまつる立場。

「発注者」は「買い」だ。「受注者」は「売り」だ。人間ながらく「買い」にまわっていると、世のなかを甘くみる習性がつく。「売り」に自信がないと卑屈になってしまう。

社員の配置転換をやるのは、一セクションのエキスパートでおわってもらいたくないからです。ひとまわり大きな人間になってもらいたいためです。

社員の、ひとりひとりが陽《ひ》のあたる部署についてもらいたい、――これが社長としての私の願いです。

陽《ひ》があたるか、あたらないか、ほんとうはその人の心がけの問題なんですがね。

自分をたいせつにする社員には陽《ひ》があたる。自分を粗末《そまつ》にする社員には、太陽がさけて通ってしまう。

編集がうまくやってくれたら会社が繁栄し、編集がまずかったら会社はお手あげだ――などと営業の連中がいつも、こんな受け身では困るんだよ。光文社は営業陣でささえているんだ、ぐらいの気概でやってほしい。藤岡《ふじおか》（俊夫《としお》）君（書籍販売部長）どうかね。

編集は「営業ファッショだ」といい、営業は「編集ファッショだ」という。その意気、その意気。かくて会社はいよいよ繁栄するさ。

正直に申して、うちの営業局の人たちは、出版局・編集局の人にくらべて、コミュニケーションがへただ。これは、ふだん、社外で接する人がきまっているからです。たとえば、販売部は取次店さん、広告部や宣伝部は代理店の人、業務部は印刷や紙や製本関係の方々――おたがい長年の顔なじみで、ツーといえば、カーとわかってくださる。相手を説得する必要がなくなって、だんだん自己演出力が弱まってきているからじゃなかろうか。

広告をいただけないような雑誌は、私はやりません。と申すより、「光文社の雑誌は、うちの商品の媒体としてうってつけだ。ぜひ、広告を出させてくれ。」と、スポンサーの方々が言ってくださるような雑誌にしてもらいたいのです。

馬場（真美）君、君が広告については、ズブの素人《しろうと》だから、君に広告部長をやってもらうんだよ。いまや経験にあぐらをかく時代じゃない。お流れ頂戴、カバン外交だけじゃ、スポンサーが首をタテにふらんからね。

原価意識をもて。――本は売れた、雑誌は売れた、ところが利益はパーということだってある。

編集長、副編集長ぐらいは、原価意識をもってほしい。さもないと、営業局の連中と太刀打《たち》ちができない。

りっぱな編集長とは、ビジネス感覚を身につけたプロデューサーなんだ。

丸尾《まるお》（文六《ぶんろく》・常務）さん、私は、まえまえから、考えているんだがね、会社全体が一週間ぶっとおしに夏期休暇をとることにしたいから、ひとつ、実現の方法を考えてくれませんか。

週刊誌や月刊誌も二つ出しているし、各部局には、それぞれのつごうがあるから、とても、いっせい休暇はとれないということになる。だから、とにかく、いっ、せ、い、休暇をとるという前提のもとに、どうしたらそれが実現できるか、努力してみてくれませんか。

悪書などというものは、そんなに、たくさんの人間が関心をもっているわけではない。むしろ、悪書追放という運動が、活字を読む喜びをうばったり、拒否していくことにつながる危険のほうが多いんじゃないか。

それよりも、雑誌や本は楽しいものだということを鼓吹《こすい》したほうが、ずっといい。PTAのお母さん的なものの考え方でなく、雑草主義でいったほうがいいじゃないか。それを、若い人たちを、全部、精神薄弱児、非行少年あつかいにしているところに、問題がある。

珍しいあいだは、大衆はひじょうに歓迎するが、飽きてくるとポイと捨てていく。そうすると、こんど新しいものを受け入れるには、一段階あがったところで受け入れる。捨てていくのも、一段階あがりながら捨てていくんだ。いまの政治家や文化評論家の心配は、すこし神経過敏じゃないかという気がする。

これまでは、大衆と、指導者やインテリというのは別のものであった。大衆から出てきながら、もう、おれは大衆じゃない、おれは選ばれた人間だ……なんてね。しかし、これからは、ある面からみれば指導者であるが、ある面からみれば大衆だという、そういう時代になってこなくちゃ、民主主義は育たないという気がする。

大衆から離れて、おれはエリートだといって、自分が生活してきたところと別の考えをもっているものは、もう古い。

インテリの方々が、文化、文化と心配なさっていますが、日本民族には、そんな心配を吹きとばす強靱《きょうじん》な生活力がありますよ。新しいものが出ると、すぐとびつく。しかし、そのうちに飽きてくると、ちゃんと自分で選択して、自分は自分ながらの風土に合わせたものを創《つく》りあげていく。中国から文化を受け入れたときも、まるで中国が本国で日本は属国だという気持ちになったこともあったが、やがてそれが平安朝になると、がっちり日本独特の文化を生んだ。私は、そういうところを歴史的に信頼しているんです。

君のカオがつぶれるのは、まあ、君にがまんしてもらえばよい。光文社がつぶれてしまっては、たいへんだな。

『頭のよくなる本』に「大脳生理学的管理法」という学《がく》のありげなサブ・タイトルをつけたり、講演のとき、言いわけをしたりするところをみると、商魂たくましいといわれる神吉晴夫にも、まだまだ「インテリのしっぽ」が、くっついているよ。

小学館の「女性セブン」についで、こんど講談社から「ヤングレディ」が出ることになった。こいつも「女性自身」のライバルになるだろう。黒崎勇君、君、講談社の椎橋久《しいはしひさし》君と〝仲よく喧嘩《けんか》しながら〟競走してくれ。

光文社は、創業の精神を「創作出版」においた。過当競争の戦場でこそ、お家芸の「質」の追及に徹すべきである。

かしこく戦え、おろかに戦うな。

ライバルのペースに巻きこまれるでないぞ。
「こういうことをやらしてください。」、「よかろう。」とオッケイをあたえた。
こっちは、その後、結果がどうなったか、心待ちしているのに、いっこう報告がない。
これを、これ「鉄砲玉社員」という。

子どもの科学マンガが、テレビでも本でも大流行している。あれには人間の原初《げんしょ》のすがた、人間のバイタリティと、未来の、科学時代への空想、あこがれ、この二つが自由奔放《ほんぽう》に流動しているようだ。それが、現代っ子に歓迎されるのだろう。「鉄腕アトム」や「鉄人28号」の大成功の秘密がここにある。

谷口尚規《ひさのり》君は、子どものことを〝ジャリ〟などと、ぜったいに言わない。子どもに愛情をもっているんだ。だから、子どものをやってもらっても大丈夫だという気がしてきている。彼の手がける「カッパ・コミクス」は、きっと成功するぜ。第一弾の「鉄腕アトム」がたのしみだ。

谷口君よ、「谷口は、自力で編集長になった。」と、みんなに言われるように、大いにがんばってくれ。いまが、君にとって、いちばん大事なときだ。三年後輩のあいつが、おれより一足早く、デスクになった、――なぞと気にするな。人生は長い。君の成長ぶりを見るのがたのしみだ。

ナショナルの松下幸之助《まつしたこうのすけ》さんが、大阪《おおさか》から上京されるときのことだ。

同行の人に「マーケティングというのは、どういうことか。」とたずねられたそうだ。

その人は、かねてアメリカでマーケティングについて勉強していたので、名古屋《なごや》あたりから始まって、浜松《はままつ》をすぎ、静岡《しずおか》もすぎたが、まだ、その説明がおわらない。

列車が大船《おおふな》に近くなったとき、松下さんが、ぽつんと、つぶやかれた、「いろいろ説明をきいたんだが、けっきょく、マーケティングちゅうのは、じょうずに儲《もう》ける法ということやな。」

これは、松下さんを語るエピソードとして、「カッパ・ビジネス」の『太平洋海戦と経営戦略』にも出ている話だ。

ところで、松下さんの言われる〝じょうずに儲ける法〟ということを、私流に解釈して、〝花も実《み》もある出版〟が、それだと考えている。

われわれは、読者に、定価以上のプラス・アルファーをさしあげようと一生けんめい、雑誌や本をつくる。お客さんが喜んでくださる。その結果として、われわれも儲かる。それが〝花も実もある出版〟である。商売をやっているのだから、花だけが、ぱあっと咲きそろっただけでは困る。

さりとて、花はどうでもいい、実だけでよろしいのでは、働き、がいがない。

花もきれいに咲き、実もどっさりと実ってくれる仕事をやりたい。私は、そういう願いをいだいて毎日、働いている。

君は、おれの〝虎の子〟だ、その虎の子が、しょんぼりしていては、おれのほうも、さっぱりだよ。

光文社は、ケレンのある才能でささえられているのではない。積みかされ方式で、誠実にやってくれる社員がふえ、その力が、目にみえないエネルギー源となり、蓄積になり、かくて会社をささえていくのです。そこのところへ、才能を自己開発してくれる社員がふえてくれば、鬼《おに》に金棒《かなぼう》万々歳です。

会社にプラス・アルファーをくれる社員が多くなればなるほど会社は栄える。会社が栄えれば社員の生活はぐんぐんよくなる、——そんな会社にしようじゃないか。

出社の途中、自動車の中から G.S. という看板を見て、なんのことかわからぬままに、この頭文字《かしら》二つを組み合わせてみたら、どうなるか、いろいろ考えてみた—— Gasoline Stand ; Geneva Station ; General Staff ; Great Statesman ; German Ships ; General Strike ; Good

Service ; Goroh Saito〔斎藤五郎〕Girl Stripper ; Gorgeous Show ; German Seminar : Go Slowly……

頭の運動にもなるし、自分の教養の程度や考えの広さを知るテストにもなる。

もう一度ダメをおしたいのだが、時間がない、しめきりが迫っている。これでがまんしてもらおう――なんて「もう、このへんで精神」がいけないのだ。

こんな「がまんもの」を出していたら、よいことは絶対にない。第一、お客さんに申しわけないと思わないか。

私は、もう二百回ぐらい、東京・大阪そのほかで講演をしただろうか。たのまれれば、万障《ばんしょう》くりあわせて出かけていく。それは、二つの理由からである。

まず、光文社のPRをさせていただく、またとないチャンスだからだ。もう一つは、しゃべることで、もやもやしている私の考えが意識化され、思いもかけぬ自己発見ができるからだ。でなかったら、自宅《うち》で、ひるねでもしていたほうが、よっぽど私にプラスになる。

日本的風土からいうと、年功序列的な考えかたも、全面的に否定したくない。いっぽう、才能のある若いエネルギーは、どんどん抜擢《ばってき》して、思うぞんぶん働いてもらいたい、——こんなむずかしい問題と対決しているのが、目下の私であります。

お客さんの目も口も肥《こ》えてきている。それが「現代」というものだ。

恩人には二つあります。無視と冷笑で私を憤激させた人、それはマイナスの恩人。私をあたたかく迎えてくれた人、それはプラスの恩人――いずれも苦境から、私を奮起させた恩人です。

「カッパ・ビジネス」創刊にあたっての挨拶（昭和三十八年三月二十日）

光文社では、三月二十五日を期し〝カッパの本〟の姉妹双書として「カッパ・ビジネス」（Kappa Business）を創刊することになりました。

かえりみますと、昭和二十九年十月十日「カッパ・ブックス」がカッパのマークとともに、日本の読書人の前に姿をあらわしてから、すでに十年になろうとしております。はじめのうち「カッパ・ブックス」は、社会科学も人間記録も小説も、そのほかすべての部門の書き下ろし作品を包含してまいりましたが、今日までに一八五冊を刊行、発行部数二千百万を突破いたしました。ところが創刊五年にして、まず小説部門が枝わかれして「カッパ・ノベルス」が誕生しました。これまた今日までに六一冊、七百万部を突破いたしました。こうして〝カッパの本〟は「カッパ・ブックス」と「カッパ・ノベルス」を合わせて二千八百万部を越えようとしております。

「カッパ・ビジネス」を、今日なぜ創刊するかにつきましては、別紙の「カッパ・ビジネス誕生のことば」に語りつくされていますので、ここでは省略させていただきます。いずれの場合にも〝カッパの本〟は時代が強烈に求めているテーマを敏感にとらえて、そこから今日的な新しい価値を具象化していくことを使命としてきました。わたくしたちは、これを称して「創作出版」と名づけております。

日本はいまや〝ビジネスマン時代〟になろうとしています。「カッパ・ブックス」には、すでに『成功は君のものだ』、『経営学入門』いらい、十数冊のビジネス関係のものを刊行し、ビジネスマン時代の母体を培養してまいりました。いま、その母体から、ときを得て「カッパ・ビジネス」が独立、世に出ることになったわけであります。ここに「カッパ・ビジネス」の創刊にあたって「カッパ・ブックス」の誕生から十年、さらに「カッパ・ノベルス」の独立から五年という歳月の足どりをふりかえってみますと、総発行部数二千八百万突破という、〃無から有を生み出す〃出版の事業もまた、自信と不安の入りまじった多難な道であったと、スタッフ一同感慨一入《ひとしお》のものがございます。しかし、つねに広く読者の欲求と、筆者諸先生の発想と、編集スタッフの意欲とが相呼応して一個のエネルギーと化し、そこから生まれ出た同時代人としての共感共鳴によって、日本の出版界はじまって以来のみごとな成果をあげることができたものと確信しております。さいわいに、このような深き相互信頼の基盤のうえに、今日、第三の姉妹双書

「カッパ・ビジネス」は誕生することになったわけであります。ここに、これまで、わたくしたちのために何かとご声援くださいました、あなた様にあつくお礼申しあげるとともに、今後「カッパ・ビジネス」を盛りたてていただくために、いっそうのご指導とお力添えのほどを、あらためて心からお願い申しあげます。また、あたらしく「カッパ・ビジネス」のために、企画、執筆などのうえで、おちかづきいただく先生方には、なにとぞ格別のお知恵を頂戴いたしたく、ここに、ご挨拶かたがたお願い申しあげるしだいでございます。ありがとうございました。

光文社の「カッパ・ビジネス」誕生のことば

かつて、議会制度発生の国、大英帝国では、マーチャントが国の隆盛に貢献した。今日、民衆の国アメリカ合衆国では、ビジネスマンが国の運命を支配している。いまや日本の産業人は、貿易の自由化によって、国の内外を問わず、自力で国際競争に立ち向かうべき時代に直面している。苛烈な試練ではあるが、世界に雄飛する絶好のチャンスでもある。

さいわい、われわれには、戦後十八年にして、民主教育が生んだ若い有為《うい》の世代が、年とともに続々と成長しつつある。この世代は、日本の民族的立地条件を体現しつつ、インターナショナルなビジネスマンとして活躍する使命をもっている。

われらの国は小さく、人間はあふれている。残されたる問題は、この人的資源の頭脳をいかに開発するかにある。われわれは、この鬱勃《うつぼつ》たる機運にこたえるべく、日本の風土性に根ざし、しかも国際的視野をもつ若いエネルギーを、みずからの手によって培養したいという願いにあふれている。

その職種のいかんを問わず、あらゆる階層を挙げて、英知と創造と熱意と根性をもった人間になりたい、そういう大望をいだいた世代とともに新しい人間像を創造していこう——これが「カッパ・ビジネス」創刊の理念である。

あとがき

社内用『カッパ大将のことば』のまえがきより

世に「雄将のもとに弱卒なし」ということばがあります。神吉《かんき》社長は、天下周知の雄将であり、智将です。ところが、私は、——私を知ってくださっているかぎりの方々が、まちがいなく、みとめてくださるように、弱卒です。

その弱卒が、雄将のことばを採集したのが、この本であります。

しかし、私は、智卒(?)といっしょに、弱卒もひきいているから、神吉晴夫は雄将なのだと思っております。——なにも、私は自己擁護のために、こんな逆説を述べるのではありません。この一冊をお読みくだされば、それがわかっていただけるでしょう。第一、強いばかりの社長だったら、はじめてお目にかかってから十五年という長い年月、こっそりとその人の発言を、コツコツ書きとめておくことなど、とてもやりきれたものではありません。

とは申せ、この本のなかには、もちろん、仕事にうちこみ、事業にいのちをかける「商魂た

九九パーセント、いや、九〇パーセント、おかまいなしの本音《ほんね》であります。

くましい」神吉晴夫という人間の真骨頂《しんこっちょう》をつたえる発言が、九九パーセントを占めております。

その発言は、他人の誤解をまねくことなど、いっさい、おかまいなしの本音《ほんね》であります。

「おれは、切ったり、切られたりの現場《げんば》に立っている。」という、パニックに見舞われた血なまぐさい昭和二十四年から、「すべてはプラスとマイナスの恩人である。」という昭和三十八年までの十五年間、喜びや悲しみはむろんのこと、いきどおりも、あせりも、孤独も、自信もそのままの、独得なくさみをおびて、強烈に吐きだされ、叫ばれ、訴えられているのであります。

それらの、どの本音も、けっきょくは神吉晴夫が、もう一人の神吉晴夫に呼びかけ、言いきかせている、生命のうめきのようなものを、ひそめてはいないでしょうか。「ぼくのしゃべることは、すべて〝告白〟である。」と社長はいいますが、そうかもしれません。

慶大教授、池田弥三郎氏に『まれびとの座』という本があります。師匠の釈沼空《しやくちようくう》、折口信夫《おりくちしのぶ》博士のことどもを書かれたものです。池田さんは、いつも手帳をもっていて、折口先生の言われることを克明にメモをとった。先生のほうも平気で、「てんきん、これはキミの手帳に書いておきよ。」といわれたそうです。池田さんは、銀座の天ぷら料理の名店「天金《てんきん》」の息子さんだから、先生は、てんきんと申されたものとみえます。

みなさまのなかには、この本も、たぶん、そういうふうにしてできたのだろうとお考えになる人もおられるかしれませんが、そこが、ちょっとちがっております。

昭和三十六年だったとおぼえております。東京、大阪とならんで、日本の既成服メーカーの三大センターの一つといわれる、国鉄岐阜駅前の既成服問屋街の組合にまねかれて、講演のために、社長は、はるばる出かけて行きました。その日、「杉山《すぎやま》」という、長良川《ながらがわ》を眼下に見おろす旅館で休息し、昼食をしたためられました。お膳には、ここの川でとれた鮎の料理が出たことは、申すまでもありません。

社長は、箸をもったまま、しばらく、皿の中のその塩焼きの香魚《こうぎょ》をみつめておりました。やがて、ぽつりと、「このでっかい鮎も、神吉晴夫にくわれちゃうのかなア……。」と、ひとりごとをもらしました。そして、まったく、みごとに、その二尾の巨大な鮎を食べてしまいました。

そのときの、あのつぶやきは、いったい、どういうことなのだろうか、私は、ときおり、ふっと思いだしてみることがあります。そういう社長の、なにげなく声に出すひとりごとを、行《こう》をともにしたさいの私が、ひとつひとつ手帳のはじに書きとめておいた、――この語録はおおむね、そういうふうにして、いつしか、ときの流れとともに、できあがったものであります。

私の手元にある大小四十三冊の手帳と、編集会議用の大学ノート三十八冊からあらためて六百十九のことばを拾い出しました。したがって、ただいまのご本人のおぼえていない発言が、ほとんどでありましょう。「おれは、こんなこと、しゃべっていたのか。」などと言いだすかもしれません。

そんなわけで、責任は、いっさい編集をした私にあります。

なお、ここで、二つ、ことわりを書きそえておきます。

その一は、すでに活字になって発表されているものものせたことです。『人間の歴史』誕生の由来、「考える世代とともに」刊行のことば、古知庄司《こちしょうじ》君への別れのことば、「カッパ・ビジネス」創刊にあたっての挨拶、それに「カッパ・ブックス」、「カッパ・ノベルス」、「カッパ・ビジネス」それぞれの誕生のことばが、それであります。これらの発言は、この本の内容と、ふかいつながりがあると思い、あわせて、かかげることにいたしました。

その二は、昭和二十四年から三十五年ぐらいのあいだは、出版局のことが多く語られているということです。それは、当時、社長が常務取締役として、出版部長、ついで出版局長を担当、書籍出版の企画と対決する毎日をおくっておられたからです。加藤一夫さん、伊賀弘三良君や糸原周二が、たびたび登場して痛棒《つうぼう》をくらっておりますのも、私たちが出版局の人間だったからです。

昭和三十六年、社長就任をさかいに、三十七年、三十八年と発言の内容が、会社全体のことにおよんできております。企業の根幹は経理と営業にありという経営理念に立って、――というよりも編集出身の社長として、経営の勉強をせねばならぬという考えから、経理と入広告《いりこうこく》や、経理と販売の入金会議《にゅうきんかいぎ》、あるいは書籍・雑誌の宣伝会議をみずから主催し、それぞれのスタッフたちといっしょに反省し、いっしょに学習したい――それが、その後の社長の念願であると思います。

したがって、昭和三十九年度以後の、『カッパ大将のことば』を編集するばあいには、雑誌・書籍の企画関係のことはいうまでもなく、販売、業務、広告、宣伝の営業関係のこと、経理局、総務部、そのほか、出版社としての光文社の経営全体について語られることが多くなるのは、自然でありましょう。

昭和三十九年六月十一日

社長室　糸原周二

本　の　土　曜　社

西暦	著　者	書　名	本 体
1939	大川周明	日本二千六百年史	952
1942	大川周明	米英東亜侵略史	795
1952	坂口安吾	安吾史譚	795
1953	坂口安吾	信　長	895
1955	坂口安吾	真書太閤記	714
1958	池島信平	雑誌記者	895
1959	トリュフォー	大人は判ってくれない	1,300
1960	ベトガー	熱意は通ず	1,500
1964	ハスキンス	*Cowboy Kate & Other Stories*	2,381
	ハスキンス	*Cowboy Kate & Other Stories*（原書）	79,800
	ヘミングウェイ	移動祝祭日	714
	神吉晴夫	俺は現役だ	1,998
1965	オリヴァー	ブルースと話し込む	1,850
1967	海音寺潮五郎	日本の名匠	795
1968	岡潔・林房雄	心の対話	近刊
1969	岡潔・司馬遼太郎	萌え騰るもの	近刊
	岡　潔	日本民族の危機	1,998
	オリヴァー	ブルースの歴史	近刊
1972	ハスキンス	*Haskins Posters*（原書）	39,800
1976	神吉晴夫	カッパ軍団をひきいて	近刊
1991	岡崎久彦	繁栄と衰退と	1,850
2001	ボーデイン	キッチン・コンフィデンシャル	1,850
2002	ボーデイン	クックズ・ツアー	1,850
2012	アルタ・タバカ	リガ案内	1,991
	坂口恭平	*Practice for a Revolution*	1,500
	ソロスほか	混乱の本質	952
	坂口恭平	*Build Your Own Independent Nation*	1,100
2013	黒田東彦ほか	世界は考える	1,900
	ブレマーほか	新アジア地政学	1,700
2014	安倍晋三ほか	世界論	1,199
	坂口恭平	坂口恭平のぼうけん 一	952
	meme（ミーム）	3着の日記	1,870
2015	ソロスほか	秩序の喪失	1,850
	防衛省防衛研究所	東アジア戦略概観2015	1,285
	坂口恭平	新しい花	1,500
2016	ソロスほか	安定とその敵	952
2019	川﨑智子・鶴崎いづみ	整体対話読本 ある	1,850
2020	アオとゲン	クマと恐竜（坂口恭平プロデュース）	1,500
年二回	ツバメノート	A 4 手帳	999

土　曜　社　の　本

西暦	著　　者	書　　名	本　体
1713	貝原益軒	養　生　訓	895
1791	フランクリン	フランクリン自伝	1,850
1815	酒井抱一	光琳百図	近刊
1886	ランボオ	イリュミナシオン ランボオ詩集	近刊
1894	渋沢栄一	雨　夜　譚（あまよがたり）	895
1897	勝　海　舟	氷川清話	895
1904	岡倉天心	日本の目覚め	714
1906	岡倉天心	茶　の　本	595
1911	柳田國男	名字の話	595
1914	マヤコフスキー	悲劇ヴラジーミル・マヤコフスキー	952
1915	マヤコフスキー	ズボンをはいた雲	952
1916	マヤコフスキー	背骨のフルート	952
	マヤコフスキー	戦争と世界	952
1917	マヤコフスキー	人　　間	952
	マヤコフスキー	ミステリヤ・ブッフ	952
1918	柳田國男	家　の　話	近刊
1919	大　杉　栄	獄　中　記	952
1920	マヤコフスキー	一五〇〇〇〇〇〇〇	952
1922	マヤコフスキー	ぼくは愛する	952
	マヤコフスキー	第五インターナショナル	952
	大川周明	復興亜細亜の諸問題　上・下	各495
1923	頭　山　満	頭山翁清話	近刊
	大　杉　栄	日本脱出記	952
	大　杉　栄	自　叙　伝	952
	大　杉　栄	大杉栄書簡集	1,850
	伊藤野枝	伊藤野枝の手紙	1,850
	山　川　均ほか	大杉栄追想	952
	大　杉　栄	*My Escapes from Japan*（日本脱出記）	2,350
	マヤコフスキー	声のために（ファクシミリ版）	2,850
	マヤコフスキー	これについて	952
1924	マヤコフスキー	ヴラジーミル・イリイチ・レーニン	952
1925	頭　山　満	大西郷遺訓	795
1927	マヤコフスキー	とてもいい！	952
1928	マヤコフスキー	南　京　虫	952
	マヤコフスキー	私　自　身	952
1929	マヤコフスキー	風　　呂	952
1930	永瀬牙之輔	すし通	795
1936	ロルカ	ロルカ詩集	近刊
1939	モーロワ	私の生活技術	795

マリエル・クララックの約束
Marielle Clarac XI
promise

マリエル・クララックの約束

桃 春花

illustration まろ

ICHIJINSHA IRIS NEO

CONTENTS

シメオン・フロベール
28歳。マリエルの夫。
名門フロベール伯爵家の嫡男で、近衛騎士団副団長。
有能だが生真面目すぎて融通が利かない面も。
部下からは尊敬されつつも恐れられているが、
マリエルには振り回され気味。
淡い金髪に水色の瞳の、貴公子然とした美貌の青年。
セヴラン・ユーグ・ド・ラグランジュ
28歳。ラグランジュ王国の王太子。
黒髪に黒い瞳の精悍な美青年。
王子らしい威厳の持ち主だが、マリエルを前にすると
ツッコミ役になってしまう。シメオンとは幼馴染にして親友。
Marriel Clarac XI promise
character

マリエル・フロベール

19歳。クララック子爵家の長女。シメオンと結婚し
フロベール伯爵家の若夫人となった。
茶色い髪と瞳の、これといった特徴のない
地味な眼鏡女性。存在感を限りなく薄め
周囲に埋没するという特技を活かし、
人間観察や情報収集をしている。
流行小説家アニエス・ヴィヴィエという裏の顔を持つ。

ジャック・ピエロン

ゴシップ新聞記者。
くたびれた雰囲気の中年男。

ダミアン

アニエス・ヴィヴィエの盗作疑惑を
新聞に投稿した人物。

エリック・デルマー

デルマー男爵家の長男。
父親と折り合いが悪く18歳で出奔した。

ヴァレリアーノ

スカルキファミリアの追手を指揮する若い男。
軽薄そうな人物。

この作品はフィクションです。
実際の人物・団体・事件などには関係ありません。

マリエル・クララックの約束

1

最初の日は、猫の刺繍《ししゅう》のハンカチーフ。

レースで縁取りされた小さな布の中、可愛《かわい》らしい猫がおすましして いた。ふわふわした白い長毛がわたしの飼い猫に似ている。本猫《ほんにゃん》に見せたらおもちゃと勘違いして前脚をくり出してきたので、あわてて取り戻して大切に片づけた。

二日目は、小さなピンブローチ。

エナメル細工の菫《すみれ》が咲いている。ステンドグラスのように美しい、透明感あるプリカジュールだ。花は淡い紫、優雅な曲線を描く銀の茎に、葉が緑のグラデーションを描いている。古い品のようだけれど、高度な技術で作られた逸品だ。

三日目は、お菓子の缶。

中身以上に缶が魅力的だった。片手で持てるくらいの正方形で、シルクのような艶《つや》消し銀のブリキ製。ふたにはエンボス加工がほどこされ、おしゃれな飾り枠と星や月、中央には金色の羊が眠っていた。そう、わたしは牡羊座。この四月で二十歳になる。

誕生月に入ってから毎日一つずつ、ささやかな贈り物がわたしのもとへ届く。猫や菫など、わたしの好きなモチーフばかりだ。

これらはすべて、わが最愛の夫シメオン様からの贈り物だった。本番の誕生祝いは旅行と約束している。わたしが以前から彼と旅行したがっていたため、休暇を取ると言ってくださった。そしてそれまでの日々をまるで指折り数えるように、毎朝小さな贈り物をしてくださるのだ。

リボンのかかった箱を開いたわたしは、はじめ不思議に思い、そしてとても喜んだ。どれも特注ではない、手に入りやすい品ばかりだったので。

お菓子の缶は人気のお店のものだし、ピンブローチなんて多分中古品。もちろんとてもきれいだし品質も高く、貴婦人が身につけてなんら問題ない。でも新しく作られたものではないのがすぐにわかった。よく見ればピンはあとからつけられたようで、本体よりも新しい。こういう品はよくある。買い取りもしているお店が、修理をしたり加工し直したりして価値を高め、売り物にするのだ。つまり、普段シメオン様がひいきにしている高級宝飾店ではなく、もっとお手頃価格なお店で買ったのだろう。

これまでの彼なら、全部新しく特注で作らせたはず。お金に糸目をつけず、これでもかと豪華な贈り物になったはずだった。

そちらの方がいいって？　たしかに豪華な贈り物もありがたい。でもわたしは、こういう品の方がもっとうれしい。

だってこれ、シメオン様がご自分でさがしてきてくださったのよ！　家族や使用人に確認してわかっている。誰《だれ》も頼まれていなかった。さらに少し前、非番の日に丸一日おでかけされていたことがあった。友人と会ってきた、なんてごまかしていたけれど、本当はお店めぐりをしてわたしへの贈り物をさがしていたのだわ。気づいてしまったらもう顔がにやけて止まらなかった。

名門伯爵家の若君が、栄えある近衛《このえ》騎士団の副団長様が、忙しいなかみずからの足で妻への贈り物をさがし歩いてくださったなんてね。

その気持ちと、懸命な努力がとてもうれしく尊かった。

わたしが気に入って、そして気軽に受け取れるものを。一所懸命考えて選んでくださったのでしょうね。十五個も必要だから大変だったろう。いかにも貴族然とした美青年がお菓子屋さんや女性向けのお店で悩む姿を想像したら、おかしくもいとしかった。きっと注目の的よ。周りの女性陣は目が釘《くぎ》付けだったでしょうね。

なにせ彼はまるで物語の王子様。色白な肌に淡い金髪と水色の瞳《ひとみ》の、上品な美貌《びぼう》の主だもの。ただ立っているだけでも人目を引く。なにもない普通の街角が、彼の周りだけ舞台のように見えるのよ。鍛え抜かれた鋼《はがね》の長身は引き締まり、姿勢がよくてきびきびと気持ちよく動く。言ってみれば軍人くさいわけだけど、並外れた美貌と重なり相乗効果で彼を輝かせる。

さらに知的な眼鏡《めがね》がどこか曲者《くせもの》な雰囲気をかもし出してもいた。わたしの大好物、鬼畜腹黒参謀そのもののお姿です！　――いるでしょう？　そういう登場人物が。多くの物語に、主人公の友人かあるいは敵側に、ちょっとくせのある頭脳派がいるものよ。美形率も高し。主人公より人気が出る場合も珍しくない。

わたしは昔から、そういう設定が大好きだった。そんな物語のお約束に、まさか現実世界で出会えるなんてね。

はじめてシメオン様のお姿を目にした時は雷に打たれたかのような衝撃を覚えた。わたしの理想が！　憧れが目の前に！　生きて動いている！

あの感動は今でも忘れられない。

もっともつき合ってみれば、見た目に反して中身は真面目《まじめ》一辺倒の石頭、純情でちょっと不器用な人だった。全然鬼畜ではないし、腹黒成分も薄い。でも現実につき合うならその方がいい。物語は物語、作り話だから楽しいの。

なにより彼の誠実さは無条件に信頼できる。わたしだけでなく、すべての人に対して彼は真面目で誠実だ。面白味がないなんて言う人もいるけれど、とても尊く素晴らしい資質だと思う。で、見た目は曲者っぽいのだから、中も外も全部丸ごと好み！　です！

――ところでわたしときたら、彼とは対極にいるような地味女である。ありふれた茶色の髪と瞳で、美貌も特徴もない。眼鏡だって知的というよりタヌキみたいだし、名門伯爵家とは釣り合わない中流子爵家の娘だった。

とんでもない格差婚は社交界を騒がせたものだけど、いちばん驚いていたのはわたしだわ。

まさかシメオン様から求婚されるなんて。そしてじつはずっと前から見初《みそ》められていたなんて。

恋愛が主題の小説もお芝居も大好きだけど、わが身に起こる未来はまったく想像していなかった。どこの殿方がこんなわたしを見初めてくださると？　ないない、ありえない。きっと一生涯恋愛には無縁だわ、と決めつけていた。自身が誰かに恋をすることもなく、憧れは小説の中に詰め込んでいた。

さまざまな妄想、もとい想像をくり広げ、好みの設定や展開、すなわち「萌《も》え」を小説という形にする。それがわたしの生き甲斐《がい》であり、お仕事だ。

貴族女性として公にはできない裏の顔がわたしにはある。シメオン様と婚約する以前から、アニエス・ヴィヴィエという筆名で本を出していた。

女性向けの小説や雑誌を扱うサティ出版社と取り引きをさせていただいている。そしてありがたいことに、そこそこ売れていた。おかげ様で最近は女性向け恋愛小説だけでなく、新聞社からの依頼も受けるようになった。

今回ちょうど読み切りの短編を書いている最中だったので、わたしは浮かれた勢いでいただいた贈り物を作中に登場させた。のろけすぎかしらと思ったけれど、知らずに読めばわからないからいいわよね。現物を見ながらなのでつい描写に力が入り、字数制限と闘うはめになったりして。

こんなわたしとシメオン様、ちぐはぐな取り合わせでも夫婦仲は良好だ。結婚してそろそろ一年、でも気分はいつまでも新婚ほやほやよ。

朝が来るたび、今日《きょう》の贈り物はなにかしらとわくわくする。旦那《だんな》様ってばもったいぶって、すんなりとは渡してくださらないのだから。書斎の引き出しに忍ばせていたり、猫に背負わせていたり！

宝探しが楽しくて、もう毎日が誕生日みたいだ。

今日も箱からキラキラしたときめきがあふれてくる。こんなに素敵な日々をいただいて、彼の誕生日にはどうお返ししたらいいのやら。わたしも彼をうんと喜ばせたい。なにをすればいいかしら？

増えていく贈り物を眺めながら、楽しい計画に頭を悩ませる。二十歳の春は過去最高に輝いていた。

2

上流階級の人々にとって、春といえばなにはさておき社交である。

これから夏にかけて、あちこちで人が集まるようになる。大がかりな舞踏会も開かれるし、未婚の若者は結婚相手をさがす大事な時期となる。

わたしが嫁いだフロベール伯爵家のお茶会でも、そこかしこで情報交換が行われていた。あちらのご子息は今何歳で、そちらのお嬢さんはこんな人でと、色とりどりになった庭園の一角でおしゃべりにも花を咲かせている。

お義母《かあ》様の隣で主催者としてのふるまいを学びつつ、わたしは聞こえてくる話に全力で耳を傾けていた。交流が活発になるということは、このアニエス・ヴィヴィエにも取材の機会が増えるわけですよ。どんな話に物語のヒントが隠れているかわからない。社交界にデビューして以来、わたしはあらゆる噂《うわさ》話を聞き集めては創作の参考にさせていただいていた。

「……せっかくご長男が戻っていらしたのにねえ」

「残念でしたわね。まだお若いのに」

「ご夫君や下の息子さんご夫婦にも先立たれて、ずいぶん気落ちなさってましたものねえ」

「でもお孫さんのためにと頑張っていらしたのに……」

交わされる話は楽しいものばかりではなかった。冬の間に子供が生まれた家もあれば、反対に家族が減った家もある。どこそこの夫人が亡くなったとか、ご当主が倒れたとか、そんな残念な話題もちらほらあった。

「シェルシー新聞がまたアニエス・ヴィヴィエの小説を掲載していましたわね」

のんびりしていたら毛色の違う話題が聞こえてきて、ニュッと耳が伸びた気がした。今のどなた⁉

思わずわたしは視線をめぐらせる。感想が聞けるのかしらと期待した。

「ああ、うちもシェルシーを読んでいますわ。最近女性にも読みやすい内容になりましたわね」

「アニエス・ヴィヴィエって、若い人に人気なのでしょう？　この子が読みたがってしかたないものですから」

「まあ、よく言うわ。お母様ってばわたくしより先に読んでらっしゃるくせに」

「それは、あなたに見せてもよいものか確認しているのよ」

「嘘《うそ》ばっかり。すごく楽しみにしてらっしゃるくせに」

きゃーきゃー、目の前でわたしの作品が話題にされている。そわそわしそうな気分でいると、お義母様からちらりと一瞥《いちべつ》が投げかけられた。……はい、慎みます。わたしには関係ないって顔で知らんぷりしておきませんとね。

いくら評判になっても、わたしがその作家本人だと知られるわけにはいかなかった。女流作家という存在に対し、まだ批判的な声も少なくないのだ。フロベール家の人たちが異様に寛容なだけで、世間一般的には貴族女性の職業としては認められなかった。

そもそも、流行小説というもの自体に厳しい目を向けられがちだ。

「あら、そんなものを読んでいらっしゃいますの？」

案の定、とげを含んだ声が上がった。楽しそうに話す人たちに、年配の奥様が嫌味っぽく笑って水を差す。

「立派なお家の方が意外ですこと。ずいぶん自由な家風でいらっしゃいますのねえ。うちでしたら使用人にも読ませはしませんが、そうやって慎みを守るのはもう古いと言われてしまうのかしら」

あからさまな言葉に、言われた人たちがむっといやな顔になる。でも反論してはこなかった。

外にテーブルをいくつも出して、座ってゆっくりおしゃべりを楽しむこともできるし、庭を歩いてみるのもよい。自由にどうぞという形式のお茶会だけど、主催者がつくテーブルだけは別だった。ここには家格の高いお客様専用の席が用意されている。嫌味奥様はばっちりそのメンバーに入っている人なのだ。

格上相手にやり返すことはできないし、お茶会の席で口論するのもよろしくない。そうした作法にのっとり、母娘《おやこ》はぐっと我慢《がまん》して不満を呑《の》み込んでいた。

そんなようすにフンと鼻で笑い、嫌味奥様はこちらに目を戻した。

「近頃は下層の真似《まね》をなさる方が増えているようで、年寄りにはついていけませんわ。時代の変化というものでしょうかねえ」

「あら、いつの時代も同じですよ」

お義母様が美しく微笑《ほほえ》みながら、歌うような声で返された。

「若い人のすることは、上の世代から批判されがちです。それに反発していたはずなのに、自分が年をとれば同じようにするのですよ。百年前も今も変わりませんわ」

ほほほ、と周りのテーブルから笑いが上がった。「そうですわねえ」「ある日気がついて、自分も年をとったと実感してしまいますの。いやですわ」「今どきの人はって言い回し、きっと千年前から使われていましてよ」などとなごやかに言い合っている。話の趣旨をずらして嫌味など聞かなかったことにしようという意図を察し、皆さん即座に乗ってくださっていた。

口論ではない方法で封殺するわけですね。さすが名家の奥様方です。軽率な話題をたしなめるという形で上位に立とうとした嫌味奥様は、さらりとかわされてくやしそうだった。

いるのよね、こういう人。どこでも誰《だれ》にでも、自分の方が上位だと示したがるの。それもまた、場の空気を悪くするという不作法なのに。つまり主催者に失礼を働いているのに……そう、フロベール伯夫人たるお義母様のことも軽視していらっしゃるのだわ。

単純に爵位をくらべれば同じ伯爵家同士、そして年齢はあちらが上。だから自分の方がえらいと思っていらっしゃるわけだ。年長者として「若い人」にご意見してあげよう、なんて気持ちなのだろう。

張り合っても馬鹿馬鹿《ばかばか》しいと、お義母様は相手にしない。そこであきらめて引き下がってくださればよかったのに、まだおさまらない奥様はわたしに矛先を向けてきた。

「でしたら、こちらの若い方にお聞きしようかしら。マリエルさんも世俗の流行《はや》りにご興味がおありなの？」

えー、どうお答えすればいいのかしら。

世俗だろうが聖域だろうがわたしに死角はありませんよ！　萌《も》えの気配を感じれば、どこへだって飛び込みます。なんなら自分でも書いちゃいます。噂のアニエス・ヴィヴィエはこのわたしです！

……なんて言えないしなあ。

微笑んだまま黙って首をかしげていると、テーブルの下で膝《ひざ》をペチリとやられた。お、お義母様、今のはどういう合図で？

なにか言いなさい、答えなさいと。だからなんと答えれば。

わたしは大急ぎで頭を回転させた。下手《へた》なことを言ったらわたしだけでなくお義母様まで馬鹿にされてしまう。ここは嫌味奥様に調子を合わせる方がよいのか……いえ、でもお茶会の主催者としては。

わたしは母娘で参加している方たちをちらりと見た。お二人ともわたしの作品を楽しんでくださっている。好きなものの話題で盛り上がるのもまた楽しいこと。たわいないけれど尊い時間だ。

「……そうですね、流行りのものにはふれてみたく思います」

一応伯爵家の若夫人らしさを意識しつつ、わたしは答えた。

「みんなが美味《おい》しいと言っているのに、自分だけ食わず嫌いをして食べ損ねるのはもったいないですもの。口に合うかどうか、まずためしてみませんとね」

うんうんと母娘がうなずいている。他のお客様たちも悪くない反応だった。そう、お茶会は楽しくないとね。皆さんに素敵な時間をすごしていただくのが主催者の務めだ。

お義母様からも指導は入らなかった。これで正解だったようだ。わたしはひそかにほっと胸をなでおろした。

さて嫌味奥様はというと、これまた満足げに小鼻をふくらませていた。してやったりと、今度はこちらに噛《か》みついてくる気満々である。別にわたしは馬鹿にされても気にしないけど、フロベール家の体面を考えると言われっぱなしではいけないのよね。さてどう迎え撃とうか……。

赤く塗られた唇が開く。さあ第二撃がくるぞと身がまえた時、違う方向から声が上がった。

「ご歓談中失礼いたします」

通りのよい男性の声に、みんなが一斉に顔を向けた。背の高い人がテラスに現れていた。

帰宅したばかりとわかる、制服姿のままだ。白地に青と金で装飾された、凛々《りり》しくも華やかな近衛《このえ》騎士のいでたちに、皆さんの目がぱっと輝いた。

若い人はうっとりと頬《ほお》を染め、おば様方も感嘆のまなざしを向けている。ただでさえ美しい人が軍服姿で現れたものだから、その衝撃たるや半端でないだろう。

わかります。制服というものには独特の魅力があるけど、なかでも軍服は刺さりますよね！　本来は戦うための装備だからか、まとう人をこの上なく頼もしげに見せている。しっかり筋肉のついた身体《からだ》を際立たせ、全身を隙《すき》なくきっちり覆っているというのになぜか色気も感じさせる。腰に下げたサーベルもかっこよく、ちょっと鞘《さや》から抜いてこちらを狙《ねら》ってほしい。本当は鞭《むち》がいちばん萌えるのだけど剣で狙われるのもまたドキドキして――

「あなたまで見とれてどうするの」

またお義母様にペチリとやられた。さすがに母親は見とれませんか。息子と似た美しいお顔が呆《あき》れていた。

「だってこの世でわたしがいちばんシメオン様に夢中なのですから、見とれるに決まっています。妻が夫に見とれずどうするのですか」

「開き直ってのろけるのではないわよ」

「お義母様こそなぜそんなに冷静なのですか。自慢の息子ですよ、長男ですよ。母親にとっては永遠の恋人でしょう。普通嫁と対立するほど溺愛するものではないのですか」

「あんなにでかくなってはもう可愛《かわい》くないわよ。頭の回転が速すぎて、なんでも理詰めで返してくるから本当に可愛くないったら。石ころに夢中なマクシミリアン様の方がまだしも可愛げがあるわ」

「お義父《とう》様の研究は少年の好奇心の延長線ですよね。たしかに可愛いと思います。でもシメオン様だって負けていませんわ！　石頭ゆえの不器用さがそれはもう可愛くて」

「石好きの息子が石頭ってなにそれ呪《のろ》いなの」

「――失礼、よろしいですか」

コソコソ言い合うわたしたちに、シメオン様の咳払《せきばら》いが割って入った。嫁と姑《しゅうとめ》の口論に、板挟みの夫という図ですか？　頭の痛そうなお顔をしていらっしゃる。

「はいはい、なんですの」

声の大きさを戻し、お義母様は雑に返事した。わたしもお義母様に寄せていた身体を戻した。

「お客様にご挨拶《あいさつ》だけさせていただこうと思いまして。皆様、本日はようこそおいでくださいました。

ご来訪を心より歓迎いたします。……ほら、ノエルもご挨拶しなさい」

彼が少し横にずれると、大きな身体の後ろに隠れていた人が見えた。まだ十代なかばの少年だ。兄以上に母親に似た、金色の巻き毛と明るい青い瞳《ひとみ》の美少年がにこにこと挨拶した。

「こんにちは！　ようこそおいでくださいました」

天使の笑顔にその場の女性陣がまた目を奪われる。三兄弟の末っ子ノエル様だ。昨年の暮れに十六歳になって、大人《おとな》の集まりに参加することを許されるようになった。でも今日《きょう》のお茶会には参加したがらず、どこかに隠れてつかまらなかったのだ。それをシメオン様が見つけて引っ張ってきたらしい。

「よくやりました」

お義母様は小声でシメオン様を誉《ほ》めていた。反対にノエル様は、こっそりうらめしげににらんでいた。

ノエル様もこの春から本格的に社交界デビューとなる。つまり結婚相手をさがす段階に入ったわけだ。じっさいに結婚するのはまだまだ先でも、そのつもりで行動していかなければならない。娘や孫を連れてきているお客様がいるのは、そういう理由なのだった。

お見合いというほどではないけれど、ちょっとした顔合わせね。もし気の合う相手がいれば先の展開に続いてもよい、というくらいの。そうしたお膳立てをうっとうしがって逃げていたわけですよ、末っ子様は。

保護者に急《せ》き立てられて挨拶に寄ってきたお嬢様たちに、ノエル様は愛想よく返事をしている。兄のような凛々しさたくましさは感じさせずとも、華やかさや明るさではノエル様の方が勝《まさ》っている。

お嬢様たちは素直に好感を表していた。

シメオン様のかっこよさに見とれても、結婚相手としては同年代の方が魅力的だろう。彼女たちにシメオン様はちょっと年上すぎる。それにノエル様だって、大人になればとびきりの美青年間違いなしだものね。

でもその天使、後ろに黒い羽と尻尾《しっぽ》を隠していてよ。せっかくご挨拶してくれるお嬢様たちに、きっと内心辛辣なことを考えている。腹黒いいたずらっ子の本性を知って、それでも愛してくれる人が見つかりますようにとわたしは祈る。

「お帰りなさいませ。ずいぶん遅くなりましたのね」

少年少女の交流から目を離し、わたしはそっとシメオン様に話しかけた。時刻は昼下がり、本来なら早いと言うべき時間だが、彼は昨日帰らなかった。徹夜で仕事をし、そのまま二日目に突入したのである。それで今ようやく帰ってきたわけだから、きっぱり遅いと言わせていただこう。

「前倒しでできる仕事は全部片づけておきたかったのでね」

ささやかな抗議などまるでこたえない顔で言い、シメオン様はわたしの椅子《いす》の背に手を置いた。寝ていないくせにあまり疲れたようすもない。徹夜明けの人ってくたびれてヨレヨレになるものなのに、どこから見ても隙のないきりりとした騎士様ぶりだ。

「本当はもう少しあったのですが、団長に帰れと言われてしまいまして」

「当然だと思います」

不眠不休で詰めなければならない事態が起きているわけでもないのに、徹夜で連続勤務なんてだめでしょう。指導してくださる上官でよかったわ。

「おやすみになっていらしたら？」

「今寝るとかえって調子が狂います。明日《あす》も仕事ですから、いつもの時間に寝ますよ」

「……では、お茶を飲んでいかれます？」

「そうですね、一服いただきましょうか」

わたしの目配《めくば》せを受けて、控えていた使用人が彼のためのお茶と椅子を用意してくれた。サーベルをはずしてシメオン様が座ると、さきほどの嫌味奥様が話しかけてきた。

「おひさしぶりですわね。ご活躍の噂はいろいろ聞こえてきますが、こうしてお話できる機会なんて昨年の披露宴以来ではなくて？」

「ご無沙汰しております。夫人もお変わりないようでなによりです」

「あれからもう一年たちますのね。年をとると月日の流れるのが早いこと。結婚生活には慣れまして？」

水色の瞳がちらりとわたしを見て微笑む。

「慣れたとも言えますし、いまだに驚くことばかりとも言えますね」

シメオン様としては、悪い意味で言ったわけではないだろう。むしろ楽しいとまなざしが語っている。でもその答えは嫌味奥様を勢いづかせた。

「あらそう、やはり……ねえ」

意味ありげな声にシメオン様が目を戻す。兄弟の登場で完全に流れが変わり、もう話を蒸し返すような雰囲気ではなかったのに、どうにも諦《あきら》められなかったようだ。奥様は性懲《しょうこ》りもなくからんできた。

「ちょうどね、お話していたのよ。昨今の俗な流行りに毒されている人が多いって」

シメオン様の形のよい眉《まゆ》が少し上がる。なんの話かという無言の問いに、奥様は嬉々《きき》として続けた。

「女が殿方の真似をして小説を書くなど、慎みに欠けて見苦しいと思いません？　そしてそんな品のないものを、良家の子女がありがたがってもてはやすのも嘆かわしいかぎりです。でもそういう年寄りの意見は理解していただけなくてねえ。フロベール家にお嫁入りなさった方ならばと思ったのだけど、マリエルさんもお好きなのですってね。あなたもさぞ頭が痛いでしょう」

なるほど、とシメオン様の目に納得の色が浮かぶ。彼は静かにカップに口をつけ、優しい声で答えた。

「いいえ？　それは別に問題視しておりません」

「んまあ。奥方がふしだらをしても気になりませんの？」

「本を読むだけでふしだらとは」

「下品な本ですよ。ふしだらでしょう」

反論されるものだから奥様もどんどん言葉に遠慮がなくなっていく。シメオン様はあくまでも冷静に、礼をたもった口調で返された。

「夫人はお読みになったことが？」

「まさか！　そのようなもの手に取る気にもなれませんわ」

でしたら、とシメオン様はにっこり微笑む。

「どういう内容かはご存じないのでしょう？　読まずになぜ下品とわかるのです？」

もっともなことを言われて一瞬奥様がぐっと詰まる。しかし負けじと言い返した。

「わたくしがわざわざ読まなくても、ちゃんと批評されているではありませんか。取るに足らない、低俗な内容だと。良識ある人は眉をひそめていますよ。あんなものに影響されてしまってはいけないと、さんざん言われていて」

周りの人がすっかり呆れているのも目に入らないようだ。そんなにむきになって口論するような場ではないというのに、とにかく言い負かしたくてしかたないらしい。でもさっきのお義母様の言葉、聞こえていませんでした？　頭の回転が速くてなんでも理詰めで返してくると。

「悪い評価を下しているのは、そもそも女性の活躍を認めたくない連中ですよ。男の方が上だと示したいなら女性以上の活躍をしてみせればよいだけですが、その力がないものだから難癖をつけて引きずり下ろそうとする。あるいは、自分ができないことで同じ女性が活躍しているのがくやしくてたまらないとかね。いずれも単なる嫉妬です」

「そっ……」

「実力ある者は、わざわざ無関係な他者にからんで貶《おとし》めようとはしません。己に自信と誇りを持っているので、そんなことをする必要がないのです。犬と同じで、弱い者ほど必死になって吠《ほ》えかかるのですよ」

これは嫌味奥様に対する痛烈な皮肉となった。優しいお顔できついことをおっしゃるのだから。

そこかしこでうんうんと頭が動いている。噴き出すのをこらえてニヤニヤしている顔も少なくなかった。

「ちなみに妻が好んでいる小説を私も読みましたが、下品とまで言われるような内容ではありませんでしたね。なるほど、堅くはない。軽いと言われればそのとおりですが、読みやすさは別に悪いことではないでしょう。高い筆力を感じさせる作家もいますよ。ミレーヌ・フェリエを筆頭として、アニエス・ヴィヴィエもよいですね」

なにくわぬ顔でさらりと夫馬鹿が出た。うれしいけど！　でも恥ずかしい！　お義母様やノエル様の視線が痛いわ！

顔が熱くならないよう平静をたもつのにちょっと苦労した。わたしは他人のふりでお茶を飲む。

「ま、まあ……ずいぶん寛大なこと」

嫌味奥様はお顔を少し引きつらせていた。

「まさかあなたまでそんなことをおっしゃるなんて。やはり若い人は新しいものに手を出したがるのね」

「そう言っていただけるならうれしいですね。私はとかく面白味がないだの、頭の固い若年寄だのと言われてばかりですが、年長者からはちゃんと若く見えるわけですか」

最後の嫌味もまったく歯が立たない。誰かがこらえきれずに小さく噴き出していた。

「流行りの小説を低俗とみなすのも、間違った認識ではないと思いますよ。名作と言われる古典も、当時はただの娯楽小説でした。多分同じように言われていたでしょう。それが高尚なものとされるようになり、しかし時代にはそぐわなくなっていく。新しく生まれた作品は、古典のような評価は得られずとも時代に受け入れられる。そしてそれもまた、時の流れとともに評価が変わっていく。今低俗とされているものも、いずれ違った見方をされるようになるでしょうね」

嫌味奥様はもう言葉が出せず、むなしく口を開閉するばかりだった。シメオン様は終始穏やかに、しかし容赦なく論破していく。あなたの価値観が古いだけだと言われて嫌味奥様は顔を真っ赤にしていた。

彼女に見えないところのお嬢様たちが、音が出ないように拍手していた。さぞかしすっきりしただろう。わたしも似たような気分だけど、ただこれはちょっとやりすぎだったかもしれない。

おもむろにお義母様が砂糖壺を手に取り、小さなトングでつまんだ角砂糖をシメオン様のカップにドボンと落とした。

母親からのお仕置きに、息子は微笑みを消して口を閉じる。お茶でもコーヒーでも無糖で飲む旦那《だんな》様は、スプーンを取り上げ静かにかき回した。もう半分ほどになっていたお茶に全部溶けきれたのかしら。眉間《みけん》にしわを寄せながら黙って飲み干していた。

「やっぱり、でかくなった息子なんて可愛くないわ」

伯爵夫人の嘆きに、お客様たちがくすくす笑っていた。

そんな、ちょっとした一幕以外には波乱もなく、お茶会が無事に終了して。

「あー、終わったー」

お客様を全員見送りお役目から解放されて、わたしは若夫婦の居間に戻ってほっと息をついた。

「お疲れ様です」

私服に着替えたシメオン様も部屋に戻ってくる。あのあと結局最後までお茶会につき合っていた。

「そちらも。本当におやすみにならなくて大丈夫なのですか」

「ええ、慣れているので平気ですよ」

シメオン様はわたしの隣に寝ていた猫を抱き上げ、空いた場所に座って猫をお膝に下ろした。

強引な真似に腹を立てたのか、猫がその場で爪《つめ》とぎをする。わたしはあわてて猫を取り上げた。トラウザーズにちょっぴり糸が出てしまっている。でも旦那様は奪われたぬくもりの方に未練を見せていた。

結局二人の間に寝かせ、全員でくっつく形にする。猫はわたしの膝に頭を載せ、シメオン様のお膝に足を突っ張って落ち着いた。

ぞんざいに扱われてもうれしそうな旦那様に苦笑し、わたしは新聞を取り上げる。今日は忙しくて目を通す暇がなかった。やっとゆっくり読めるわ。

「半端な時間のご帰宅でちょうどよかったと言うべきなのかしら。珍しくシメオン様がお顔を出されたから、皆様喜んでいらっしゃいましたわ。……一部お気の毒な方もいらっしゃいましたが」

「気の毒なものですか。意地の悪いことを言われたのでしょう？」

「でも他の人の前であんなにやり込めてしまっては、あちらもお立場がありません。殿方同士の集まりでは議論もよくされるのでしょうけど、お茶会はそういう場ではありませんよ」

「先に場の空気を悪くしたのは向こうでしょう。遠慮する必要が？」

シメオン様の手がふわふわの腹毛をなでている。おなかは急所だから、動物にとってさわられたくない場所だ。飼い主でも容赦なく噛みつかれたりする。でもうちの子は、慣れた相手には怒らない。気持ちよさそうに目を細め、もっとどうぞと脚を開いていた。

「それでも。主催者が客の面目をつぶしてしまってはいけません。少しチクリとするくらいならまだしも、あんなにこてんぱんにやっつけて。だからお義母様の指導が入ったでしょう」

「あとで耳を引っ張られました」

シメオン様はご自分の耳をさすった。わたしは笑って新聞に目を戻した。

「味方していただけたのはうれしかったですよ。あと、アニエスをほめてくださったのも。ありがとうございます。ちょっと夫馬鹿でしたけどね」

「ひいきではなく事実を述べたまでです」

どこまでも真面目《まじめ》にシメオン様は言う。なで方がお気に召さなかったのか猫が抗議の声を上げ、やり直しを要求されていた。

こんなふうにのんびりすごす、なんてことのない時間が心地よい。シメオン様は猫のごきげんを取り、わたしは新聞を読む。この瞬間まで、本当に平穏で幸せだった。

「……えっ？」

平穏はほんの数分後に打ち砕かれた。目に入ってきたものに、思わずわたしは声を上げてしまった。

「どうしました？」

「…………」

シメオン様の問いに答えられない。新聞を持つ手が震える。見間違いではないのかと丁寧《ていねい》に文字を追ったが、より残酷な事実を突きつけられただけだった。

「そんな……」

「貸してください」

シメオン様が手を伸ばしてわたしから新聞を取り上げる。紙面に走らせた目が、すぐに問題の場所を見つけ出した。

『人気作家アニエス・ヴィヴィエに盗作疑惑⁉』

シメオン様も一瞬身をこわばらせる。

それはあまりに突然の、思いもよらない暗雲だった。

3

書かれていたのは一面ではなく中のページで、紙面の四分の一もない小さな枠だったが、そこそこ目立つ大きさで見出しがついていた。本文は読者からの投稿だ。新聞社に匿名で寄せられた告発文という体裁だった。

『アニエスの小説を読んで、私は衝撃を受けた。それは家族の遺《のこ》した日記とあまりに酷似《こくじ》した内容だった。どのようなできごとがあって、どういういきさつで解決したのか、すべてが一致していて偶然で片づけられる次元を超えている。どう考えても同じできごとを書いたものだとしか思えなかった。

この一事だけならば、たまたま事情を知っている人物がいたのだと考えられるだろう。それだとしても、他人の事情をあからさまに書き立てるなどいかがなものかと言いたいが、別の問題としてひとまず置いてよい。だが他にも日記と小説の類似《るいじ》点がいくつも見つかった。私は確信した。いかなるいきさつによってか、アニエスはこの日記を読んだのだ。そしてそれを、自らの作品として流用した。

これは許される行いなのだろうか。他者の作品を無断で流用するのは盗作と呼ばれるはずだ。日記は別とされるのか？　否《いな》、私にはそうは思えない。これもまた立派な盗作ではないのか。私は故人がアニエスと知己《ちき》であったなど聞いたことがないし、日記を使わせてほしいと頼まれた覚えもない。まったくの他人に無断で使われているのだ。故人に対する冒涜《ぼうとく》であり、作家としての矜持《きょうじ》を疑う愚劣な行いである』

きっぱりとした調子でわたしを非難している。息苦しさを覚えてわたしは胸を押さえた。

気分が悪い。心臓がひどく暴れている。

わたし……倫理に反することをしてしまったの？

目の前が暗くなる。

盗作なんてもちろんした覚えはない。それは絶対に、神様に誓って断言できる。誰《だれ》かの書いたものをそのまま真似《まね》したことなんて、一度たりともない。

……でも、他人の事情を書いたと言われて否定はできなかった。

大人《おとな》になって社交界にデビューして以来、見聞きした事件や噂話《うわさ》、人間関係などを参考にさせてもらってきた。そのまま書いたつもりはないけれど、でも元ネタがなにか、わかる人にはわかるようだ。

アニエス・ヴィヴィエは貴族女性ではないかと噂されているのも、そのためだった。

この告発文が指摘するとおり、他人の事情を書き立てていると……そういうことになるのだろうか。

現実のできごとや人間関係を参考にするのも、盗作じみた行いなのだろうか。

自分が愚劣な行為をしているのだと、今の今まで自覚もしていなかったと……そうなのだろうか。

「マリエル」

シメオン様がわたしの肩に腕を回し、軽く揺さぶった。

「しっかりしなさい」

「……シメオン様……」

力強い声がわたしの意識を引き戻す。無性に怖くて、どうすればいいのかわからなくて、すがる思いでわたしは彼の顔を見上げた。

シメオン様は新聞を脇《わき》に置き、わたしを膝《ひざ》に抱き上げた。懐に深く抱きしめられ、子供のように背中を叩《たた》いてあやしてくださる。

「わたし……無自覚に倫理違反を……」

「落ち着きなさい。このような記事を鵜呑《うの》みにするのではありません」

一度床に下りた猫がまた椅子《いす》に上がり直す。そばにちょこんと座り、シメオン様にすがりつくわたしを不思議そうに見上げていた。

「でも……」

「あなたが見聞きした情報を参考にしていることは、たしかに事実です。ですが現実の話をそのまま書いて、小説として形になりますか？　それなら新聞記事も小説と変わらないことになるが、そう思いますか？」

「…………」

「あなたがしているのは、あくまでも『参考』です。発想のもとにしたり、人の心情や関係性を理解し描写するための参考でしかない。物語も、登場人物も、ちゃんと自分で考えて作っている。そうではありませんか？」

……そのつもりだ。自分で考えているつもりだった。でも元ネタを看破《かんぱ》されるということは、参考の域を超えていたのでは。

「初期の作品には、たしかに元ネタが窺《うかが》えるものもありました。それに気づいた人たちもいたが、問題視されてはいないでしょう？　あれを参考にしたのだなと感じる程度で、そのままなぞって書いていたわけではないからですよ」

「でも、わかるということはそのままに近いのでは」

わたしの言葉に少し考えるような間を置いて、シメオン様は首を振った。

「有力者の令嬢とドレスの色がかぶったためきげんを損ね、攻撃された――要点だけを抜き出せばそのままですね。しかしこれで倫理違反だの盗作だのとなりますか？」

「それは……」

「覚えているでしょう？　あなた自身の経験です。わが身で集団いじめを体験できたと喜んでいましたね」

「な、なぜそれをご存じで」

デビュー間もない頃、わたしのドレスがたまたま美貌《びぼう》の令嬢と同じ色だった時の話だ。ドレスの質もデザインもまったく違ったけれど、色だけは似ていてあの方のお怒りを買ったのだった。

ああ……今でも目に浮かぶわ。あの時のオレリア様の美しさと迫力が。そう、ドレスの壁に囲まれて、いろんな言葉を投げかけられた。さすが皆様教養にあふれて語彙《ごい》が豊富だと感動した。ヒロイン気分をあじわわせていただけて、夢のような一夜だったと……。

——はっ、うっとり思い出している場合ではなかった。

「わたし、シメオン様にお話ししたことありましたかしら」

「いいえ、じつはあの時近くから見ていたのですよ。状況次第では止めに入るつもりで見守っていましたが、そう深刻な事態にはならず終わり、しかも被害者は泣くどころか喜んでいた」

「え」

「衝撃でした。なぜそこで喜べるのかと。それがあなたを知った最初のできごとでしたが……という話はさておき、のちの作品に同じような場面を書いていましたね。あの夜のことだとすぐにわかりましたよ」

今さら知った事実にわたしは驚く。ずっとわたしを見ていたとは聞いていたけれど、まさかあそこからだったとは。

それでどうして見初《みそ》められたのかしら。わたしが言うのもなんだけど、シメオン様の反応もおかしいと思う。

「一場面だけを切り取って比較すれば、たしかにあの夜と同じです。けれどそこにいたるまでの話も、人物像も、その後の展開もまったく別物です。私は読んで特に問題とは思いませんでした」

「それは、そもそも視点が違うからでしょう。見知らぬどこかの作家が現実のできごとを書いているという話であったら、もっと違う感想になったはずです」

「私以外の人にはまさにその状況なのですが」

打てば響くとばかり、シメオン様は言う。

「それで今まで倫理違反だという声が出ましたか？　誰も言っていないでしょう。あくまでも参考であって非難するような内容ではなかったからですよ」

「…………」

「作家が己の経験や見聞きしたものを作品に取り込むなど、いくらでもある話です。あなたがいつも言う『取材』ですよ。それ自体はけして非難されるものではない。やってはいけないのは、実在人物を当人の許可なくそのまま書く、他人の事情を暴露する、侮辱するなどの行為です。そんなこと、誰に言われるまでもなくあなたはしないでしょう」

「……はい」

わたしは広い胸に頬《ほお》を寄せた。ぬくもりが頭をなでてくれる。甘えるわたしにシメオン様は優しくくり返した。

「あなたは倫理違反などしていない。自分と読者を信じなさい」

「はい……」

「そもそもそんな問題があったら、サティ氏が指摘しないはずもないでしょう。彼は倫理を無視する人物ではないと思いますが」

わたしの師匠であり担当編集であるサティさんと、シメオン様は面識がある。どういう人物かご自分の目でたしかめていらっしゃる。言われてようやく、わたしもそのとおりだと思えてきた。

サティさんは売れればなんでもよいという人ではない。そうだった。

「ありがとうございます。あまりに驚いたので、つい動揺してしまいましたわ」

わたしはもたれていた胸から身を起こした。見上げれば眼鏡《めがね》の向こうから優しいまなざしが笑いかけてくる。横からも「みゃん」と声が上がった。

「ほら、シュシュも心配していますよ」

「これはヤキモチでしょう」

自分を放って二人でくっついているのが気に入らなかったのだろう。頭をなでてやると無理やりよじ登ってきて、わたしとシメオン様の間にもぐり込んだ。

「はいはい。これ、お父様を足蹴《あしげ》にしないの」

わたしは猫を抱き上げてあやした。シメオン様がわたしを抱いて、わたしは猫を抱いて。ちょっとおかしくなってくすりとこぼす。

「落ち着きましたか？」

「ええ……」

丁寧《ていねい》に諭されたおかげでわたしの頭にも理性が戻ってきた。いえね、シメオン様のことだから大馬鹿《ばか》を発揮して、かばってくださっているのではと思ってしまったのよ。でもそう、この人も不正には厳しい人だった。たとえ身内でもかばったりしない。わたしが間違ったことをしたら、まずシメオン様から叱《しか》られるはずだ。そんなことも忘れていたなんて、われながら動揺しすぎよね。

それほど衝撃的な記事だったのだ。甘えてくる猫に頬ずりしながら、わたしは放り出された新聞に目を落とした。

「でもどうしてこのような記事が……」

「……」

シメオン様はもう一度新聞を取り上げ、さきほどのページを開いた。

「投稿ということは、わたしが盗作をしたと考えている人がいるわけですよね。その人のご家族の日記と酷似しているから……って、いったいどなたなのかしら」

「心当たりはないのですね？」

問いにええ、とうなずく。

「人様の日記なんて見ません。見せていただいた覚えもありませんわ」

「でしょうね」

水色の瞳《ひとみ》が鋭いものに変わっている。新聞を読むのに邪魔になるので、わたしはお膝から下りて隣に戻った。

「この告発文には信憑《しんぴょう》性がありません。身びいきで言っているのではなく、信頼に足る情報が一つもないからです」

「情報……」

「そうです。匿名なのはしかたないとしても、せめてどの作品に類似箇所があるのか、その程度は明示すべきでしょう」

言われてなるほどと思った。新聞を覗《のぞ》き込み、もう一度問題の記事に目を通す。シメオン様のおっしゃるとおり、具体的な情報は一つもなかった。

「かなり強い調子で盗作と断じていますが、そのわりに作品名は出していない。普通はどの作品で盗作が行われているのか指摘するでしょう。あなたはこれまでに何冊出してきました？　題名を出さずともわかるほど少なくはないでしょう？」

「はい」

「おかしいと思いませんか。私が同じことをするなら、もっと人を納得させるに足る材料を揃《そろ》えます。日記の内容と小説の内容、似ている部分を並べて証明してみせます。こんな感情的な文章だけでは済まさない」

わたしはうんうんとうなずいた。そう、盗作を告発するならそれは絶対に必要な作業だ。

シメオン様らしい理路整然とした指摘のおかげで、わたしの頭も動きだしてくれた。

「そうですね、落ち着いて読み返せばおかしな内容です。証拠の日記をいきなり新聞社に送るわけにはいかず、まず訴えからと考えたにしても、それならこんな文面にはなりませんよね。これって新聞社に対する手紙ではなく、読者に向けた文章でしょう」

「ええ、そう見えます」

「わたしなら……手紙ではなく直接新聞社へ乗り込むかしら。そう、日記と小説両方を持参して。で、確認してもらって問題性があると判断されたら、あらためて告発文を書く……いえ、そこまでしたら記者が書いてくれますよね」

お堅い高級紙なら取り合ってもらえないかもしれない。でもこれは大衆紙、天下のゴシップ紙と評判の「ラ・モーム」だ。特ダネの持ち込みは大歓迎だろう。

「文章はきちんとしていて教養のある人と感じます。なのに証拠も見せずに非難の言葉だけを並べるなんて妙な話です。もしかして、わたしの評判を落とすために書かれた嘘《うそ》の告発なのかしら」

この記事を読んだ人は、証拠がなくても疑うだろう。ほとんどの人はただ無責任に噂して、アニエス・ヴィヴィエに対する認識を変えるだろう。そうやってわたしを貶《おとし》めることが狙《ねら》いなのかもしれなかった。証明なんて最初からする気もなく、ただ悪い噂を立てたいだけなのかもしれない。

悪意によって書かれた可能性に気づき、ぞっとすると同時に猛烈な怒りを感じた。どこの誰よ⁉

わたしにいったいなんのうらみがあってこんな真似をするの⁉

「私はもう一つの可能性を考えています」

シメオン様の低い声が、頭に上りかけた血を押しとどめた。

「これは、記者によるやらせ記事なのでは？」

「えっ？」

わたしはまたシメオン様のお顔を見上げた。彼は新聞を指の背で叩く。

「この新聞は、普段からゴシップばかりを扱っている。下世話な話題で読者の関心を引いている。捏《ねっ》造《ぞう》まがいの記事だとあなたも言っていましたね」

「あー……そう、ですね」

トンデモ記事が多いラ・モームは、話題性第一で売っている。わたしもそこを楽しんで読んでいた。

……うん、わたしも無責任な読者の一人だったわ。どうしよう、腹を立てる資格がないかもしれない。

「読者からの投稿を装って記者が書いたものではないかと思うのです。具体的な情報がいっさいないのも当然、完全な捏造だからですよ。意図的に排除したのかもしれませんね。名誉毀損を訴えられても逃げられるように。社に届いた手紙を紹介したにすぎないと、言い逃れの余地を残しているのでしょう」

淡々と言うシメオン様も、内心けっこうお腹立ちのようだった。新聞を見下ろす瞳がぐんと温度を下げている。もっと怒ったら逆に燃え上がるからまだ序の口ではあるけれど、報復の手段くらいは考えていそうな表情だった。

わたしはこれまでの記事を思い出し、考えた。

「どうでしょう……たしかにラ・モームの記事はあまり信用できませんが、でもまるきり嘘を書いたりはしないと思うのですよね」

過去のスクープ記事の数々に、もとになる事実はちゃんと存在していた。脚色過多で煽《あお》るような調子で、あえて読者を誤解させるようにもっていくのがラ・モームの常套《じょうとう》手段だが、その点に注意して読めば案外嘘は書いていない。シメオン様の言ったとおり、言い逃れの余地は残していた。

わたしがラ・モームを気に入っているのは、三流新聞のように見えてじつはしたたかに立ち回る頭のよさを感じるからだ。ゴシップを扱っているからといって質が低いとはかぎらない。高級紙と大衆紙の違いは取り上げるできごとや、どの層に向けて作られているかであって、出来のよしあしではない。そして発行部数は大衆紙の方が断然多い。ラ・モームの報道姿勢は単なるお商売戦略にすぎないのだ。

「汚職事件を報道した時は、けっこう真面目《まじめ》に追及していました。そのままでも強い関心を引きそうな話題でしたら脚色も少なめなんですよね」

「人気作家の盗作疑惑は？」

どうなのだろう。人気といっても一部界隈《かいわい》に限定した話で、世間全体から見れば無名に近い存在だ。

「シェルシー新聞で掲載していただいて、やっと少し知名度が上がった程度ですから……へー、どこかの作家が盗作したんだな、くらいに思われて終わりそうですね」

「であれば、なおさらやらせの疑いが深まるのでは？」

「やらせなら、まずアニエス・ヴィヴィエとはどういう作家なのか、どんな作品があるかなどの説明くらいはするでしょう。シメオン様でしたら全然知らない作家が盗作したと聞いて、詳しく知りたいと思われますか？」

「……聞き流しそうですね」

「でしょう？　この記事ではアニエスを知っている人にしか関心を持たれそうにありません。だからやらせではなさそうな気がするのですよね」

「ふむ……」

わたしたちは考え込み、揃って息を吐いた。やはり情報不足の一言に尽きる。この記事一つで結論を出すことはできない。

わたしは意識を切り換えた。誰がなぜこんなものを書いたのかはひとまず置いておこう。それよりどう対処すべきかの方が大切だ。

「新聞社へ乗り込んで抗議したいところですが、そんな真似をしたら向こうの思うつぼですね。まずサティさんに相談してみますわ」

わたしの言葉にシメオン様もうなずいた。

「賛成です。焦って下手《へた》を打たないよう、慎重に動きましょう。サティ氏ならこうした場合の対処法も心得ているはずです」

「ええ、明日《あす》出版社へ行ってきます」

はじめは動揺するばかりで、対処法なんて考える余裕もなかった。まったく想像もしていなかった事態で、歩いていたらいきなり足元に穴が開いて落ちてしまった気分だ。きっとわたし一人だったら暗い穴の底で動けないままだったろう。シメオン様がそばにいてくださったから救われた。そこは深くないと教え、手をさしのべてわたしを引き上げてくださった。

あらためて彼に感謝する。とても冷静に分析し、落ち着かせてくださったのもありがたいけれど、なによりいちばんうれしいのは。

「なんです？」

じっと見つめるわたしにシメオン様が聞いてくる。わたしは猫を下ろし、伸びをして彼に口づけた。互いの眼鏡がカツンとぶつかる。

「ありがとうございます」

「はい？」

よくわかっていないお顔にくすりと笑い、彼から眼鏡を取り上げる。目尻に、頬に、そして唇に。わたしは感謝を込めて口づけをくり返した。

「シメオン様は少しも疑われませんでしたね。はじめから記事の方を疑い、わたしは盗作をしていないと信じてくださいました」

「当然でしょう」

「そう断言してくださるのがうれしいのです」

シメオン様の手がわたしの腰に回される。どちらからともなく、ふたたび身を寄せ合う。

「思考を放棄して盲目的に信じるあなたではないでしょう？　たとえ身内でも、非難されるだけの理由があるのではと、まず考えるはずです。なのに信じてくださいましたね」

「信じるというより、知っているのですよ。あなたの性格も、創作に対する意欲や誇りも、ずっと見てきて知っています。他人の書いたものを真似してもあなたには楽しくない。自分でいろいろ考えて作り出すことを楽しんでいるのですから、盗作などするはずがないのです」

シメオン様の手もわたしの顔から眼鏡を抜き取った。吐息が寄せられ、深くまじり合う。

「倫理に関してもさきほど言ったように、間違いを犯すとは思えません。あなたの欠点といえば、その場の勢いで行動してしまうところですが、小説を書く時はじっくり考えるでしょう。何度も読み返し推敲《すいこう》を重ね、編集からの指摘も受けて作品を完成させる。もし倫理にふれそうな部分があれば、途中で気づいて修正するはずです。けしてそのまま世に出さない。少し考えればわかることです。疑う余地もない」

まあ、本当に理詰めで返してきますこと！　お義母《かあ》様のおっしゃるとおり。そしてそれが、今はとても心強い。

わたしはくすくす笑いながら彼の肩に頭をすりつけた。大きな手が優しくなでてくる。猫みたいに思われてる？　わたしも喉を鳴らしてうれしい気持ちを伝えられたらいいのに。

頭の固いくそ真面目と言われても、彼はやはり素晴らしい。これがね、君はそんなことをする人じゃない、僕は信じている——なんて、一見頼もしいけれど中身のない言葉だけで返されたのでは安心できなかった。シメオン様はなぜ信じるのか、ちゃんと筋の通った理由を聞かせてくださる。愛情で目をくらませているわけではないと証明してくださる。理屈っぽくて、だからこそ信頼できる人。こんな人に保証されたら安心するしかないじゃない？

わたしもわたしを信じることにした。たとえ無自覚にでも、倫理違反なんてしていないわ。まして盗作なんてとんでもない！　わたしはけして、非難されるようなものは書いていない。

この投稿がただのいやがらせなのか、記者の捏造なのか、あるいは誤解に基づくものなのか。まだわからないけれど、自信をもって対処していこう。大丈夫、証拠も見せずに非難する声になんか負けないわ。

気合を入れ直した瞬間、下からバリバリバリッと大きな音が上がった。シメオン様が顔をしかめ、小さく声を漏らす。「あー……」とわたしは下を見た。

放り出されてむくれた猫に力いっぱい爪《つめ》とぎされて、旦那様のトラウザーズはすっかりだめになってしまっていた。

そうして翌朝、いつもどおりの時間に出勤していくシメオン様をお見送りしたあと、わたしもでかける準備をしようと衣装室へ急いだ。どの服で行こうかな。最近出版社を見張る記者もいなくなったと思ったのに、あの記事のせいできっとまたわいてるわ。作家だとは思われないような、町の労働者ふうにしなくては……。

「若奥様、ご実家から使いの方が来ていらっしゃいます」

「えー、こんな時にぃ」

変装用衣装を選んでいたら侍女のジョアンナが入ってきた。お母様がなにかおすそ分けでもしてくださったのかしら。誕生日の贈り物はまだ早いわよね？　ちなみに今朝の贈り物はきれいな色硝子《ガラス》のペン立てでした。箱に入れられもせず、机の上に当たり前の顔をしてまぎれ込んでいました。ちゃんと気づきましたけどね！

しかたなく作業を中断してわたしは応接間へ向かった。身内と会う時用の小さな部屋で待っていたのは、なつかしい顔だった。

「ナタリー！　あなただったの。おひさしぶり！」

「おひさしぶりです、お嬢様。お元気そうでなによりです」

わたしより少し年上の黒髪の女性は、記憶にあるよりずっときれいになっている気がした。鼻の上のそばかすも、心なしか薄くなったような。仕事用の黒いドレスでなく明るい色のドレスを着ているのが、いっそう彼女を可愛《かわい》らしく見せていた。

子供の頃からクララック家で働いてくれていた、元小間使いのナタリーだ。実家には侍女と呼べるような使用人はいなくて、わたしはほとんどナタリーにお世話されていた。年の離れた兄しかいないわたしにとって、彼女は貴重な話し相手であり、姉のような存在だった。

わたしとのつながりでサティさんと出会ったナタリーは、彼と結婚するため先日退職した。今は新居に入り二人での暮らしをはじめている。結婚式はもう少し先になるけれど、実質的にはもう夫婦だ。庶民の場合こういう形で一緒になることが多い。家同士の厳格な契約になる貴族の結婚と違い、庶民の、特に当人同士の恋愛結婚の場合はまず同棲《どうせい》からはじめるのだ。もし問題が発生した時はすぐに別れられるようにね。

離婚するのはとても難しくて大変だもの。だから合理的にわりきった、賢い方法だと思う。

もちろんナタリーとサティさんはまだ熱愛中、幸せいっぱいなお二人さんである。まさか早々に問題が起きて頼ってきたとかではないだろう、と思いながらわたしはナタリーに椅子をすすめた。

「約束もなしに朝早くから押しかけまして、申し訳ございません」

「大丈夫よ。でもそう言うということは、実家の用事ではないわけね？」

向かい合って座り、わたしたちは話をはじめる。ナタリーの顔を見た時から察していた。単に用事があるだけなら、お母様がわざわざナタリーを呼び戻して頼むはずがないもの。いくらクララック家が慎ましい暮らしだといっても、他にも使用人はいる。

「サティさんのお使い？」

わたしの問いにナタリーはうなずいた。

「もしや、ラ・モームの記事の件で」

「やはりご存じでしたか」

「ええ。でも昨日は忙しくて、新聞を読んだのは夕方だったの。だから今日《きょう》これから動くつもりだったのよ」

シメオン様以上にわたしの性格を熟知しているナタリーは、やはりねという顔をしながら首を振った。

「事務所へ行かれるおつもりでしょう？　多分まず相談に来るだろうとポールも言っていました」

「ええ。わたしが新聞社へ乗り込むのはさすがにまずいでしょうし」

ポールというのはサティさんの名前だ。知り合った時からのくせでわたしはずっとサティさんと呼んでいるけれど、ナタリーが正式に結婚したらややこしくなるから、ポールさんに改めるべきかしら。

「それは絶対にやめるべきですね。事務所も今は近づかないようにとポールから伝言です。記者の目が光っていますから」

「でしょうね。だから気づかれないよう変装していくつもりなんだけど……あっ、そうだ！　ナタリー、一緒に行ってくれない？　あなたの家の小間使いという設定でいくわ！　奥さんが用事で事務所を訪れても不自然ではないでしょう？　もし記者が寄ってきても堂々と答えられるわ」

いいことを思いついて手を打つわたしに、ナタリーは見慣れた顔で息をついた。またお嬢様が無茶を言いだしたわ、とでも考えているのだろう。

「小間使いって、そんなの雇ってませんよ」

「そうなの？　今までサティさんのお世話をしていた人とかいないの？」

「いません。あの人けっこう器用で身の回りのことくらいできますから」

「これから雇う気は？」

「当分は必要ないですね」

そうかあ、とわたしは眉《まゆ》を下げた。

「どうしたらよいか、サティさんの意見を聞きたいのだけどな。なにもせずに放置というわけにはいかないもの」

「わかりますけど、焦らないことですよ。ポールはこちらで対処を考えると言っています。お嬢様がご自分で動かれるよりも、出版社から抗議する方がいいそうです。わたしもその方がいいと思いますよ。お嬢様にまかせると予想もしない方向へ転がりそうで不安です」

「えー」

むくれるわたしにナタリーは首を振る。小さい頃からわたしを知っている彼女は、今でも目を離せない子供みたいに思っているのかしら。もう二十歳になる大人なのに！　あなたより先に結婚しているのに！

でもサティさんとナタリーの二人から止められて、押し切る気にはなれなかった。わたしは渋々説得を聞き入れた。サティさんの方でも対処を考えてくれているなら、たしかに焦る必要はないかな。相談に行っても結局頼ることになるのだろうから、今は足を引っ張らないようにしようか。

「ちなみに、一言も聞かれないけど、二人ともわたしが盗作をしたかどうかは気にしていないの？」

尋ねればナタリーは笑いながら肩をすくめた。

「気にしてほしいんですか？　お嬢様は悪いことをしたら罪悪感でソワソワして、すぐに白状するでしょう？　問い詰めなくてもそのうち自分で言ってくるって、奥様とよく笑って待っていましたよ」

「…………」

「盗作して知らん顔でいられるお嬢様ではありませんから。ポールもわかっていますよ」

泣きたいような、笑いだしたいような、くすぐったい思いが胸いっぱいにわき上がる。わたしは席を立ってナタリーに抱きついた。シメオン様とは違う、細くて小さい、やわらかな身体《からだ》だ。以前は使っていなかった香水をほのかに感じた。それがもう使用人ではなく、一家の主婦なのだと実感させる。今後会社を発展させていくサティさんを、ナタリーも夫人として支えていくのだろう。

でもわたしをはいはいと甘やかしてくれるぬくもりは、慣れ親しんだ姉《ねえ》やのままだった。

4

わたしがお世話になっているサティ出版の事務所は、商業街の下町寄りに立つ雑居ビルの中にある。

ナタリーが帰ったあと、わたしは結局事務所の前まで来ていた。

二人の忠告を無視したわけではない。用があるのは事務所の中でなく、周辺だった。

当たりをつけてさがせば、案の定近くのカフェに記者の姿があった。表に出されたテーブルに、新聞を開いて座っている。コーヒー一杯でねばって事務所の出入りを見張っているのだろう。わたしは帽子をしっかりかぶり直し、彼のもとへ足を進めた。

「おじさん!」

「あ?」

元気に声をかければ、読むふりをしていた新聞から記者が顔を上げる。四十前後の中年男性だ。茶色の髪に瞳《ひとみ》は焦げ茶と、わたしに負けず地味な色彩をしている。中肉中背で、きちんと整えればそう悪くない顔立ちだろうけど、なんというかくたびれ感満載の冴《さ》えない風体だった。

だらしなくボタンをはずしたシャツはヨレヨレだし、あごには剃《そ》り残しの鬚《ひげ》がポツポツ見えている。

多分恋人も奥さんもいないわね。でも清潔は保っているようで、ヨレているわりに汚れは見えなかった。

「なんか用かよ、坊主《ぼうず》」

いぶかしげにわたしを見上げながら、記者は尋ねた。

「えー僕のこと覚えてないんですか？　一緒に事件を追った仲なのに」

「いや誰《だれ》だよ」

「だーかーらー、昨年の秋に劇場で会ったでしょ？　ほら、リュタンの予告状で騒ぎになって、絵が盗まれて。警官に化けた泥棒を追いかけたでしょ？」

「お、おお……あん時のことか……って、そういやなんかいたな。お使いの小僧だったか？」

「そうですよ！　やっと思い出してくれました？」

事務所の見える場所で張り込みをしていたのはラ・モームの記者だ。以前にもちょっとだけご縁があった、ピエロン氏だった。

顔を覚えるほどよく見かけた記者の中でも、ピエロン記者はいちばん熱心に女流作家たちの正体をさぐろうとしている人物だ。多分今日《きょう》もいるのではないかと思っていたら大正解。相変わらず迷惑だけど、おかげで苦労なく接触できたので今だけは感謝する。

「思い出すっつーか、覚えてねえよ。そんな顔だったか」

腰に手を置いて胸を張るわたしに、ピエロン記者は鼻を鳴らした。わたしが顔を覚えられている方が驚きだし、あの時のことを思えば他の人だって忘れられるだろう。それよりも、女だとは見抜かれていないようすにわたしは内心ぐっと拳を握った。

今のわたしは町の少年姿だ。ドーランで肌の色を濃くし、髪はまとめて帽子の中に押し込んでいる。胸はジレで隠し、腰にはさらしをグルグル巻いて太くした。作業用の手袋をつけ、首には手ぬぐいをかけている。

どこから見ても労働者！　化屋の小僧さんという設定である。変装も日々試行錯誤と研究を重ねて進化しているのよ。ここへ来るまでも変な目で見られることはなかったし、ピエロン記者も素直に男の子と信じてくれたようだった。

「で？　俺になんの用だ」

「えへへ、おじさん張り込み中ですよね。あそこのビルにサティ出版が入ってるって聞いて僕も来たんです」

「……どういうこった」

「昨日のラ・モーム読んだんですよ。アニエス・ヴィヴィエって人の盗作疑惑。なんか結論もない中途半端な記事であれだけじゃすっきりしないから、多分続報があるんじゃないかなと思って。それなら出版社に取材とか張り込みとかしてるんじゃないかなと思って見にきました」

「はあ？」

さぐろうとしている自分の方がさぐられて、ピエロン記者は珍妙な顔になった。わたしは注意深く話を続ける。こちらの正体や真意を悟られないよう、上手《うま》くやらないと。

「いたのがおじさんでよかったですよ。知り合いだから話が早くて済みます」

「いや大して知り合ってねえよ、なんも済まねーよ」

「で？　で？　なにかつかめたんですか？　あの話って本当だったんですか？　出版社はなんて言ってました？」

ぐいぐい迫るわたしにピエロン記者は椅子《いす》の上でのけぞる。

「ちょ、待てって。なんなんだよお前は！　あとでかい声でしゃべんな！」

周りをはばかって声を抑えつつ、たまりかねた調子で叱《しか》りつける。そこでようやく気づいたという顔を装って、わたしは声を落とした。

「あ、ごめんなさい……」

「ったく、なんだよお前、アニエス・ヴィヴィエのファンなのか？」

「いえその人は知りません。僕、本はあまり読まなくて……あっでも新聞は読んでます！　ラ・モームを買ってます！　店長が！」

「てめえじゃねえのかよ」

「この間の宝石店に押し入った強盗の記事、あれすごく迫力あってドキドキしました。まるで目の前で事件が起きてるみたいでしたよ」

「おっ、そうかい」

じっさいに掲載された記事の話を挙げてみせれば、ピエロン記者の顔がわかりやすくうれしそうになった。いくつか挙げてようすを見ようと思ったら、幸運にも一つ目で当たったらしい。

「あれ、もしかしてあの記事、おじさんが書いたの？」

「まあな。俺が現場を取材したからな」

「えー、すごい！　おじさんって敏腕記者だったんですね！　前回泥棒に返り討ちにされてたから、ちょっと抜けてる人かなって思ってました」

「うっせえわ！」

わたしは勝手に空いている椅子を引いて、ピエロン記者の隣に座った。

「ありゃただの泥棒じゃねえよ、やばい仕事に慣れてる奴《やつ》だ。目を見てまずいって気づいたが、ちょいと遅かったってゆーか」

ピエロン記者はブツブツとぼやく。

「あれってリュタンじゃなかったんですか」

「違ったようだな。偽者の起こした事件だってことで片がついただろ。じっさい泥棒というより、ありゃ殺しあたりが専門な感じだよ。なんであんなのが出てきたんだか……とか、いろいろ引っかかりも残ったが、結局そのままうやむやになっちまったな」

ふむ。さすが記者と言うべきか、鋭い観察眼は持っているようだ。

彼の言うとおり、あの時の泥棒は犯罪組織の一員だったし、事件はリュタンの——というか、その主人のリベルト公子が仕組んだものだった。裏の真相は隠されたままに終わったけれど、なんとなく感じるものはあったのね。

その鋭い記者が、今回の投稿をどう見ているのか知りたかった。

「僕もね、あの時のことが忘れられなくて。情報を求めて潜入取材とか、かっこいいですよね。すごくドキドキして、またやりたいなって思ってたんです」

「ガキの遊びじゃねえよ」

「おじさんは今張り込み中なんでしょう？　僕もお手伝いします！　一緒に取材させてください！」

「手伝ってもらうことなんてねえよ。お前も仕事中じゃねえのかよ、さっさと帰れ」

面倒そうに追い払おうとするピエロン記者に、わたしは食い下がる。

「そんなこと言わずに！　教えてくださいよ。あの投稿って本当に新聞社に届いたものなんですか？　店長の奥さんはやらせ記事だろうって言ってましたけど」

「やらせなんかじゃねえ。つかうちはやらせはしねえよ」

「本当に……？」

「なんでそこだけ真剣な顔すんだよ。本気で疑うなよ」

カフェの店員さんが迷惑そうな目を向けている。ピエロン記者はどのくらいここでねばっていたのだろう。そしてわたしも注文せずに座り込むのは迷惑よね。わたしは店員さんを呼んで、ミルクとお砂糖たっぷりのカフェオレをお願いした。ついでにピエロン記者もおかわりを頼む。

「そりゃ刺激的な記事の方が読まれるからな。多少の誇張は認めるぜ。けどなんもねえところから嘘《うそ》八百《はっぴゃく》作り出して記事になんかしねえよ。そういうのは報道じゃねえ、創作だ。記者のする仕事じゃねえ」

意外と真面目《まじめ》にピエロン記者は反論する。シメオン様などは低俗なゴシップ紙と切り捨てるし、わたしも「面白い読み物」程度の認識で、正確な情報源とはみなしていなかった。でも彼らには彼らなりの矜持《きょうじ》や線引きがあるらしい。やらせという言葉は驚くほど真剣に否定してきた。

「じゃあ、あの記事は本当に新聞社に投稿されたものだったんだ」

「ああ。あれに関しちゃ、ほとんど手もくわえてねえよ。そのまんまで載せてる」

「やっぱりおじさんが担当？」

「おう」

大体予想どおりだ。多分女流作家に関する記事は、彼の担当と決まっているのだろう。

「そっかあ。でも僕、あれ読んで不思議に思ったんですよね。盗作だって言うわりに、どの作品のことなのか全然書いてないから」

「……まあな」

「だから気になって。わざと情報を隠してるのか、続きがあるのかなって」

「…………」

ピエロン記者はあまり自分からは語らない。取材の時はしつこくへばりついてあれこれ聞き出そうとするくせに、自分が聞かれる側になると口数が減る。わたしを警戒しているのだろうか。

部外者相手にペラペラ話すわけないかしらね。でも強引に追い払おうとはせず、一応相手をしてくれている。おそらく、一人でいるよりも同席者がいる方が張り込みに見えないから、ちょうどよいと思ったのだろう。わたしと話しながらも彼の注意がビルからそれることはなかった。

わたしは好奇心旺盛な少年のふりで話を続けた。

「新聞社は投稿した人のこと知ってるんですよね？　内緒だったら名前は聞きませんけど、その人に取材は？」

「あいにく、差出人の名前も住所もなかったよ。あの手の投稿にゃよくあることさ」

「そうなの？」

「お前さんが聞きてえのは、盗作ってのは本当なのかって話だろ。残念ながらなんとも答えちゃやれねえな」

「うん、おじさんたちも真相はわからないんですね。あの記事が投稿された文章そのままなら、本当に情報が全然ないですもんね。だから出版社に当たってるんだ。もしかしてすでに取材済み？」

わたしの切り返しに、くたびれた顔がいやそうにしかめられる。ピエロン記者は息を吐いて新聞をたたんだ。

「ったくしつこいガキだな。妙に賢そうなとこが面倒くせえ」

「えへへ、誉《ほ》められた」

ベシッと新聞で頭を叩《たた》かれる。帽子が脱げないようあわてて押さえた。

「誉めてねえよ！」

「僕も記者になれそう？」

「てめえはどっかのお使い小僧だろうがよ。そっちの仕事はいいのかよ」

「お届け先で引き止められたって言うから大丈夫。出版社の人なんて言ってました？」

「そういうことを聞くなっつの。まだ記事にもしてねえことを話せるかよ」

なるほど、記事にできそうなことを聞いてきたわけか。

サティさんが取材を受けたなら、もちろんきっぱり否定しただろう。でもそれだけでは済ませられない。疑いを晴らすため、こちらから検証を求めるくらいはしそうだった。

ここまでの話でいくつかのことがわかっている。ラ・モーム側も情報はほとんど得られていない。あの投稿の内容が真実なのか虚偽なのか、判断もできていないのだろう。

そんな状態で記事にするのは報道の姿勢としていかがなものかと言いたいが、そこで「投稿」という形が生きてくる。新聞社の見解は示していない。手をくわえなかったという理由もそれだろう。シメオン様のおっしゃったように逃げ道を作ったのだ。

と同時に、アニエス側の反応を窺《うかが》うもくろみもあったのだろう。盗作疑惑をかけられて無視はできない。言いがかり同然の告発であっても、黙っていれば認めたということにされかねない。だからかならず動きがある。それこそがピエロン記者の、ラ・モームの、いちばんの狙《ねら》いかもしれなかった。ラ・モームとしては双方の言い分を掲載するだけで読者の関心を引けるし、自社の報道として責任をとる必要もないからありがたい話だろう。

なんとなく状況はつかめた。であれば、ここで延々と話し込んでいてもしかたない。

「おじさんこそ戻って記事書かなくていいんですか？　もしかしたらさ、続きが届いてるかもしれないですよ」

わたしはピエロン記者を帰らせるべく話を変えた。

「正直あの投稿だけじゃただの悪口にしかならないもん。証拠の一つくらい見せないと。あと、どの作品のことかも言わないと。手紙出した人もあとから気づいて、続編出してくるんじゃないかな」

「続編てお前、小説じゃあるまいし。けどまあ、たしかにその可能性はあるな」

「でしょ!?　もっとくわしい情報が届いてるかも！　早く戻りましょう！」

「なんでお前が仕切ってんだよ」

文句を言いながらもピエロン記者はコーヒーを飲み干して立ち上がった。わたしの意見に従うというより、収穫があるかどうかわからない張り込みに見切りをつけたのだろう。取材したことを記事にする必要もあるから、そう長時間つぶせない。ちょうど切り上げる頃合いを考えていたのだろう。

ピエロン記者はコーヒー代を払って店をあとにする。わたしも急いで彼を追いかけた。

「ついてくんなよ、しつけーな」

「記者見習い志望なんで！　よろしくお願いします、師匠！」

「誰が師匠だ、勝手に弟子入りすんな」

「見習いの給料って誰が出すんですか？　やっぱ師匠の私費ですか」

「当たり前みてえに話進めんな！　出さねえぞ！　てか師匠になったつもりもねえからな！」

ごちゃごちゃ言い合いながら歩き、商業街の中心地へとやってくる。わりと遠いけれど乗り物を使うには近いかな、という微妙な距離である。普段は馬車で移動するのでちょっと疲れた。

ようやくたどりついた新聞社は、五階建てのビルだった。雑居ビルではなく全部新聞社だ。一階から三階が印刷工場や倉庫で、四階より上が事務所や編集部などらしい。外部の人向けの受付は、一階の端っこに小さな事務所があった。

サティ出版よりはるかに大きく立派な会社である。ゴシップ紙あなどるなかれ。上位の発行部数を誇る、れっきとした大企業なのである。

ちなみにシェルシー新聞社もご近所にあった。このあたりには新聞社や出版社がいくつも集まっている。サティさんもいずれはこの一角に自社ビルを持ちたいと夢見ていた。

ピエロン記者はさっさと階段を上りはじめる。もちろんわたしも追いかけた。

「どこまでついてくんだよてめーは」

「見習い志望なんで！　仮採用でもいいから手伝わせてください！」

「だったら事務所行ってこい。工場《した》の雑用係くらいなら雇ってもらえるだろうさ」

「記者がやりたいです。編集部で雇ってもらえませんか」

「それも事務所で相談しろ。俺に言われてもしょうがねえよ」

「紹介くらいしてくださいよ」

「だあああもう！」

上の階までついていき、無理やり編集部にも入り込む。雰囲気はシェルシー新聞社と変わらなかった。たくさん並んだ机の上に、書類や本や新聞など、あらゆるものが積み上がっている。資料の間を人が動いているような状態だ。入ってきたわたしたちに中の人が目を向けてきた。

「よー、おかえり。後ろの坊やはなんだ？」

「なんなんだろうな……」

疲れた声で答えるピエロン記者の後ろから、わたしは編集部を見回す。トンデモ記事がここから生まれているわりに、いたって真面目そうな普通の事務所だ。

「ドニ、なんか新しく届いたもんはあるか？」

「んー？　お前さん宛てのはないが」

「俺宛てじゃなくて、投稿とかそういうのだよ」

「ああ。ならその辺に……ほれ」

手渡された封書をピエロン記者はたしかめる。覗《のぞ》き込もうとするわたしをかわし、見えない高さに持ち上げて便箋《びんせん》を広げた。

「続編？」

「じゃねえな」

「本当に？」

「おいこら坊主、どこの子だよ」

同僚らしき記者がわたしを猫の子みたいにつかまえる。その間にピエロン記者はすべての封書を確認した。

「残念ながら、全部別だ。お前さんの予想ははずれたな」

「えー」

手にしていた封筒類を机に下ろし、同僚の手からわたしを引き取る。くるりと身体《からだ》を反転させられて、入ってきたばかりの戸口へ押しやられた。

「ほれ、気が済んだだろ。ここはガキの遊び場じゃねえんだ、もう出てってくれ」

「そんなあ」

抗議しても聞いてもらえず、外へぽいっと放り出される。鼻先で閉じられた扉にわたしは小さく舌を出した。

ここまで見せてもらえただけでも上出来かな。あとは明日《あす》の紙面で確認するしかないわね。

おとなしく階段を下りたわたしだけれど、まだ諦《あきら》めたわけではなかった。

新聞社をあとにして、街なかにある広告取次店へ向かう。わたしはそこで、ラ・モームの私事広告欄に掲載を依頼した。

お店などが出す大きな広告とは別に、個人が出す広告がある。それが私事広告だ。求人や訃報《ふほう》、失《う》せ物の捜索など、誰でもちょっとした料金で利用できる。所在のわからない知人や親族などへの伝言もおなじみで、わたしの依頼は不審がられることもなく受理された。

――で、まだまだわたしの調査は終わらない。

打ち合わせのためにシメオン様が借りてくださった部屋で変装を解くと、今度は辻馬車《つじばしゃ》を拾って歓楽街へ向かった。

殿方のお楽しみの場、酒場《さかば》や賭博場《とばくじょう》が立ち並ぶプティボン通りの中でも、もっとも大きく立派な建物の前で馬車は停《と》まる。まるで貴族の屋敷のようなたたずまいがわたしを出迎えた。

その名もトゥラントゥール、老舗《しにせ》にして最高級の娼館《しょうかん》である。

妓女たちの美しさも、身につけた技芸や教養も、ショーも音楽も料理もなにもかもが超一流の、貴族や王族すら通うと噂《うわさ》されるお店だ。

入り口は道から少し奥へ下がっていて、そこまでの空間に小さな噴水が四基並んでいた。女神が座し、天使がたわむれ、乙女《おとめ》たちが踊りながら、絶え間なく水を流している。おそろしく贅沢《ぜいたく》な趣向だ。

フロベール邸の庭園にだって噴水は一基しかないのに。ついでに言うと普段は水を止めているのに。

さらに噴水の周囲にランタンがたくさん設置されていて、夜になると明かりが水面《みなも》にゆらめいてとても幻想的な光景になる。夜こそ本番のお店らしい演出である。かくのごとく、客を楽しませることに一切手を抜かないお店だった。

もちろんお客はすべて男性で、女性が来るところではないのだけれど。

馬車を降りたわたしは正面入り口に背を向けて、裏手へ回った。使用人かお使いのような顔で通用口へ向かい、取り次ぎをお願いする。

昨日のうちに手紙を出しているので、すぐに中へ通してもらえた。顔は覚えられなくても名前は覚えられ、すっかり常連なわたしである。

そうして案内された三階の奥、赤い絨毯《じゅうたん》が敷かれた静かな廊下を進み、他の客と顔を合わせないよう配慮された個室でわたしを迎えてくれたのは、まばゆい美貌《びぼう》の女神様たちだった。

「はぁいアニエス」

「いらっしゃーい」

「待ってたわよ」

扉を開けばそこは花の楽園、ふわりと芳香に包まれる。

わたしを迎える笑顔はまさに大輪の花！　美しく愛らしく色っぽく、一瞬で虜《とりこ》にさせられる。

「ごきげんよう、皆さん。お忙しいところにお邪魔して申し訳ございません」

「いいのよ、この時間ならまだ余裕があるから」

しっとりとした声で言ってくださったのは、栗《くり》色の髪をゆるく結《ゆ》い上げたオルガさん。三人の中ではいちばん年上で、大人《おとな》の落ち着きと色香をそなえ、理知的な雰囲気の人である。

「アニエスとおしゃべりできるのは楽しいから大歓迎よ」

可愛《かわい》らしさ全開の甘い声はクロエさん。ふわふわと波打つ髪は光り輝くような金。無邪気な笑顔の甘えっ子みたいなのに、気づけば主導権を握られ言いなりになってしまう小悪魔だ。

「そろそろ面白いネタ持ち込むんじゃないかって、期待してたわ」

見事な赤毛をクルンと巻いて、勝気な笑顔を見せるのはイザベルさん。姐御《あねご》肌でグイグイ引っ張ってくれる人だけど、じつは三人の中で最年少だったりする。強さと可愛らしさを併《あわ》せ持つ人だ。

百花繚乱《りょうらん》のトゥラントゥールにおいて、彼女たちは最高位の花、あまたの殿方が憧れてやまない女神様である。

およそ知り合うはずもないわたしたちが出会ったのは、一昨年のこと。まだシメオン様とは婚約中で、お互いの気持ちを正しく理解してもいない頃だった。

どうしてわたしに求婚してこられたのかわからず、きっとなにか隠した事情があるのだわ、なんて思っていたのよね。いろいろ誤解し、最後には婚約破棄だと思い込んでしまった。そんな騒動の最中に偶然こちらへお邪魔することになり、名前だけは聞いていた憧れの花に出会えたのだ。

シメオン様からあたらめて求婚していただき、とてもうれしかった。でもその直後に彼女たちと出会って、すっかり意識を奪われてしまったわ。だって皆さん本当にお美しいのだもの！　わたしと同じ女だなんてとても思えない。もう地上に降臨した女神様ですよ！

と、盛り上がる背後で男性陣もまた語り合っていた。とても静かに、どこか頭が痛そうに。

そんなできごともなつかしい。

以来仲よくしていただいて、たびたびわたしはトゥラントゥールへ遊びにきていた。女神様たちとの時間はとても気分が華やぐの。今この瞬間も寿命が十年延びたわ。くたびれたおじさんを見ていた目と心に潤いがしみ渡る。美の摂取って大事。必須の栄養源。

わたしは誘われるままフワフワと中へ進んだ。ああ、いつもながらきれいなお肌。指先までなめらかに美しく、えも言われぬ香りに酔わされる。

「うふふふ、アニエスちゃんのお悩みは知ってるわよぅ」

座ったわたしにクロエさんが、猫のように身をすり寄せてきた。あっ、そんな、わたしが悩殺されてもどうすればいいのやら。

「急な訪問のお願いは、ずばりラ・モームの件でしょう？」

「ふわぁい……クロエさん炯眼《けいがん》です」

「炯眼もなにも、あんな記事が載ってればわかるわよ」

イザベルさんが頬杖《ほおづえ》をついて笑う。ちょっと斜めからの視線がなんとも蠱惑《こわく》的だ。白い胸元についい目が吸い寄せられた。谷間が、谷間が素晴らしい。

「なにか手は打ったの？」

「ええと、公式な対応はまかせるようにとサティさんから連絡がありまして」

「ふうん。ちゃんと作家を守ってるわけね。やるじゃん、社長」

「ええ、とても頼りになります」

夢見心地で話しながら、わたしは手土産《てみやげ》のお菓子を取り出した。ショコラと焼き菓子の箱が開かれ、オルガさんがお茶を淹《い》れてくださる。菫模様《すみれ》の磁器に注がれた水色《すいしょく》は明るい黄色だった。花咲く春の野原のように、若々しくさわやかな香りがする。

産地から輸入されたばかりの、春摘みの茶葉ね。お店の客ではないのに、惜しげもなく最上級のお茶でもてなしてくださる。

「でもアニエスのことだから、人まかせにして終わるつもりはないのでしょう？　なにを企《たくら》んでいるの」

優しい微笑《ほほえ》みの中にいたずらっ気も覗かせてオルガさんは言った。彼女をひいきにしている紳士は、大人の落ち着いたつき合いを楽しみつつ、時々可愛らしさも見えるのがたまらないのね、きっと。

「企むというほどでは。なんとか投稿主と連絡がとれないものかと思いまして、私事広告で呼びかけをしてみようと」

「あら素敵。新聞の伝言欄を使ってやりとりなんて、物語みたいね」

「上手くいくかどうか、わかりませんけどね」

あらかじめ示し合わせた相手ならともかく、どこの誰かもわからない人だ。まず呼びかけが目に入るかどうかも賭けだった。

「基本はサティさんにおまかせします。こちらは反応があれば儲《もう》けもの、というくらいですわ」

そう言いながら、可能性は低くないだろうとわたしは考えていた。

賭けなのは事実。でも反応がありそうな予感がする。

「それで、皆さんにもお願いがあってお邪魔したのですが、この件に関してなにか情報などありましたら……」

「ごめんなさい、答えられないわ」

ここにはあらゆる情報が集まる。さまざまな立場の人が訪れる店で、密談の場所として使われることも多い。きっとなにか手がかりが得られるだろうと思って聞きかけたが、最後まで言わないうちにオルガさんは首を振った。

クロエさんとイザベルさんも同じ反応だ。お客の情報はいっさい漏らさないのがトゥラントゥールの掟《おきて》。もちろんそう言われることはわかっていたので、わたしは言葉を添えた。

「いえ、細かいことまではお聞きしません。個人の特定につながらない程度でよろしいので」

「そうじゃないの。もちろんお客のことは話せないけど、今回は本当に情報がないのよ」

「……まったくですか？」

女神様たちは顔を見合せ、それぞれ首をひねったり肩をすくめたりした。

「だって、わたしたちのお客は全員殿方よ？　女性向けの小説は読まないと思うの。ほとんど興味持ってないでしょうね」

「あと上流の人や、上流ぶりたい人は大衆紙を読んでるなんて言わないわ。本当は読んでたとしても、見栄《みえ》を張って高級紙しか読まないって言うわよ」

クロエさんとイザベルさんの言葉に、たしかに、とわたしもうなずく。わたしも一応許されているけれど、外では絶対に言わないよう釘《くぎ》を刺されていた。

別に大衆紙だからって見下されるべきではないと思うのだけどね。政治や経済の記事も扱っているし。あとは巷《ちまた》で話題のお店とか演劇とか、今の流行《はや》りについてとか。ラ・モームだって、ゴシップ以外の記事はわりとまともに書いている。

ただどうしても刺激的な記事が印象に残るから、大衆紙は低俗という評判になってしまうのだ。経済力はもちろん品格も求められるトゥラントゥールの客が、お店で大衆紙の話題を出せないのはもっともだった。

「シェルシーでの連載についてなら、話題に出たこともあったわ。こちらが好きなものを取り上げて、話を盛り上げようとしてくださったの。ここのお客はそういう態度よ。逆にけなす記事を話題にして、わたしたちのきげんを損ねるような馬鹿《ばか》な真似《まね》はしないわ」

オルガさんも言う。わたしは納得するしかなかった。

それもそうかあ。当たる先を間違えたかな。さすがのトゥラントゥールも、今回にかぎってはお門違いだったのね……。

「ごめんなさいね、力になれなくて」

「いいえ、わたしが間違えただけです。うーん、でもそうすると、まったく手がかりなしかあ」

「手がかりねえ。なにかないかしら？」

「んー……」

「そうねえ」

頭を抱える思いのわたしを見かねて、女神様たちも一所懸命考えてくださる。しばらく四人でうんうんうなり、結局出てきたのはため息だけだった。

しかたない。ここでの情報収集は諦めよう。

「急にお邪魔して、ご迷惑をおかけしました。お時間をくださってありがとうございます」

あまり長く居座っては彼女たちの仕事に差し支える。わたしは早々に挨拶《あいさつ》して席を立った。また今度、ちゃんと予約をとってから訪問しよう。

「迷惑ってほどじゃないわ。気にしないで」

「次はもっとゆっくりおしゃべりしましょ」

女神様たちに送られながら外へ向かう。来た時同様裏口から出ようと、客が通らない従業員専用の廊下を歩いた。

「せっかく頼ってくれたのに、なにもしてあげられなくてごめんなさいね」

「いえそんな、そちらこそお気になさらず」

掃除道具を持った下働きの女の子が会釈して道をゆずってくれる。彼女をちらりと見たオルガさんは、ふと思いついたように言った。

「ああ……そうだわ、せめてお土産に一つ教えてあげる」

「はい？」

「もうじきお姫様のお輿入《こしい》れでしょ。あなた、とても仲がよいのよね？」

「え、ああ、アンリエット様ですか」

全然関係ない方向の話が出てきて、一瞬反応が遅れた。なにかと思ったら王女様のことですか。

「そう、王家の末のお姫様。彼女を迎え入れるラビアの公子様は、今とても頑張っていらっしゃるみたいよ」

「リベルト殿下が？」

わたしの脳裏に絶世の美貌を持つ真・腹黒公子様が浮かんだ。隣国ラビア大公国の、次期大公様。いつもいろいろ頑張っていらっしゃる人だけど、ここでオルガさんが話題にするということは、お金勘定とかではないのよね？

「どういったことに？」

「大掃除よ。周りをきれいにしたいらしいわ」

「大掃除？」

思わずわたしはさっきの女の子を見る。変に注目されて、なにか粗相でもしたかとあたふたさせてしまった。なんでもないのよと、イザベルさんが声をかけてあげている。

「年季の入った汚れに本腰を入れて取りかかってらっしゃるの。かなり大ごとになりそうね」

「はあ……」

う、ううん？　どういう話なのだろう。

言葉どおりの意味ではないだろうとわかっているのに、ほっかむり姿で雑巾《ぞうきん》を持つ公子様を想像してしまった。あ、意外とお似合いかも。いえ以前煤《すす》まみれのお姿を拝見しているものでね。頭に煤を落としたのはわたし（の猫）ですが。

「お姫様がとばっちりで埃《ほこり》をかぶらないよう、気をつけてさしあげないとね」

「……よろしいのですか？　そんな話をしてくださって」

なんとなく、きなくさい臭いがする。掃除って、政敵とかそういう話よね？　またイーズデイル派がなにかやらかしているとか？　そんな情報を流してくださるなんて、掟破りになるのではないかと心配になった。

オルガさんは婉然《えんぜん》と微笑む。

「極秘というわけではないみたいだから、許容範囲かしら。わたしたちだってラグランジュの国民なんだから、王女様を心配したっていいでしょう？」

ええ、もちろん。もちろんですが……なんだか建前っぽいなあ。多分これは、王室への親愛からではなく、わたしへの友情だろう。アンリエット様のためというより、彼女と親しいわたしのために教えてくれたのだ。

掟破りとまではいかなくても、あまりよい顔はされないはず。なのに教えてくださる気持ちがありがたかった。

あらためてわたしはお礼を言い、彼女たちと別れて外へ出た。

大掃除……リベルト殿下の大掃除……やだもう、ほっかむり姿が頭から離れない。

シメオン様に聞けばなにかわかるかな。それか、近いうちに王宮へ行って王女様にお会いしようかしら。リベルト殿下との文通は続いているそうだから、なにか聞いていらっしゃるかもしれない。

わたしが口出しするような話ではないと思うけどね。

きっと国王様や王太子殿下が心得ていらっしゃる。わたしにできるのは、アンリエット様にご不安があれば聞いてさしあげるくらいかな。

今は自分の問題だ。それも打てる手は打ったので、いったん結果待ちである。

すっかり日が長くなって、まだまだ空は明るかった。時計を見てもあわてる時間ではない。もう少し遅くなっても大丈夫なので、わたしは最後に百貨店へ寄ることにした。

せっかく街まで出たのだもの、お土産に話題のお菓子くらい買って帰ってあげないと。

そう考えて辻馬車をさがす。われながら頑張った一日だった。あちこち移動して歩き回って、そろそろ足が痛い。

着いたお店はいつもながら混み合っていて、その中を気力で歩き、どうにか買い物を済ませた。

すっかり疲れ切ったわたしはお菓子の山を抱え足を引きずりながら、フラフラでフロベール邸に帰り着いたのだった。

5

翌朝目を覚ましたわたしは大急ぎで身支度をし、部屋に新聞が届けられるや手に取った。インクを乾かすアイロンが当てられたばかりで、まだほんのり温かい。

「あ、載ってる」

開いて目当ての記事をさがせば、サティさんが依頼したと思われる反論文が掲載されていた。

「どのような内容です？」

日頃は大衆紙など開きもしないシメオン様も、制服のボタンを留めながら覗《のぞ》き込んできた。

「だいたい予想どおりですね。まず検証をさせてほしいとあります」

サティさんは感情的な反論はせず、とても落ち着いた主張をしていた。いわく、指摘されるような事実はないと考えているし作家本人も否定しているが、確認は必要と認める。万一問題があった場合には謝罪を含め、適切に対応していく所存である。そのためにも、どの作品のどの部分が酷似《こくじ》しているのか正確な検証をさせてほしい。その際には第三者にも立ち会ってもらい、公正な作業を行うことを約束する。ついては、サティ出版もしくはラ・モーム新聞社へご連絡をいただきたい——といったことが、丁寧《ていねい》につづられていた。

「完璧です。先日の投稿よりもずっと好感が持てる内容だ」

「ですね。少なくとも、これでサティ出版に非難が向かうことはないでしょう」

わたしたちはうなずき合う。さすがサティさん、読者がすんなり理解して納得できる文章だ。過不足なく簡潔にまとめていてじつにわかりやすい。

「なにかしら反応があればよいのですけど」

「なければただの中傷だったということでしょう。そう主張できて、世間にも納得させられますよ」

シメオン様の言葉に同意しながら、わたしは私事広告欄に目を通した。昨日わたしが依頼した伝言もちゃんと掲載されていた。


『白い封筒のあなたへ。遺品と当方の書類につきまして、相談をさせていただきたく存じます。なるべく早いご連絡をお待ちしております。　Ａより』


どういう文面にしようか悩み、こんな形になった。投稿された手紙を直接見せてもらえれば、相手が男性か女性か、どういった階級の人か、大まかにでも把握できたのだけどね。残念ながら見られなかったので曖昧《あいまい》な呼びかけになってしまった。

白い封筒というのは、差出人の名前がないという意味を込めている。「遺品」とあの告発文に出てきた言葉を入れて、最後にずばりＡ《アニエス》と名乗っているので、心当たりのある人が見ればわかるはず。

問題は相手がこの欄を見るかどうかなのだけど、そこはもう賭けでしかない。ただなんとなく、見るのではないかという予感があった。

わたしを貶《おとし》めることだけが目的なら、それらしい証拠をでっち上げると思うのよね。わざわざ新聞に投稿までして悪評を立てようというのだから、わたしならもっと世間をだませそうな内容にする。そこまで頭が回らない人と考えるには、あの告発文はできがよかった。必要な情報が抜けているだけで、文章としてはよくまとまっている。お馬鹿《ばか》さんのしわざと考えるにはちぐはぐな印象だ。

となると、三つ目の可能性が出てくる。

すなわち、アニエスが無視できない状況を作り、接触してくるのを期待したもの——正体不明の作家を引きずり出そうという目的だ。

捏造《ねつぞう》というシメオン様の指摘は当たっていたのかもしれない。記者ではない、別のなに者かがわたしを引っかけようとしているのかもしれなかった。

だとしたら出版社からの公式見解よりも、アニエス本人からの反応を待っているはずだ。どこにいるかわからない、本名も不明の人物と連絡を取りたいと思ったら、やはり私事広告欄を考えるのではないかな……と、思うのよね。

さて、上手《うま》くいきますやら。

あてがはずれてまったく反応がなくても、それほど困らない状況ではある。のんびり待つしかないでしょう。

「あっ、今日《きょう》の贈り物！」

わたしは新聞を置いて周りを見回した。いけない、忘れそうになっていた。今日はどこに隠してあるかしら。

「どこどこ……あっ、可愛《かわい》いボンボニエールが！　これ、昨日はありませんでしたよね？」

小さな陶器の菓子入れに歓声を上げるわたしを、もう部屋を出かかっていた旦那《だんな》様が小さく笑いながら振り返っていた。


わたしの期待は裏切られなかった。早くも次の日のラ・モームに返事が載っていた。

『A殿へ。こちらもお聞きしたいことがあります。応じていただけるのでしたら、本日正午、フィリップ橋より花を投げてください。　Dより』


……どうしよう。なんだかちょっとワクワクしてきた。

新聞を介した秘密のやりとりもだけど、花を投げて合図するなんて盛り上がるわよね⁉

楽しんでいる場合ではないとわかっていても、わたしは気持ちが浮き立つのを止められなかった。

「さいわい今日は予定もないし、ご指示どおり行ってさし上げようではないの」

新聞を下ろしてぐっと拳を握る。相手はどんな人物なのか、なにが目的なのか、答えに近づけると思うとやる気がムクムクわいてくる。

よーし、やるわよー！

「どこへ行くと?」

気合を入れていたら後ろから声が上がった。少し眠そうなお顔でシメオン様が寝室から出てくるところだった。寝間着の上に薄手のガウンを羽織った、今起きたばかりといったお姿だ。

「おはようございます。珍しくごゆっくりですけど、そろそろ急がねばならない時間では?」

「今日は休みです」

「え? そうでした?」

首をかしげるわたしの手から、シメオン様は新聞を取り上げる。さっと開いて目を通し、私事広告欄を見たのだろう、少し呆《あき》れた息をついた。

「このようなあやしい呼び出しに応じるつもりですか」

「だって事態が前へ進みそうなのですよ。行くしかないでしょう」

ちなみにサティさんの呼びかけに対する返事は載っていなかった。わたしが読んだとおり、相手はアニエス個人と接触したいようだ。

「もちろん一人では行きません。ジョアンナ……いえ、男手の方がよいですね。ジョゼフかレミにお願いしてついてきてもらいますわ」

駅者《ぎょしゃ》や下男《げなん》の名前を挙げれば、きれいなお顔がむっと不きげんになった。

「私がいるのに、なぜ他の者に頼るのです」

「え……だって、急にお休みを取られたということは、なにかご用がおありではないのですか?」

答えるとますますごきげんが低下した。シメオン様が怒ると凍《い》てつく吹雪《ふぶき》か、灼熱《しゃくねつ》の焔《ほのお》か、はたまた轟《とどろ》く雷鳴《らいめい》のごとき迫力を漂わせるものだけど、今はそうではない。全然怖くはなくて、ただ気に入らないというだけの雰囲気だった。むしろ可愛いような。そしてちょっとめんどくさいような。これって怒っているというより拗《す》ねているお顔よね。わたしが頼らないから……？

んんー？

「シメオン様が来てくださったら、それはもう安心安全超余裕ですけど、わたしのせいでご用をお邪魔してしまっては申し訳ありませんもの。あの、時間は正午ですが、ご都合《つごう》は大丈夫ですか？」

「何時でも問題ありませんよ。どうせこういう展開になるだろうと思って休んだのですから」

「え？」

「私事広告で呼びかけたと聞いた時点で、さらに面倒な事態になりそうな予感がしましたから。明日《あす》は会議があるので今日だけになりますが、相手が今日の正午を指定してきたのならちょうどよいといったところですか」

なんでもないように言ってシメオン様は着替えに向かわれた。ちょっと困惑してわたしは取り残される。

えー……予想的中お見事と言うべきなの？　そんな予想ができてしまうくらい、わたしがいろいろやらかしていると……。

で、でも、今回は別にわたしが悪いわけではないし！　……ないわよね？

それで昨日も遅かったのかと理解した。ただでさえ旅行のために休暇を予定しているのに、さらに急な休みも取って、さすがにお仕事にさしつかえるのだろう。日中は訓練や会議などがあるから事務仕事はどうしてもあと回しになってしまう。普段ならそれで問題なくても、予定外の休みが入ると残業するしかなくなるのだろう。多分、今日やる予定だったものも昨日にまとめて処理したのだわ。

「若奥様？　どうかなさいましたか」

朝食を持ってきてくれた女中が、わたしに心配そうな顔を向けてきた。ぐあいでも悪いのかと思わせたらしい。

「大丈夫、なんでもないわ」

気にしないでと笑って下がらせる。体調はもちろん問題ない。ただちょっと、浮かれていた気持ちが地面に叩《たた》き落とされていた。

「マリエル？　先に食べていればよかったのに」

シメオン様が戻っていらした。

「どうしました、急に元気をなくして」

「……ごめんなさい」

座る彼にわたしは謝る。

「なにがです？」

「シメオン様にご迷惑をかけるつもりはなかったのですが、やっぱりわたしの考えが浅かったのですね……」

危険というほどでもない気がして、念のため男手を連れていけば大丈夫と思ったのだけど。

でもシメオン様には心配をかけてしまうわよね。ご自分がついていこうとお考えになるのは当然だったかも。

「……謝ってほしいわけではないのですが」

しおれるわたしに、シメオン様も困ったお顔になった。

「そう落ち込まれると、勝手に休みを取ってきた私が悪い気がしてきます」

「わたしのために休んでくださったのでしょう？　無理をさせてしまって、本当にごめんなさい」

「ですから、謝ってほしかったのではないのです。……喜んでくれるかと思ったのに」

え、とわたしは顔を上げる。困惑に少し落胆の色もまぜて、シメオン様はわたしから視線をそらしていた。

謝ったらがっかりさせるってなに!?　シメオン様は喜んでほしかったの？　もちろんうれしいわよ。今日一日ずっと一緒にいられるし、なによりわたしのことを考えてくださるのがとてもうれしいわ！

ただ、そのために彼が無理をするのはどうかと思って。なにも気にせず自分が得したことだけ喜んではいられない。そうでしょう？

ぎこちない空気が流れる。互いに次の言葉が出てこなくて、わたしたちは無言で食事をはじめた。

けんかをしているわけでもないのに、どうしてこんなに気まずいのかしら。

シメオン様も不きげんというわけではないようで、どこか落ち着かない雰囲気だ。だけどなんとなく会話ができない。

朝食は簡単なものだからすぐに終わってしまう。食後のお茶を飲もうと手を伸ばし、ふと昨日のボンボニエールがあるのに気づいた。

手のひらに載るくらい小さくて、丸い形をした白い陶器に、金彩と花の絵付けがされている。飾り物のように可愛らしい菓子入れに、なんとなくわたしは手を寄せた。

気まずさをもてあましたのと、なぜ朝食のテーブルにという疑問で蓋《ふた》を開ける。

「あ……」

中にはなにも入っていないはずだったのが、いつの間にか星屑《ほしくず》のようなものでいっぱいになっていた。これって……。

「コンフェイト？」

白や淡いピンク色をした、指先でつまむほどの小さな塊だった。質感は不純物の多い水晶に似ている。小さな角《つの》がたくさん突き出していて、本当に星屑を集めたような雰囲気だ。コンフェイトと呼ばれるお菓子によく似ていた。

でもコンフェイトはこんなに透明感がないし、角というよりブツブツな表面という感じだ。星屑より花の種か果実っぽい見た目である。

「産地ではコンペイトウと呼ぶらしいですよ」

食べ物なのだろうか、飾り物なのだろうかと見つめていると、シメオン様が口を開いた。

「コン『ペ』イト？」

「もとはコンフェイトです。伝わったものが現地で独自の製造法になり、こういった形になったそうです。東の国から入ってきた砂糖菓子ですよ」

「まあ」

それって逆輸入と言うのかしら？　わたしは試しに一つつまんで口に入れてみた。

「んっ……氷砂糖みたいな？　あ、でもそんなに硬くない……甘さも控えめで上品です」

食感もコンフェイトとは違った。もっと硬いかと思ったのに簡単に噛《か》めて、口の中で崩れていく。砂糖の塊のようでいて、砂糖よりも優しい味だった。うっかりポリポリ食べすぎてしまいそうだわ。気をつけないと。

……で、多分これが今日の贈り物よね？

わたしはちらりとシメオン様を見た。なんとなくソワソワしているようすで、間違いない。

可愛らしい容器に詰まった、可愛らしいお菓子。どちらを先に見つけたのかしら。きっと似合う中身、もしくは入れ物を合わせようと、さがしてくださったのよね。

素敵な贈り物が会話を取り戻すきっかけになってくれた。優しい甘さと一緒に気まずさも溶けていく。

「ありがとうございます。とっても可愛らしくて、食べてしまうのが惜しいくらいですわ。大事にいただきますね」

わたしが笑顔になると、シメオン様もほっと表情をやわらげた。

「気に入りましたか？」

「ええ、見た目もお味も！　東の国のお菓子って繊細なのですね。以前いただいたものも花とかの可愛らしい形でしたし、なにか作り手のこだわりのようなものを感じます」

「たしかに、工芸品にも繊細なものが多い。細かいものが好きな国民性なのかもしれませんね」

「どんなところなのかしら。いつか行ってみたい……あっ、いえおねだりではなく！」

あわてて否定するわたしに、シメオン様がくすりと笑いをこぼす。

「かなり遠いので、気軽には行けませんね。いつか機会があるとよいですが」

「そうですね……うんと年をとってお仕事も引退して、暇になったら二人でのんびり世界周遊しましょう？　きっとその頃には船も高性能になって、旅行がお手軽になっていますわ」

「はは、そんなに先でよいのですか？」

「今はお互い忙しくて、何ヶ月もかかる旅行は無理ですもの」

「たしかに。では世界周遊は先の楽しみにして、今は近場の旅行だけでがまんしてもらいましょう」

「がまんだなんて。それだって待ちきれないほど楽しみですよ！」

わたしがはしゃげばシメオン様も楽しそうなお顔になる。そっか、こういうことなのね。落ち込んだり遠慮したり、そんなつまらない顔を見せたらシメオン様も楽しくないのだわ。わたしのためにしてくださったことには、うれしい気持ちを素直に伝えなければ。

もちろん無理はさせたくない。わたしにつき合わせるのを当然だなんて思ってはいけない。

でも、せっかく休みを取ってくださったのだから、グズグズ言わないでいっぱい感謝して、その分他のなにかでお返ししよう。

「では、旅行を存分に楽しむため、目の前の問題を解決しませんとね！　用意して正午に間に合うよう出発しましょう。シメオン様、もし犯人が現れてもいきなり殴りかからないで、まずは話を聞くのですよ」

「私を粗暴な人間みたいに言わないでください」

「では、どうなさるおつもりでしたの？」

「どうもしません。適度に締め上げるだけです」

「適度の意味って」

いつもの調子で言い合いながら、わたしたちはでかける準備にとりかかった。

といっても、シメオン様は庶民に変装するための服なんて持っていないし、借りて着るにしてもなじまない。絶対庶民には見えない人だから、この人を変装させようなんて無理な話である。

結局わたしが合わせることにした。並んでも不自然にならない程度のドレスを着て、髪を小さくまとめた上にボンネットをかぶる。さらにフリンジのついた日傘を持てば、うんと近づかないと顔は見えないだろう。ジョアンナがさすがの手際でわたしの注文どおりに仕上げてくれた。

できあがった姿を鏡で確認して、わたしはうんとうなずく。

ぱっと見は垢抜《あかぬ》けた雰囲気で、でもこれといって個性はない、サン＝テールの街なかにはたくさんいそうな女だ。ドレスや小物にばかり視線がいって、顔は印象に残らないだろう。完璧！

シメオン様の方も、目立つ金髪を隠すため帽子をかぶっていただいた。……どれだけ効果があるかしら。全身からただ者ではない気配がにじみ出しているからなあ。

そうしてわたしたちは馬車に乗り込み、サン＝テール市中心部へ向かって出発した。

まだ時間に余裕があったので、少し寄り道をお願いする。わたしが立ち寄ったのは大きな書店だった。

「なにか買うのですか？」

「ええ、まあ、それもですけど」

目当ての棚へとわたしはまっすぐ進む。このお店は女性向け小説も比較的たくさん置いてくれている。なので一愛好家としてもお世話になっていた。

でも今日の目的は、もう一つある。

ドキドキしながら棚を見て、並んだ背表紙にわたしはほっと息を吐いた。

「……よかった、まだある」

そこにあったのは、わたしの本だ。まだ売り場から撤去されていないかをたしかめたかった。

「あんな記事一つで販売停止にはならないでしょう」

「そう思いたいですが、お店側の判断もありますから」

盗作かもしれない本なんて売るべきではないと、言われる可能性もある。それが気になっていた。

「むしろ話題になって売れると、期待しそうな気もしますがね」

「……あるかも。でもそんな形で話題になってもうれしくありません」

わたしは平積みになっている新刊を手に取った。作者名や内容紹介を確認し、ほしい本を見つくろう。

そこへ二人連れの女性客がやってきた。

まだ若い人たちだ。友人同士で買い物に来たのか、わたしと同じように新刊を手に取っていた。

「――あ、ねえ、これ」

一人が棚にある本を見て、連れに声をかける。

「どの本だと思う？」

「なんの話？」

「ヴィヴィエが盗作したって本よ。どれかしらね」

その場を離れようと動きかけていたわたしは、ぎくりと足を止めた。

「ああ……あれって本当の話なの？」

連れの女性は半信半疑という顔だが、はじめに言った方は「そうなんじゃない？」と肯定的だ。

「だって偶然とは思えないほどそっくりだって言われてたじゃない」

「でも証拠とか出してないし。出版社は否定してたわよ」

「じゃあなんであんな告発が出てくるの。なにもないのにいきなり盗作なんて話は飛び出してこないでしょ」

「まあ、そうねえ」

本を持つ手が震えた。せっかくほっと落ち着いていた胸が、またいやな重さに襲われていた。

「ヴィヴィエの話好きだったのにな」。あれがじつは盗作だったなんて、がっかりよ。裏切られた気分だわ」

聞きたくない言葉にうつむいてしまう。自分の作品が話題にされているところに遭遇するのは、書き手にとってこの上ない幸運だ。でもこういう場面には遭遇したくなかった。

「行きましょう」

シメオン様がわたしの肩を抱き、移動をうながす。声に反応してこちらを見た二人は、とんでもない美青年がすぐ近くにいたことに気づき、目を丸くしていた。

シメオン様に連れられて、わたしはとぼとぼと会計へ向かう。

「気にする必要はありません。なにもやましいことはしていないのだから、堂々としていなさい」

「やましいと思っているわけではありませんわ。でも、ああして誤解されていくのねと思うと、悲しくて」

「……犯人には、生まれてきたことを後悔させてやりましょう」

シメオン様の声が低くなる。瞳《ひとみ》に青い焔が揺らめいていた。

いえいえ、そこまでは――わたしも怒っていますけどね。場合によっては平手打ちくらいしてやりたい気分ですけどね、さすがに殺すのはまずいかと。こちらが犯人と呼ばれてしまいます。

「殺しませんよ」

あわてるわたしに、シメオン様は微笑《ほほえ》みを見せる。

「そう簡単に楽にはしてやりません」

だからなにをする気ですか――!?

かぎりなく本気で言っているのがわかるので困ってしまう。どうか穏便に――でもそのお顔、まさに鬼畜腹黒参謀で素敵です。ああ鬼の副長がたまらない。

旦那様が過激に走らないよう釘《くぎ》を刺しつつ、萌《も》えに震えて忙しいわたしだった。

そんなこんなをしながら店を出てふたたび馬車に揺られ、フィリップ橋に着いたのは正午の少し前だった。

少し離れた場所に馬車を待機させたあと、わたしは花売りから買った小さな花束を手に、橋の手前でシメオン様と別れた。

「では、打ち合わせどおりに」

最初から一緒に行くと相手を警戒させてしまうかもしれない。出てきてくれなかったら困るので、シメオン様には離れた場所から見守ってほしいとお願いしていた。

「気をつけてください。なにかあればすぐ呼ぶように」

「はい」

もう「D」氏はどこかから見ているかもしれない。わたしが先に橋へ向かい、少し遅れてシメオン様もやってくる。彼は橋のたもと、遊歩道に立つ街灯のそばに身を寄せた。

橋の中央は馬車が行き交い、両脇《りょうわき》を人が通っている。サン＝テール市の中心を流れるラトゥール川にはたくさんの橋がかかっているが、ここフィリップ橋を渡って南へ向かうと高級住宅地に入る。そのため周囲には身なりのよい人が多かった。わたしの姿も違和感なく溶け込んでいる。

そういえば一年前、結婚式直前の騒動で某公爵様の別邸へ招かれ、帰りはここを馬で爆走したのよね。

その後も事件の最中だったりとあまりよい思い出のない橋だが、今日は徒歩でのんびり歩く。幅の広いラトゥール川の中央あたりまで来て、わたしは足を止めた。

シメオン様から借りた懐中時計を開き、時間をたしかめる。正午まであと少し。さて、D氏はどこにいるだろうか。近くの通行人？　川を下ってくる舟の上？

さがしたいのをぐっとこらえ、針が進むのを待った。やがて二本の針が真上を指して重なり合う。

正午だ。時計塔の鐘の音が聞こえてきた。

さて。

わたしは周りからよく見えるように、大きなしぐさでゆっくりと花束を川に投げた。

風で少し軌道を変えながら花束は水面《みなも》に落ちて、流れていく。橋の下に入って見えなくなるまで、わたしはじっと見送った。

D氏はすぐに接触してくるだろうか。それともまた広告欄で指示を出してくる？　いいかげん面倒だから出てきてほしいのだけどな。

そんなことを考えていたら、すぐそばで人が立ち止まった。わたしは日傘を傾けて振り返る。身なりのよい中年の紳士がわたしを見ていた。

「なにか？」

「……Dです。あなたがA殿？」

暗い色の瞳が用心深く、さぐるように問いかけてくる。よかった、もう遠回しな連絡は取り合わなくて済んだようだ。

「大変不名誉な疑いをかけられたAですわ」

わたしが答えると、紳士は破顔した。

「ああ――ああ、ありがとうございます！　不躾《ぶしつけ》な頼みに応じてくださいまして、本当にありがとう

ございました。感謝します！」

帽子を取って頭を下げ、丁重に礼を言う。思ったより低姿勢だ。意外な気分でわたしは相手を観察した。

四十歳前後といったところだろうか。瞳よりも明るい茶色の髪をきちんと短く整えた、中肉中背の人物だ。わたしに負けず劣らず地味な雰囲気だけど、風采は悪くない。若い頃は女性にもてたかも。身につけているものも上等で、仕立てたばかりとわかる外出着に、帽子もステッキも、すべてが貴族の持ち物であってもおかしくない一級品ばかりだった。

わたしを見る顔には知性を感じるが、どういう階級の人なのかはつかめない。貴族のようにも見えるし、裕福な庶民と言われても納得する。たいてい雰囲気でわかるものなのだけどね。ごく普通の人に見えるのに、まじまじと観察すればするほど印象がぼやけてくる。

うーん……？　どうしてこういう印象になるのかしら。

「いや、本当によく来てくださいました。顔出ししないよう用心していらっしゃるあなただ、会ってはいただけないかもしれないと気を揉《も》んでいたんです」

「出てこざるを得ない状況にしたのはどなたです？　先にもっと言うべきことがおありでは？」

こちらはまだ警戒しているのに、D氏はすっかり安心した顔になって一人で喜んでいる。ちょっと腹が立ってわたしはきつめの口調で言い返した。それではっとした表情になり、またD氏は頭を下げた。

「そ、そうでしたね。まことに申し訳ございませんでした」

「謝るということは、あの告発文はやはり嘘《うそ》なのですね。わたしを引っ張り出すために書いたものなのですね」

「はい。それに関しましては、ただただお詫《わ》びするしかないところです。ご迷惑をおかけして、本当に申し訳ございません」

「ご迷惑どころでは済みません。名誉を傷つけられて、今後の仕事にもさしつかえる話です。取引先にだって影響しますし、大きな損失につながりかねません。謝罪だけで済むとお思いですか？」

書店で聞こえてしまった会話が耳に残っている。あんなふうに、たくさんの人に誤解されているのだろう。証拠がなくても、サティさんが否定してくれても、悪い噂《うわさ》が立つのを完全には止められない。

この人自身も誤解していて、本当にわたしが盗作したと思っての行動だったならまだ許せた。でも嘘だと、はっきり認めている。自分の目的をかなえるために、わたしに濡《ぬ》れ衣《ぎぬ》を着せて評判を落としたのだ。

許せないわよ。迷惑なんて言葉ではとても足りないわ。

D氏の背後にゆっくり近づいてくる姿が見える。もし逆上するようならすぐに合図して駆けつけてもらうつもりだったが、D氏はひたすら低姿勢で謝り続けた。

「お怒りはごもっともです。ええ、できるかぎりの償いはいたします。謝罪文でもなんでも出して、ご名誉の回復に努めます」

「そんなことをおっしゃるなら、最初からおかしな真似《まね》をしないでいただきとうございました」

「まったくごもっともで……ですが、どうすればあなたと連絡を取れるかと考えあぐねたのです。なにしろ筆名以外なにもわからない、幻のような方が相手でしたので」

「そんなの、出版社に取り次ぎを頼めばよいではありませんか」

「もちろん頼みにいきました。しかし作家個人に関することはいっさい教えられないと断られまして。シェルシー新聞社の方も同様です。伝言だけならあずかると言われましたが、おいそれと他言できない事情なものでして……」

わたしはため息をついた。この話が本当だとしたら、多分素性を明かさずただ本人と会いたいとだけ頼んだのだろう。それでは断られて当然だ。作家の正体をあばこうとしているどこかの記者だと思われたのだろう。

というか、今現在もその疑いは晴れていない。このD氏がじつは記者だという可能性もあった。

……わたしの勘では違うかな、という感じだけど。でもまだ油断はできない。

だいぶ近くまで来たシメオン様が視線で問いかけてくる。わたしは小さく首を振り、そっとしぐさでも待機をお願いした。とりあえず危険はなさそうだから、シメオン様はなるべく関係者と知られない方がよいだろう。

わたしだけなら、身なりのよい眼鏡《めがね》をかけた若い女、という情報しかつかめないものね。一度会っただけで身元の特定ができるほど印象的な特徴はない。

「まずは、そのご事情を伺いましょう。それからあなたのお名前や、ご職業なども」

「……そうですね。では、あちらで落ち着いて話しましょう」

D氏が対岸の遊歩道を手で示す。たしかに人や馬車が行き交う橋のど真ん中では落ち着かない。

ずっと立ち話をしていたら目立ちもするので、わたしはD氏とともに川の南側へ向かった。間隔を空けてシメオン様もゆっくりついてくる。

橋を渡りきったわたしたちは、空いていたベンチに並んで腰かけた。午後の陽差《ひざ》しにきらめく川面《かわも》を前に、話を再開する。

「重ね重ね申し訳ないのですが、ゆえあって身元は明かせません。伏せさせていただくことを、どうかお許しください」

はじめに断るD氏に、わたしは憤然と言い返した。

「ずいぶん身勝手ですこと。償いをすると言った口でそのようにおっしゃいますか」

「私個人の問題にとどまらず、家族の不名誉にもなってしまいますので。しかし償いと言った気持ちに嘘はありません。新聞社にも謝罪文を出し、事実ではなかったと公表します」

「……わかりました。では、なぜわたしと会いたかったのか、ご説明くださいませ」

わたしに不名誉な濡れ衣を着せておきながら、家族の不名誉は避けたいと。

下手《したて》に出ているようで、D氏の言い分は相変わらず身勝手だった。名前を伏せたまま謝罪文を出したところで、同一人物かどうかわからない。世間はわたし側の工作と思うかもしれない。こんな約束で納得できるものですか。

と、抗議したいのをぐっとこらえ、わたしは聞き入れるふりをした。文句ばかり言っていても先に進めない。ひとまず話を聞くため、簡単に言いくるめられる小娘のふりをする。

「はい。ええ、どう話しはじめたものか……本題からいきましょう。あなたが小説に書かれた――先日のシェルシー新聞に載っていた短編小説です。あれに出ていたブローチについてお聞きしたい」

「……はい？」

どこかごまかす雰囲気だったD氏が、不意に決意をみなぎらせて顔を上げる。結婚でも申し込まれるのかしらというくらい真剣に告げられたのは、まるきり予想からはずれた言葉だった。

「ブローチ？」

「書いていらしたでしょう？　エナメルの、菫《すみれ》をかたどった小さなピンブローチと」

「……はあ、まあ、書きましたが」

「非常に細かく描写していらっしゃいましたよね。おかげで色も形も大きさも、はっきり思い浮かべることができました」

……この話、どこへつながるのかしら。さっぱり読めない。

「あれだけ仔細《しさい》に描写できるということは、現物を見ながら書かれたのではありませんか。エナメルのブローチをお持ちなのでしょう？　そうでしょう？」

D氏がぐっと上体を乗り出してくる。押されてわたしはのけぞり気味になる。

「それは、今どこにあります？　まだあなたがお持ちですか？　お持ちですよね？　そうだと言ってください！」

「ままま、待ってください。いったん落ち着いて！　少し離れていただけませんか」

わたしはあわててD氏を押し戻した。同時に視線を彼の背後へ向けて、来なくていいと首を振る。襲われているわけではありませんから！　まだ待機です、待機！

駆け寄りそうになっていたシメオン様が足を止める。もう少し離れてとわたしは合図した。今D氏が振り向いたら悲鳴を上げそうな形相だ。まだなにも聞き出せていないのだから、通行人のふりに戻ってくださいな。離れて、離れて。

不本意そうにシメオン様が足を止め、ふたたび距離を取る。やれやれとなるわたしにD氏がまた謝った。

「ああ、申し訳ありません。つい——失礼しました」

「つまりあなたはブローチをさがしていらしたのですか？　あの小説を読んで、わたしが持っているらしいと気づき、連絡をとらんとしたと？」

「はい、そうなのです。いえ、私がさがしていたのは耳飾りなのですが」

「どちらなのですか」

つっこむ声が苛立《いらだ》ってしまう。

D氏は座り直し、説明した。

「私の手元にあった時は耳飾りだったのです。もとは母の持ち物でした。母は先月に亡くなり、遺産のほとんどはまだ幼い甥《おい》のものになりました。と申しますのも、私はずっと昔に家を飛び出して、戻ってきたのはごく最近なのです。かろうじて母の死に目に間に合ったという程度でして、父や弟夫婦は私が不在の間に亡くなっていました。なので家督は甥のものになっており、私はその後見人ということで落ち着きました」

「…………」

本来長男であるD氏が相続するはずだったものが、ほとんど甥のものになってしまったということか。

それをどう思っているのか、説明する顔に不満げな色はない。

「先に私が家を捨てて飛び出したのですから、しかたない話です。ここで甥から財産を取り上げるほど悪辣《あくらつ》にはなれません。ですがそんな私のために、母は自分名義の財産を遺《のこ》してくれました。実家から相続した土地で、年に七万アルジェの収入があります。これまでの分もあまり使わず貯《た》めてありましたので、もう百万以上になっています」

「それは、なかなかの財産ですね」

「はい。よほどのことがないかぎり今後も収入が続きますし、私の取り分としては十分すぎるほどです。それもあって相続に不満はありませんでした。そして母が亡くなって、手続きをしなければという段階になって問題が発生したのです」

ブローチからはじまってどこまで転がるのやら。焦《じ》れる気持ちを抑え、わたしは根気よくD氏の話を聞いた。多分、必要な説明なのだろう。単に母親の形見をさがしているというだけではないようだ。

ベンチで話し込んでいても不自然のない、心地よい午後だった。風は少なく陽差しは暖かい。

川面を船が通りすぎていった。港へ荷物を運ぶ小型の蒸気船だ。

目の前の遊歩道も、親子連れや恋人たちが何組も歩いていった。皆さん静かな川辺でのお散歩を楽しんでいる。ついでに並木の陰に一人で立っているやたらと迫力のある美青年に、不審と称賛の入りまじる複雑な視線が向けられていた。

「遺産を受け取るためには、管財人のところへ行って名義変更をしなければなりません。その際に必要なのが問題の耳飾りです。これは私が父と大げんかをして家を飛び出した時、追いかけてきた母が持たせてくれたものです。その時つけていた耳飾りの片方をはずして渡し、いつか自分が死んだらこれを持って管財人のところへ行くよう言いました」

「相続人の証明ということですか？」

「そうです。もう片方を管財人にあずけておくから、くれぐれも失《な》くさぬようにと言い含められました。その時はまだ世間知らずで血気盛んな十代だったものですから、財産などいるものかとつっぱっておりましたがね、まあ金のありがたみは年をとるほどに知るものでして」

「ええ」

「外国へ渡って商売の真似事などしましたが、胸を張れるような結果も出せず結局戻ってきました。そうしたらなんという運命か、執事の出した尋ね人の広告を目にしたのです。母が会いたがっているから早く帰ってきてほしいとあり、渡りに舟とばかり実家へ戻りました。それが今から二ヶ月ほど前の話です」

「では、お母様とはしばらく一緒にすごせたのですね」

「ええ。もうずいぶん弱って目も悪くなっていましたが、大喜びしてくれましたよ。私はとんだ親不孝者ですが、最後に母を安心させてやれたことだけはよかった。ただ、母は単に私と会いたがっていただけではありません。いちばんの理由は、たった八歳で保護者を失ってしまう甥、母にとっては孫を心配していたのです」

わたしはうんうんとうなずく。そのあたりの流れは理解できる。

「お祭しでしょうが、うちはかなり裕福な家です。相続人がまだ八歳の子供となりますと、ろくでもない連中がわいてくるのです」

「ご親族ですか」

「名前を知っているのもいれば、聞いたこともないような連中までが家に押しかけてきました。つくづく、戻ってきてよかったと思いましたよ。私がいなければ甥は身ぐるみはがれてどこかの僧院か、よくて寄宿舎へ放り込まれていたでしょう。まあ私とて二十年も不義理をした身です。後見人になるにも悶着《もんちゃく》ありましたが、どうにか全員追い返してやりました」

話すD氏の横顔に、不審を抱かせるものはない。じっさいにあったできごとを振り返り、整理して説明しているのがわかる雰囲気だった。多分ここは信用して大丈夫だろう。

そして話を聞きながら、どこへ着地するのかなんとなく読めてきた。

「甥御さんと財産はどうにか守れた。でも押しかけてきた親族の中には、手くせの悪い人がいたわけですね」

D氏が驚きと感心のまじった表情をこちらへ向ける。

「家の中のものを勝手に持っていってしまったと」

「そうです。ああ、さすが頭のよい方だ。まったくそのとおり、一人二人どころか、何人もの盗人《ぬすっと》がおりました。壺《つぼ》やら額やら、呆れたところでは絨毯《じゅうたん》なんてものまで盗まれました。あんなものどうやって運び出したんだか……だがそれらはまあ、腹は立つが諦《あきら》められます。しかし母の宝石箱だけはなんとしても取り戻さねばなりませんでした」

「そこに耳飾りが？」

「はい。家に戻った時、いったん母に返したのです。私の目の前で宝石箱に入れて、この中のものはお前が好きにしてよいと言ってくれました。母が亡くなったあとも、しばらくは手をつける気になれず、またそんな暇もありませんでしたので母の部屋に置いたままにしてありました。それを親族の娘が盗み出したのです。うるさい連中の相手で忙しくしている隙《すき》にやられました」

呆れるしかない話だが、残念ながら珍しくはない。上流階級の人がかならずしも良識的で上品とはかぎらないのよ。資産家が亡くなれば遺産狙《ねら》いの親族が押しかけ、家の中のものを持ち出すというのはよく見られる光景だった。

貧しい人の盗みはお金に困っての犯行、でもお金を持っているのに盗む者もいる。人間の欲には際限がない。

「幸い誰《だれ》が犯人かつきとめ、すぐに取り戻せたのですが、調べてみれば耳飾りがない。聞けば小間使いにくれてやったと言うではありませんか。盗みは小間使いにやらせたので、その駄賃として与えたわけです。片方しかないものだから、これならくれてやっても惜しくないと思ったのでしょう」

「悪事を手伝わせておきながら、褒美がそれとは……盗む時点で問題人物なのはあきらかですが、徹底してひどい人ですね」

「親からしてごうつくばりですからね、子供がまともに育つはずもありません。けちくさい主人に腹を立てながら、小間使いは金に換えようと店へ持ち込みました」

「そこでブローチに加工し直して売られていたものが、わたしの手に渡ったのですね」

話がやっと最初の地点に戻った。長かった。なるほど、そういうことだったのね。

シメオン様からいただだいた毎日の贈り物、その一つであるブローチには、たしかに加工の跡があった。元は耳飾りだったのか。言われてみればそのくらいの大きさだわ。

新しく仕入れた品を、店主は目立つところに置いていたのだろう。そして、わたしへの贈り物を選んでいたシメオン様の目に留まってしまった。わたしの好きな菫をかたどったものだから、これはよいとばかりに買い上げた……。

「聞き出した店へ急ぎましたが、ついさっき売れたばかりだと言われ、そこからはもう手がかりなしです。途方に暮れて頭を抱えていたところ、執事が新聞を持ってきたのです。あの耳飾りにそっくりなものが書かれていると――そうです、あなたの小説です。私がどれほど喜んだかおわかりでしょうか。小説にはブローチとして書かれていましたが、きっとあの耳飾りに違いない。この作者が買ったのだと、すぐさま新聞社へ向かいました。その先は申し上げたとおりです。あなたに紹介してもらえず、私はまた立ち往生したのです」

「普通に事情を説明すれば、取り次いでもらえたと思いますが」

「家の恥を、よりによって出版社や新聞社で話せるものですか。どんな記事にして広められるかわかったものではない。そりゃあね、私は家を飛び出して長年つまらない生き方をしてきた男ですよ。今さらえらそうな顔はできませんが、でも家の名誉を守りたいという気持ちくらいは残ってるんです。この先家名を背負っていく甥のためにも、笑いものにされたくなかった」

「それで、ご自分たちの名誉を守るために、わたしの名誉を傷つけたわけですか」

冷ややかなわたしの声に、D氏の勢いが止まった。話をするうちに彼は少し忘れかけていたようだ。目の前にいるのは自分が迷惑をかけた相手だと、ようやく思い出した顔で謝った。

「も、申し訳ありません……そう、そうでした……あなたには本当に、伏してお詫びするしかないところで」

「口先だけの謝罪はけっこうです。行動で示してください。ご自分でおっしゃったように、虚偽の告発であった旨を公表し、大衆に向けて謝罪してください。そしてわたしには、慰謝料として十万アルジェをお支払いいただきます」

「じ、十万」

眉《まゆ》を下げた、いかにも善良で申し訳なさそうな顔にもたじろがず、ツンと言い返せばD氏が息を呑《の》む。濃い色の目が彼の驚きを伝えてきた。

おとなしそうな見た目の若い女ということで、舐《な》められていたのかもね。事情を説明すれば同情して譲歩してくるだろうと思った？　あいにく、そう簡単にはいかないわよ。

わたしは強気で続けた。

「まけてさし上げたつもりですが？　あなたにはどうということもない額でしょう」

「それは……いえ、慰謝料を請求されるのは当然ですし、十万もけして法外だとは申しません。しかし今現在私が使える金はろくにありません。まず母の遺産を相続しないことには、たとえ十万が一万でもお支払いできないのです」

「つまり？」

「ですので、耳飾り――いやブローチを買い取らせていただき、相続手続きを済ませた上でのお支払いになります。それでもよろしいでしょうか」

「…………」

わたしは少し考えるふりをしてからうなずいた。

「わかりました。それでけっこうです」

「ありがとうございます！」

D氏がほっとした顔になり、額の汗をぬぐう。心情的なものなのか、単に暑くて出ただけなのか。わたしはまだすべてを信じたわけではないし、警戒も解いていないのだけれど、その気持ちを隠して話を合わせた。

「ブローチは今持っておりませんので、明日あらためてお会いしましょう」

「その、これからご自宅へ伺うことは……？」

「お断りします」

ぴしゃりと言ってやればD氏はちょっとひるんだ。当たり前でしょう。こちらこそ正体を明かせない身の上よ、自宅へなんて連れていけるものですか。

そうでなくてもまだあやしい部分が残っている話だ。いったん解散してシメオン様と相談したい。

「明日、同じ時間でよろしいでしょうか？　もう一度ここでお会いして、わたしのブローチがあなたの求めているものかどうか確認したあと、一緒に出版社へ向かっていただきます。謝罪文の公表などについて、サテイ社長に間に入っていただいて取り決めたく存じます」

「……わかりました。それでけっこうです、出直してまいります」

D氏が同意し、そこでわたしたちは立ち上がって別れることにする。

「本当に申し訳ございませんでした。では明日、よろしくお願いいたします」

深々と頭を下げたあと、D氏はわたしから離れて歩きだす。橋へ戻り、対岸へ向かって渡りかけたところでいったん立ち止まり、こちらを振り返って帽子を取ってみせた。

そうして今度こそ、去っていく。

彼の話にはまだ疑問が残っていてすべてを信じることはできないけれど、最後まで崩さなかった謝罪の姿勢はわりと本気かもしれなかった。わたしを引っかけてさらなる悪事を働こうとしているふうには感じられなかった。

でも、嘘もついている。

家の名誉を守るためなのか、それとも別の理由からなのか。

見送る姿が行き交う人々の間にまぎれ、すっかり見えなくなった頃、わたしの隣に背の高い人が静かに立った。

6

散策を楽しむように寄り添って遊歩道を歩きながら、わたしはD氏の話をかいつまんで説明した。

「……つまり、私が買ってきたブローチが原因だったと」

「ええ。ずいぶん時間をかけて情感たっぷりに話してくれましたが、まとめるとそういうことです」

不意にシメオン様が足を止める。なので、彼の腕に手を添えているわたしも立ち止まった。

「シメオン様？」

「私のせいで……」

一人言《ごと》というより、うわ言のような声が漏れる。見上げたお顔が青ざめ、瞳《ひとみ》が焦点を失っていた。

「シメオン様？」

「私が、あなたに災厄を持ち込んでしまった……」

「え……」

ええー……まあ、そうとも言える、かもしれないけどぉ。

「まさかこんな裏があるなんてわからないではありませんか。シメオン様も、お店のご主人も、問題のある品だなんて知らなかったのですからしかたありません」

なだめるわたしの言葉もろくに耳に入っていないようだ。シメオン様は今にも膝《ひざ》から崩れ落ちそうだった。

「私があんなものを買ったから……やはり出どころのわからない品になど手を出すのではなかった。宝飾品を売りにくる者など後ろ暗いところがあるに決まっているのに」

「それは偏見、多方向に失礼です。いろんな事情がありますし、単純に飽きて手放す人もいますよ」

「私のせいでマリエルに不名誉な疑いをかけられた。つまりマリエルを貶《おとし》めたのはこの私自身で」

「卵を生んだからキッシュを焼いたのはニワトリだ、くらいに関係あってもつながらない話ですよ」

「二十歳の祝いどころかこれでは呪《のろ》い……まるで、一人招かれなかった魔女が腹を立てて呪いをかけた話のような。私はあの魔女と同じなのか」

「ニワトリがカボチャの馬車を引きはじめましたね⁉」

「それは別の話でしょう」

つっこむわたしにシメオン様が真顔になる。ちゃんと聞こえていたのね。落ち着いてくださいと、わたしは高い場所にある肩を叩《たた》いた。

「単に運が悪かったというだけの話でしょう。気になさらないでくださいませ。それに、考えようによっては面白いめぐり合わせです。取材になるかもしれませんわ」

「取材以前に盗作疑惑が残っていますよ」

「謝罪文を出すと約束させましたし、サティさんも動いてくださっています。きっと大丈夫ですわ。しばらく噂《うわさ》されても、じきに忘れられます」

半分は自分に言い聞かせる気分でわたしは言った。

はっきりした情報を一つも出さず、ただ非難するだけの内容なんて中傷と変わりない。シメオン様が言ってくださったとおりよ。掲載されていたのは有名なゴシップ紙だし、冷静に考える人なら事実かどうかを疑うだろう。特にわたしの小説を好んでくれている人なら——裏切られたと、書店で言っていた彼女のような人もいる。でももっと熱心に、わたしを応援してくれている読者なら、簡単に信じたりしないだろう。そう、思いたい。

本当は今だって不安だけど、堂々としていよう。わたしは盗作なんてしていない。絶対にそんな事実はないのだから、怯《おび》える必要はないのよ。

これからも楽しい作品を書くことだけ考えて、頑張ればいい。もっと素敵な物語を、もっとたくさん生み出すの。

そうすればきっと、読者もついてきてくれるはず。

大丈夫、わたしは負けない。

「取材といって、このような話が参考になりますか?」

「なるかもしれませんわ。D氏が語らなかった部分を考えると、まだ隠された事情がありそうですから」

止めていた足をわたしはまた動かした。シメオン様も一緒に歩きだす。目の前をひらひらと蝶《ちょう》が横切っていき、それを追いかけて三歳くらいの男の子が突進してきた。幼児速い、意外に速い!

すぐ先で地面が途切れて川になっているのは目に入らないようだ。止めようと思ったわたしより早く、シメオン様が身をかがめて抱きとめた。

きょとんと見上げた顔が、次の瞬間ふにゃりと崩れてべそをかく。三歳児にはまだ鬼畜腹黒参謀の魅力はわからないわよね。怯える幼児にシメオン様も傷ついていた。

駆けつけた母親は別の理由で涙目だった。お母さんって大変……お疲れ様。

「身元は明かせないと言って名乗りもしませんでしたが、あれだけ話してくれれば十分です。Dとはデルマー、彼の名前はエリック・デルマーでしょう」

「デルマー？　デルマー男爵家？」

さすがにシメオン様もご存じだった。わたしが挙げた名前ですぐに理解された。交流がなくても同じ貴族社会に身を置いていれば、家名が耳に入ってくることもある。

「そういえば、つい先日夫人が亡くなったと聞きましたね」

「ええ。ご夫君や息子さんご夫婦に先立たれ、幼い孫を一人で育てていらした方です。お茶会でも話題になっていましたね。長く消息のわからなかったご長男が戻っていらしたのに、夫人はすでに余命いくばくもなく、再会から間もなくお亡くなりになったそうです」

「あの男の話と一致するわけですか」

「すべてがぴたりと一致しました」

くわえて話の中に出てきた、執事が出したという新聞広告。見た覚えがあるのよね。あの中にずばりデルマー男爵家とエリックの名前があったわよ。

すべての新聞に掲載されていたから、印象に残していたのはわたしだけではない。長男が戻ってきたと知られていたのもそのせいだ。

「デルマー男爵家が資産家なのはシメオン様もご存じですね？　長男は出奔《しゅっぽん》した時十八歳、今から約二十年前の話です。つまり現在は四十の手前となります」

「……たしかに、そのくらいの年に見えた」

シメオン様はうなずく。

「父男爵が亡くなったあと爵位を継いだのは次男、しかし馬車の事故で奥方とともに亡くなっています。遺《のこ》された子供は当時三歳――さきほどの坊やくらいの年で男爵になりました」

「ああ、そのあたりは聞き覚えがあります。そうか、あのデルマー家か……」

彫刻のように整った横顔に納得が浮かび、記憶をたどるまなざしが虚空《こくう》に向けられた。

「あの男が戻ってきた長男のエリック」

「そうなりますね」

いったんは同意しつつ、ただしとわたしは続けた。

「本物であったなら、ですが」

水色の瞳がこちらに戻される。わたしは小さく肩をすくめた。

「聞かされた話はデルマー男爵家の事情で間違いないでしょう。ですがD氏が自分でそうと名乗ったわけではありません。そのように推察できる話だったというだけで、彼がエリックだという確証はありません」

「たしかに」

「いろいろ疑問が残るのです。まず、身元を明かせないと言ったくせにああも詳しく事情を語るなんて、名乗っているも同然ではありませんか。わたしを貴族だとは思わなかったのか、貴族間の情報網を知らないのか」

社交界はただ遊ぶだけの場所ではない。そこで情報のやりとりをし、顔つなぎをし、新しい人脈や縁談を求める。人と人がつながって、網のように複雑な図を描いている。直接の関わりがなくても耳目《じもく》を集める家のことなら、知り合いのごとく事情に通じているものだ。

そうした貴族社会を知っている人なら、身元を伏せたい時にあんな話はしないだろう。

「今日《きょう》はこのとおりの装いですし、話し方やふるまいも特に作らず普段どおりにしていました。わたし、貴族らしくありません？」

「いいえ、萌《も》え語りをせず走り回らずおとなしくしていれば、文句なしの貴婦人です」

少しだけ自信がなくなって問えば、真面目《まじめ》なお顔で微妙な返事をされてしまった。その条件がつかないと貴婦人には見えないのね……でも今日は萌え語りなんてしなかったし、おとなしく座っていたわ。

「……偽りの告発で無理やりわたしを引きずり出そうとしたわりに、顔を合わせればひたすら低姿勢でペコペコと。作家一人の名誉など、と軽視するのはある意味貴族的ですが、そういう人なら謝罪しても尊大さを感じさせるものです。といった具合にですね、いちいち矛盾しているのですよ」

「ふむ」

「そう思って見ていたら口調はだんだんくだけてくるし、俗な言葉も飛び出す始末。若い頃に出奔して長年庶民の中で暮らしていたから？　もっと幼い頃ならともかく、十八なら素養は身についていたのでは？　庶民を相手にしていた時のくせが抜けなかった？　もともと自分が属していた世界に戻るのはそんなに難しいこと？」

　Ｄ氏と向き合いながらずっと抱いていた違和感をわたしは並べる。なにが言いたいのか、シメオン様は察しているお顔だった。反論も出てこない。わたしが感じたものを信じてくださっていた。

「すべて、説明がつかなくもない程度の違和感です。でもわたしは自分の直感を信じますわ。あのＤ氏は間違いなくデルマー男爵家に関係している人物ですが、エリック本人ではないでしょう」

　ずばりと断言しても、水色の瞳に反論は浮かばなかった。

　疑問を深めたお顔でシメオン様は考え込む。

「だとするとなに者なのか……エリックの代理？　使用人が本人のふりをして会いにきたのか」

「それも考えましたが、違う気がするのですよね。どこかの使用人という雰囲気でもなく……わたし個人の感覚なので、絶対とは言いきれませんけれど」

「そういう感覚は馬鹿《ばか》にできませんよ。われわれは使用人として働く人々を間近に見ているのですから、違うと感じたなら違うのでしょう。……となると、エリックになりすましてデルマー家に入り込んだ偽者か。どういういきさつか身元証明になる耳飾りを手に入れて……本物のエリックと接触があった？　事情を聞き知っていたから上手《うま》くやれたのか」

「ただ、彼が現れた時デルマー夫人はまだご存命でした。二十年ぶりとなると見た目も変わるでしょうし、目も悪くなっていたという話ですが、それでも母親が他人を息子と間違えはしないのでは」

「関わり方にもよりますが、うちの母上なら間違えないでしょうね」

「聞くところによれば、お孫さんにひとかたならぬ愛情を注いでいらしたそうですよ。そのような方なら息子さんたちにも同様でしょう」

「では、やはりエリック本人もデルマー家にいて、Dはその協力者？」

わたしたちは顔を見合せ、揃《そろ》ってため息をついた。

いろいろ推論は立てられるけれど、これぞという決め手に欠ける。もう少し情報が必要だった。

あまり橋から離れてしまうと戻るのが大変になる。馬車は対岸で待たせているので、わたしたちは回れ右して来た道を引き返した。

すると今度は犬が飛び出してきた。引き綱《リード》をぶら下げながら一人ではしゃいでいる。わたしたちにじゃれついたあと車道へ向かいかけたので、今度もシメオン様が見事な反射神経を発揮した。

ぜいぜい言いながら追いかけてきた飼い主に無事保護されて、犬はお散歩に戻っていく。春の昼下がりを人も動物も楽しんでいる。なんてことのない散歩道でも退屈しない。

「明日《あす》はどうしても会議を抜けられないので同行できませんが、けして一人では出向かないように」

「はい」

「私の方でもデルマー家について調べておきますよ」

「ありがとうございます。なりすましに遺産をだまし取られないよう、ブローチの返却は慎重に行いませんとね。でもいずれはデルマー家へ返却するのかしら……気に入っていたので少々惜しゅうございますね」

せっかくシメオン様が見つけてきてくださったのにな、と思っていると、急に明るくなった声で返された。

「では、これから『ビジュー・カルパンティエ』にでも行きましょう」

「え？　これから？」

話し込んでいたせいでとてもゆっくりだった歩調をシメオン様が速める。もちろんわたしがついていける程度に、でもさっさと橋へ、対岸へと急ぎはじめた。

「まだ十分に時間があります。まっすぐ帰るだけなどつまらないでしょう。『ビジュー・カルパンティエ』で買い物を……いや、デザインから注文して作ってもらいましょう。けちのついたブローチよりもっとよいものを贈りますよ」

「いえそこは気にしていただかなくても。他にもいろいろいただいていますし」

「エナメルに小さな真珠《しんじゅ》をあしらったようなものがよいかな。ダイヤも入れましょうか。それともルビーやペリドットの方が可愛《かわい》らしくて好みですか」

「聞いてませんね⁉」

「金の方が変色しなくてよいが、呪いをはね返してくれるよう土台はやはり銀にすべきかな」

「まだ気にしていたー！　わたしはささやかさが気に入っていたので豪華なのはいりません。あとお買い物の前に食事をしましょう。おなかがペコペコです！」

いつになく暴走しそうな旦那《だんな》様に待ったをかけて、今度はわたしが彼を引っ張る。時計の針はとうに一時をすぎている。気づけば二人ともすっかり空腹だった。

待ちぼうけの馭者《ぎょしゃ》もおなかを空《す》かせているだろう。みんなで美味《おい》しい昼食をいただくべく、わたしたちは陽差《ひざ》しにきらめく川をあとにした。

そんなやりとりの翌日、わたしはジョアンナを伴ってまた同じ場所へやってきた。

「まだ来ていないようね」

フィリップ橋を渡り、約束したベンチに着く。遊歩道には今日も散策を楽しむ人の姿が多い。その中にD氏の姿はなかった。

時計を確認すれば正午まであとわずか。もう来ていてもよさそうな時間なのにな。

「勝手な都合《つごう》で若奥様を振り回しておきながら、待ち合わせに遅刻までするのですか。どこまでも迷惑な男ですね」

ジョアンナにはだいたいの状況を説明してある。落ち合う相手がどういう人物かわかっているので、彼女の採点ははじめから辛《から》かった。

「まだ遅刻ではないわよ」

「先に来ていてしかるべきでしょう。ギリギリで来るなんて失礼です」

「途中でなにかあったのかもね。まあのんびり待ちましょう」

昨日の教訓をもとに、今日は昼食持参で来ている。シェフに用意してもらったバスケットを開き、わたしたちはベンチでピクニックとしゃれこんだ。

そんなに豪華なものでなくていいと言ってあったので、内容はバゲットに数種類のパテとチーズ、サラダがわりのイチゴと、ワインの小瓶が一本だ。わたしもジョアンナもお酒には強い方なので、このくらいの量で酔う心配はない。これがシメオン様だったら絶対口になさらないけどね。おでかけ中は無理よね。でも自宅でなら、もっと気軽に飲んでくださってもいいのにな。

シェフ特製のパテがとても美味しくて、しばらく食事に夢中になった。そうしてすっかり食べ終えて、ワインも飲み干しバスケットを片づける頃になってもD氏は現れなかった。

「遅すぎませんか？」

「そうね……」

さすがにわたしも時計が気になった。長針は真下を通過し、また上りはじめている。そろそろ来てほしい頃である。

「まさか、はじめから来るつもりはなかったとか……」

「それはないでしょう。わたしはお願いされて来ているだけで、なにも求めていないもの。お金も品物も渡していないから、すっぽかされても失うのは時間だけよ。困るのは向こうだわ」

「いえ、ですから、ブローチだか耳飾りだかの話は大嘘《うそ》で、若奥様の——ヴィヴィエの正体をさぐりたかっただけではないのかと」

ジョアンナは声をひそめてわたしの耳元にささやいた。どうだろうと考えて、わたしは首を振った。

「昨日あとをつけられていたならシメオン様が気づかれたわよ。どの新聞にもそれらしい記事は一つも載っていないし、それにあの話は適当なでっちあげではないわ。あきらかにデルマー男爵家の事情よ」

わたしの言葉にジョアンナは困惑した顔になる。

「慰謝料が払えないか、払いたくないかで諦《あきら》めたとか……」

「あれは向こうの反応を見たくて言っただけなのだけどね。手続きが済むまで待つとは言ったし、白万アルジェ以上を相続して今後も年七万よ。十万を惜しんで諦めるわけないでしょう」

「でしたら、時間か場所を間違えて」

「同じ時間にここでと言ったわ。間違えるようなややこしい約束ではないわよ」

わたしたちはきょろきょろと周囲を見回し、それらしい人物がいないかさがした。人の姿が多いといってもひしめき合っているわけでなし、近くにいれば見つからないはずがない。橋を渡ってこないか、遊歩道から来るのか、二人で目をこらしたがD氏はどこにもいなかった。

「なにか不測の事態が起きたのかもね。遅れているだけならいいけど、来るに来られない状況かもしれないわ」

「もしそうなら、どうなさるのです？　まさか日が暮れるまで待ちませんよね？」

「んー……一時になっても来なかったら、いっそデルマー男爵邸へ行ってみましょうか」

中途半端で放り出されたのでは気になってしかたない。心当たりはあるのだから、こちらから出向いてみてもよいだろう。

とりあえず一時までと決めて、わたしたちはもうしばらく待つことにした。

そして時間がすぎ、待ち人が現れないまま一時になった。わたしは決心して立ち上がった。

「馬車に戻りましょう。デルマー邸へ行くわ」

「はい」

ジョアンナもバスケットを持って立ち上がる。対岸で待つ馬車へ戻るべく、わたしたちは橋へ向かった。

けれどいくらも歩かないうちに、後ろから呼び止められた。

「待って……待ってください……ヴィヴィエさんっ」

苦しげな声にわたしは勢いよく振り返る。聞き覚えがあると思ったらやはりD氏だ。並木の向こう、住宅街の方からこちらへ向かっていた。

ようやく現れた――と思ったのも束《つか》の間《ま》、ようすがおかしいとすぐに気づいた。怪我《けが》でもしているのか、D氏の足どりはおぼつかなかった。走ることもできず、ふらつきながら必死に前へ進んでいるといったありさまだ。よく見れば服が汚れている。帽子はなく、乱れた髪をさらしている。顔にも土汚れと血らしきものが見えた。転んで擦り傷を作ったにしては派手だった。

今にも倒れそうな、と思った瞬間本当に倒れてしまった。わたしはスカートをつかんで彼のもとへ走った。

「Dさん！」

そばでしゃがみ込み、顔を覗《のぞ》き込む。近くで見ると思った以上にひどい状態だった。頬《ほお》は広範囲に擦っているし、髪の間からも血が流れている。転んだ程度にはとても見えない。

意識はまだあった。彼はつらそうに顔をゆがめながらも必死にわたしを見上げた。

「耳飾り、は……あれは、持ってきて、ください……ましたか……」

「あります！　持っていますから安心なさって。それより先に手当てを――どこか他に怪我をしているところは⁉」

「見せ……み、見せて、くだ……」

「動かないで、じっとして。お医者様のところへ連れていきますから」

馬車を呼んでくるようジョアンナに言おうとしたら、手首が強く締めつけられた。驚いてわたしはまた視線を落とす。震える手がすがるようにか、あるいは逃がすまいとしてか、痛いほどにつかんでいた。

「見せて……」

鬼気迫るとはこういう顔を言うのだろう。食いつかんばかりに目を血走らせてわたしをにらみつけてくる。いったいどんな事情があればここまでになるのだろう。一瞬気圧《けお》されて息を呑《の》んだわたしは、片手をつかまれた不自由な状態のまま手提げから小さなケースを取り出した。

D氏の目の前でよく見えるように開いてやる。

間違いだったら死んでしまうのでは、と思わせる形相で見たD氏の顔が、中身をたしかめて一気に輝いた。

「ああ……！」

「おさがしの物で間違いありませんか？」

わたしの手首が解放される。

「そう、これ……これだ！　よかった……っ」

小じわのある目元に涙が浮かぶ。心底安堵《あんど》したという顔になって、Ｄ氏は浮かせていた上体をぐったりと落とした。あわてるわたしに、かすれた声が言う。

「ありがとう……どうか、それを、エリックに……渡……」

最後の方はほとんど聞こえないほど小さくなり、とうとう彼は意識を失う。目を閉じたきり、もう呼びかけにまったく反応しなくなってしまった。

「しっ、死んだのですか⁉」

「不吉なこと言わないで。生きてるわよ。生きてる……はず」

手袋を脱いで口元に寄せれば、吐息はちゃんと感じる。大丈夫、死んでない。

ひとまず胸をなでおろしたわたしたちだけど、安心してよいのかわからなかった。少なくとも彼を医者のもとへ運ぶべきなのは間違いないだろう。

わたしは今度こそジョアンナに頼んだ。

「馬車をこちらへ寄せるよう呼びにいって」

「若奥様はここに残られるのですか？　お一人にするのは……」

「だってこの人を放っていけないじゃない。もしかしたら警官が来るかもしれないし」

周りの通行人も、なにごとかとこちらに注目している。通りすぎていく人がほとんどだが、足を止めて見ている人もいた。誰《だれ》かが警官を呼んでくるかもしれない。説明できる者がいた方がよいだろう。

「お願い、行って」

「……わかりました」

渋々了承したジョアンナが急ぎ足で橋へ向かう。わたしはD氏の状態を見守りながら、いったいなにが起きたのだろうと考えた。

来る途中で強盗にでも襲われたのかな。倒されて頭を打ったり頬を擦ったりしたのかも……でもちょっとやそっとでここまでにはならないような。よほどひどく暴力をふるわれたか……あるいは、どこかから落ちたとか？

危険な状態でなければよいのだけど……。

心配していると、人がそばへやってきた。

通行人かとなにげなく顔を向けたわたしは、あやうく声を出すところだった。まっすぐこちらへ来てD氏のそばに膝をついたのは、ラ・モームのピエロン記者だった。

今ここで会いますか⁉　なんという偶然よ！

「おい、ダミアン、おいっ――なにがあったんだよ、いったい」

声をかけてもD氏が目を覚まさないので、ピエロン記者はわたしを見上げる。焦げ茶の瞳が鋭く窺《うかが》ってきた。わたしは知らないふりで首を振った。

「知りません。歩いていたら目の前で急にこの人が倒れたんです」

「ただの通りすがりじゃねえだろ。あんたこいつと待ち合わせてたんだろうが」

「は？　なぜわたしが」

ぎくりとしたのを悟られないよう、わたしは表情を作る。けれどピエロン記者はだまされてくれなかった。

「ごまかすな。あんたアニエス・ヴィヴィエだろ」

「え……」

「昨日もこいつと会ってただろ。広告欄で連絡取り合ってたじゃねえか。自分とこの新聞の、広告欄になんぞ目を通さねえと思ったか？　あいにく俺は全部確認する主義なんでね。あんなわかりやすい符丁にしてくれて見逃すかよ」

「………」

どう返せばよいのか、とっさに思いつかずわたしは言葉に詰まってしまった。

彼がここに現れたのは偶然ではなかったのか。昨日も見られていた。またここで会うと知って監視していたのか。

アニエス・ヴィヴィエの顔が知られてしまった――いちばんまずい相手に。どうしよう、と胸に焦りが生まれる。まだごまかせる？　本名や住所までがばれたわけではないわよね？

「こいつとなにを取り引きしていたんだ」

「……あなたはこの方のお知り合いですか？　さきほどダミアンと呼びかけていらっしゃいましたよね。どういったご関係で？」

必殺質問返し！　たじろいだら負けよと、わたしは言い返した。

剃《そ》り残しの目立つくたびれた顔が、一瞬しまったという動揺を見せる。立ち直る隙《すき》を与えずわたしはたたみかけた。

「つまり二人はグルというわけですか？　はじめから共謀してわたしを陥《おとしい》れようとした。あの記事は捏造《ねつぞう》どころか、もっと卑劣な企《たくら》みによって書かれたものですか。そういうことならこちらも黙ってはいませんよ。出版社やシェルシー新聞社にも相談して訴訟に持ち込みます」

「ちが……っ、ちょ、待て」

「これがラ・モーム社のやり口というわけですか。さすがに犯罪ですよね？　報道の名目でなんでも許されると思わないことですね。こちらが逆にあなたたちの実態をあばいてやりますわ。目的のためならどんな卑劣な行いもためらわない、罪もない市民の名誉を踏みにじる新聞社だと知らしめます。それでもラ・モームの方が支持されるかどうか、世間の反応を見ようではありませんか！」

「怖ぇ女だな！　よくそんだけとっさに言えるよ。たいしたもんだけどちょっと待て」

詰め寄るわたしをピエロン記者があわてて押しとどめた。

「落ち着け。俺はそういうつもりでここへ来たわけじゃねえよ。いや、最初はアニエスが出てくるかと期待したけどな。ま、そういう話はいったん置こう。おっしゃるとおりこいつは俺の知り合いだよ。だからなんでこんなことになってんのかと、聞きたいんだ」

「そんなの、こちらが聞きたいですわ。待ち合わせに遅れてやっと現れたと思ったらいきなり倒れたのです。なにがあったのかさっぱりわかりません」

わたしたちは同時に口をつぐむ。それぞれ困った顔で倒れた男性を見下ろした。

「……先に医者に診せねえとな」

「今連れに馬車を呼びに行かせています」

わたしはフィリップ橋へ目を向けた。待機場所は橋から少し離れているから、ジョアンナが戻るには時間がかかるだろう。またちょうど通行量が増えていて、橋の上は渋滞している。これは時間がかかるかも。

D氏――ダミアンさん？　は、ぴくりともしない。一刻を争う状態だったらどうしようと、不安と焦りに襲われた。

「……なあ、さっきこいつになにを見せてたんだ？　別にネタにしたいとかじゃなく、聞きたいだけなんだが」

ピエロン記者に聞かれ、少しためらってからわたしは答えた。

「この方の、大切なものをあずかっているのです。お返しするために会う予定でした」

「大切なもの？　その小さな手提げの中にか？」

「本体は別の場所にあります。それを……取り出すために必要なもの、といいますか」

どこまで言っていいのかわからないので、そんなふうにぼかして説明する。ピエロン記者は眉間《みけん》にしわを寄せて考え込んだ。

こんな顔をすると少しだけ――少ーしだけね、かっこよく見えるかも。口を開けばただのおじさんだけど……いえ、発音は悪くない。下町なまりはほとんどなく、伝法《でんぽう》な口調でいても基本はきちんと話せる人なのがわかる。

やはり新聞記者、追いかけているのがゴシップでも、知的な職業には違いないということかな。

これで身なりをもっとぱりっとさせて、髪をきちんとなでつけ鬚《ひげ》もきれいに剃れば、かろうじて美中年の枠に入りそうなのにね。もったいない。どうでもいいけど。

待つ時間は長く感じる。うちの馬車がこないか、わたしは何度も橋へ目を向けた。ピエロン記者も同様だ。二人でソワソワ待っていると、数人の男性がこちらへ近づいてきた。

警官ではないから通行人だろう。倒れた人を気にしてようすを見にきたのだろうか。

ピエロン記者も気づいて顔を向ける。先頭を歩いていた黒髪の男性が声をかけてきた。

「どうも、ご迷惑をおかけして申し訳ありません。それ、うちの身内です」

「はい？」

「驚かれたでしょう？　すみません。ちょっと病気で……病院に連れていこうとしてたんですけど、暴れて逃げ出してしまって」

「病気って……」

わたしは倒れたダミアンさんと、黒髪の男性を見くらべる。病人ではなくけが人だと思うのだけど。

黒髪の男性がダミアンさんのそばにひざをつき、覗き込んでようすを調べた。三十歳前後だろうか、こちらははっきり美形と言える顔立ちだった。シメオン様のような繊細な美貌《びぼう》ではなく、男くさい色気にあふれている。彫りが深く、肌の色は浅黒い。短い鬚が薄くあごを覆っていた。

しゃれた服をわざと着崩しているのがいかにも伊達《だて》男という感じだ。似たような格好のはずなのに、だらしないとしか見えないピエロン記者となにが違うのだろう。体格のせい？　ずいぶん背が高くて鍛えられていそうな身体《からだ》つきだ。

「ああ、やっぱりけがしてるな。そりゃ二階から飛び下りたんじゃなあ」

「どういうことですか。なにがあってそんな」

「いや、あまり騒がないでいただけますか。聞こえのいい話じゃないんで……あれですよ、病気っていうのは、ここのでね」

ひそめた声で言いながら、男性は自分の頭を指でつついた。精神病だと言いたいの？

「妄想がひどくてね。知らない人には普通に話していると思われますけど、言ってることはてんででたらめなんですよ。あちこちで問題起こすし、もう家で世話してられないんで病院に入れようと思ったら逃げられてしまって」

「………………」

ダミアンさんの話は全部でたらめ？　昨日聞かされたことが、すべて彼の妄想だったというの？　納得いかなかった。わたしにはとてもそうは思えない。でたらめを言っているのはこの男性の方ではないかと口を開きかけた。

でも声を出す直前、強い力に腕をつかまれて驚く。緊張した顔でピエロン記者がわたしを止めていた。

「本当にご迷惑をおかけしました。近くに馬車を待たせてるんで、あとはこちらで運びます。……ところで」

連れの二人にダミアンさんをまかせ、黒髪の男性はわたしを見る。青い瞳がなにかをさぐるようで、わたしの背中にも緊張が走った。

「あなたになにかあずけたという話ですが、返却していただいても？」

「え……」

さきほどのやりとりが聞こえていたのか。わたしは思わず手提げを胸元に寄せた。

これ、もしかしてまずい状況？　この人たちの目的って……。

「多分変なこと言って家のものを持ち出してるんでしょう。返していただけないと困るんですが」

「……あずかったという言い方をしましたが、じつのところ現在はわたしの所有物です。もとはこの人の持ち物だったそうで、買い戻したいと頼まれていたのです。なのでそのようなことを言われましても」

「ああ、でしたら正当な額で貰い上げます。どうぞ、遠慮なくおっしゃってください」

「ご本人の意思を確認せずにはできません。そんな話より先にすべきことがあるでしょう」

周囲には通行人がたくさんいる。これほどの人目の中で無体な行動には出られないはず……と、思いたいけれど。

腕に食い込む力はゆるめられなかった。ピエロン記者の警戒ぶりが尋常ではない。やはりデルマー男爵家の、遺産狙《ねら》いの親族かな。強硬手段に出てきたの？　いくら財産がほしいからって、ここまで……いえ、いくらでも前例のある話よね。

「そういうお話は、あの方の手当てが済んで落ち着いてからにしましょう。連絡先をお渡ししておきますから」

「うーん……」

話す後ろでダミアンさんが運ばれていく。こちらも心配だった。いったいどこへ連れていく気だろ

う。まさか、まさかだけど、このまま亡き者に……なんて、言わないわよね？　だから
　デルマー家の財産がほしい親族にとって、幼い当主の後見人はいちばん邪魔な存在だろう。だから
ダミアンさんを……って、いえ後見人はエリックよね？　あれ、ならどういうこと？　ダミアンさん
はエリックになりすましているの？
　どうすればいいのかわからなくなってきた。でもたとえダミアンさんがなりすましでも、ここでブ
ローチを渡すのは正しくない気がする。
「では、ご足労ですが一緒に来ていただけませんか。お互い詳しい事情を話し合う必要がありそうで
す」
「……そうですね」
　じきにジョアンナとうちの馬車が来る。フロベール家の人間とわかれば彼らも滅多な真似はできな
いだろう。
　なんならシメオン様に……は、だめか。今日は大事な会議があるって話だったから、連絡はできな
い。お義父様《とう》に頼れるかなあ？　あのおっとりした人を巻き込んでも大丈夫？　実家のお兄様の方が
いいかしら。園芸狂いの変人だけど仕事はできるし。
　などと忙しく考えるわたしに、黒髪の男性は踵《きびす》を返しながら行こうとうながす。うちの馬車が来る
ことを伝えようとした刹那《せつな》、ずっとつかまれていた腕がさらに引っ張られた。
「走れ！」
　ピエロン記者が叫ぶ。手を離さないまま走りだす彼に、引きずられそうになってあわててわたしも

走った。

「なっ、なんですか？」

「いいから死ぬ気で走れ！　あんな連中についてったらマジで命の保証はねえぞ！」

「はあ⁉」

引っ張られながら振り向けば、黒髪の男性が追いかけてくる。連れの二人は手が離せないようで、追手は彼一人だ。でもドレスのわたしが逃げきれるとは思えない。

それはピエロン記者もわかっていたのだろう。彼はあろうことか、橋の上を通る馬車の列に飛び込んだ。

「なあぁっ⁉」

走る馬車の前を横切るのである。自殺行為にほかならない。馬のいななきや馭者の悲鳴、罵声がいくつも上がった。

し、死ぬ、ここで死ぬっ。

車輪のきしみと蹄《ひづめ》の音を間近に聞きながら、もうわたしは必死に走るしかない。ここで転んだら間違いなく轢《ひ》かれる。まごまごしていてもあぶないだけ、走り抜けるしかない。あっ今の馬車うちのでは⁉　戻れないけど！

奇跡なのかピエロン記者の神業なのか、わたしたちはなんとか轢かれずに反対側の端までたどりついた。

って、信じられない……こんな真似《まね》する⁉

さすがについてはこられず、追手の姿は走る馬車の向こうに取り残されていた。

ピエロン記者はそのまま対岸へ向かって走る。このままいけば、いずれ追手もこちらへ来られるようになるだろう。どのみち逃げきれないのに、どうするのだろう。

という以前に息が上がって苦しい。橋を渡りきるまで走れる自信がない。

ピエロン記者も同様なのか、中央あたりまで来て足を止めた。わたしは欄干《らんかん》に手をついてぜいぜいと息を整える。が、落ち着く暇もなく今度は腰にがっしりと腕を回された。

と思ったら、無理やりな力で持ち上げられる。欄干に乗り上げて――って、えええええ⁉

抵抗する暇もなかった。なんの躊躇《ちゅうちょ》もなくピエロン記者は欄干を蹴り、その外の空間へと――下は水が流れる川へと、身を躍らせた。

「――――っ‼」

声にならない悲鳴が喉から漏れる。ぎゅっと目をつぶり、身を縮めた次の瞬間、わたしの身体はどすんとなにかの上に落ちて、一瞬跳ねたかと思ったらそこからさらに転がり落ちた。

「いぃ……ったあああぁー‼」

硬いものの上に落ちてあちこちぶつけ、ようやく悲鳴が飛び出した。痛い、本当に痛い、でも生きている。ついでに水にも落ちてない。

周りが騒がしかった。顔を上げてみれば、そこは遊覧船の上だった。どうやら日除《ひよ》けの天幕の上に落下して、その衝撃で天幕が一部はずれてしまったようだ。わたしたちは座席に転がり落ちていた。支柱と垂れ落ちた幕の間から空が見えていた。

「なにやってんだあんたら！」

驚く乗客をかきわけて、乗組員が飛び込んできた。激怒する顔にすくんで謝ることもできず、わたしは近くで同じようにうめいていたピエロン記者の身体を盾《たて》にした。

視線をめぐらせてさがせば、フィリップ橋はずっと後方に遠ざかっている。もうよく見えないけれど、橋の上からこちらを見送っているらしい人の姿があった。

どうやら、逃げきれたようだ。

でもこうまでして逃げる必要があったのだろうか。あの男性についていくのは危険だと、そう思ったにしてもいきなり逃げなくても。

無茶なことばかりして、逃げたせいでかえって死にそうだったわ。

ぶつけたところをさすりながら、ピエロン記者が謝っている。やっぱりくたびれた普通のおじさんにしか見えない姿を、わたしは疑問と不満をたくさん抱えながら眺めていた。

7

遊覧船が予定の場所に着くまで、わたしたちは隅っこで小さくなって周囲の白いまなざしに耐えていた。

無茶な方法で勝手に乗り込んだあげく設備を破損させたわけだから、運賃だけでなく弁償も請求されている。ピエロン記者に責任をとらせたいけど、多分払えないだろうなあ。

「どうしていきなり逃げ出しましたの。あんなにあわてなくても、ついていけないと言えばよかっただけなのでは」

岸の上の風景を眺めているピエロン記者に、わたしは小声で文句を言う。ぶつけたところがまだ痛い。きっとひどい痣《あざ》になっているわ。

「ただの通りすがりで済ませられるなら、それでよかったんだがな。俺たちがダミアンと関わりのある人間だってことはばれちまってる。逃げようったって逃がしちゃくれねえよ」

「……あの人たちを知っているのですか」

「直接の知り合いってわけじゃねえが、まあ正体はな」

ピエロン記者はぼんやり眺めているわけではなかった。船を追う者たちがいないか、油断なくさぐっている。そこまでしなくてはならないほど危険な相手だったというのだろうか。

「どういう人たちなのですか」

「……聞かねえ方がいいよ」

「聞かずには済まされません。あなたの言うとおりなら、わたしは大変危険な事態に巻き込まれているわけですよね？　それでなにも知らないままでいられますか？」

「………」

長い息が吐き出される。頭に手を当てて、ピエロン記者は答えた。

「こんなとこじゃ話せねえ。船を降りてどっかで落ち着いてからな」

すぐ近くにいる他の乗客を気にしている。しかたないかとわたしは話を変えた。

「ダミアンさんとあなたは、どういうご関係で？」

「昔なじみってとこかね。若い頃につるんでた仲間だ」

「ひさしぶりの再会だったと？」

「……いや、最近偶然再会してな。あいつもこっちに帰ってきてたって、知ったばかりだ」

帰ってきたという言葉で、わたしはダミアンさんから聞いた話を思い出した。

「外国でお商売をされていたと話してらっしゃいましたね」

「商売ね」

皮肉な顔でピエロン記者が笑う。その表情から、あまりまっとうな商売ではなかったらしいと察せられた。

たらしい。

「もしかして、さきほどの男性たちはそのお商売に関係している人たちですか？」

ピエロン記者は答えない。それが答えだ。どうやらあの人たち、デルマー男爵家の親族ではなかったらしい。

なに者なのだろう。

「あの投稿がダミアンさんの書いたものだと、あなたは知っていて協力したのですか」

「いいや、知らなかったよ。あいつは筆跡を変えるのが得意でな。字だけではわからなかった」

わかってたら先に話を聞いたんだがな、とピエロン記者はこぼす。すべてダミアンさんが一人でした行動らしい。

「なんであんたと接触したがっていたのか、俺も知りたいくらいなんだが」

「彼から聞いた話なら教えられますが、それも場所を移してからですね」

「そうだな」

わたしたちは口を閉じ、その後はあまり話もしなかった。ピエロン記者はずっと追手を警戒している。そのようすを見ているとわたしも不安が強くなってくる。

ジョアンナたち、心配しているわよね。わたしが目の前を横切った時、馭者《ぎょしゃ》は気づいたかしら。きっと今頃二人で青くなっている。とても申し訳ないけど今はどうしようもない。ごめんなさいと心で謝るしかなかった。

わたしがいなくなったと、家に帰って報告するのかな。絶対シメオン様にも連絡が行くわよね。うう、結局迷惑をかけてしまった。会議、終わっていたらよいのだけど。

岸に着いたらどこかで辻馬車《つじばしゃ》を拾って、急いで家に帰りたい。わたしは大丈夫だとみんなを安心させて、シメオン様が呼び戻されないようにしたい。

……でも、慎重に行動すべきでしょうね。ピエロン記者に身元がばれるのもまずいけれど、きっとそれ以上にあの男たちに知られてはいけない。今はどこの誰《だれ》だかわからない、特徴のない若い女というだけだ。間違ってもフロベールという名前に行き着かせないよう、用心して隠さなければ。

やがて終点に船が着いた。乗客たちが降りていき、最後にわたしとピエロン記者が降りる。案の定ピエロン記者は持ち合わせが足りなくて、わたしが弁償分を支払うことになった。んもー。

「ここからどうします？　どこか行くあてが？」

「どうしたもんかな。職場や自宅がばれるのはまずい。それは絶対に避けたい」

「ばれるって、追手にですか？　いるのですか、今」

周りを見回そうとすると止められた。

「いると思っとけ。こんなにのんびり逃げてきたんだ、ほぼ確実に追ってきてるよ。先回りされてたかもな」

「えええ……」

それってまだまだあぶない状況ということ？　だったら助けを求めるべきなのでは。

「警察署に行きます？」

警察に逃げ込めばさすがに手出しできないだろう。自宅に連絡してもらうことも可能だ。

そう思ったわたしの提案も、あっさり却下されてしまった。

「だめだめ、警察なんかあてになるかよ。いいとこのお嬢さんみたいだから知らねえんだろうが、警官が賄賂《わいろ》受け取って便宜《べんぎ》を図るなんざ日常だぜ。あの連中の息がかかったやつらがゴロゴロいるんだ、狼《おおかみ》の巣穴に飛び込んでいくようなもんだよ」

「そんな。ではどうするのです」

「そいつに悩んでんだよ。とにかく歩け、ここでじっとしてるのはまずい」

うながされてわたしは歩きだす。どこへというあてもなく、ピエロン記者はわたしを連れて雑踏《ざっとう》の中に踏み込んだ。

「あのう、いっそ王宮へ向かうというのはどうでしょう」

人混みを歩きながら、わたしはめげずに提案する。

「行ってどうすんだよ、入れるわけねえだろう」

「いえ伝《つて》がありますので大丈夫です。間違いなく保護してもらえると保証します。いくらなんでも、王宮にまで彼らの協力者がいたりしませんよね？」

まじまじとわたしの顔を見たピエロン記者は、難しい息をついた。

「どうだろうな。でもまあ、大公宮ならともかく、さすがにヴァンヴェール宮殿で好き勝手はできないんじゃないかと信じたいな」

……大公宮？

「問題はどうやって行くかだよ。今はこんな場所だから連中も手出ししてこないが、街を抜けて人目の少ない地域に入ったら襲われるぜ。賭けてもいい、王宮までたどり着けねえな」

　王宮はサン＝テール市中心部からずっと北へ行った、貴族街のいちばん奥にある。そこまでの道中には外国の大使館があったりするが、お店などは減っていき静かな住宅地になる。今いる場所のように、周囲にたくさん人がいる環境ではない。ピエロン記者の懸念はもっともだった。

「なら、王宮から迎えにきていただけば……」

「そんなことまで頼めるのか？　あんたなに者だよ……貴族らしいとは思っていたが、こりゃ予想以上に大物っぽいな」

「ここで商売っ気を出さないでくださいね。今は取材している場合ではありませんよ」

　一緒に逃げる仲間であり、油断できない天敵でもある人を、わたしは軽くねめつける。ピエロン記者は肩をすくめ、意外にすんなりと引き下がった。

「たしかに、まず無事に逃げおおせてからだな。迎えを頼むってのは現実的じゃねえだろう。どうやって連絡すんだよ。その前に追手をまいて身を隠す必要があるぜ」

「追手、やはりいますか？」

「……ためしてみるか」

　近くに乗合馬車《オムニバス》が停まっていた。ピエロン記者に連れられてわたしは馬車に乗り込む。空いていた座席に座るとすぐに馬車は出発した。

　わたしたちのあとから乗り込んできた乗客はいない。でもピエロン記者は後続の馬車を気にしていた。

「三人ばかりが急いで乗り込んで、こっちのすぐあとに出発させた。多分追手だ」

「本当に？　たまたまという可能性は」

「そうであってくれたらうれしいんだがな、俺ぁこういうのはよく知ってんだよ。まあ見てな、ずっとこの馬車についてくるぜ」

彼の言うとおりだった。乗合馬車は決められた道順に従って、街の各所へ乗客を運ぶ。時折曲がって違う道に入るが、後ろの馬車はずっと同じ方向へ走り続けた。

「どこで降りるかねえ……終点まで行ったらいやでも降ろされるが、少しでもましなところで降りたいな」

「追ってこられないような場所ですよね」

「あと身を隠せるところだ」

わたしは通りすぎる景色に目をやる。馬車は劇場街の近くを通っている最中だった。国立劇場の立派な建物が見える。

「といっても……」

劇場街……そうだ！

「次で降りましょう！　わたしに考えがあります」

わたしは素早く計画をささやき、次の駅に着くと馬車を降りた。

大小いくつもの劇場が並ぶ通りへ、わたしたちは急いで飛び込む。後ろの馬車から三人の男が降りていたのもこっそり確認した。

国立劇場やアール座といった有名な大劇場を通過し、さらに通りの奥へ進む。目当ての建物は四階建ての小さなビルだ。壁は古びた赤茶のレンガ、一階の入り口のそばに階段がある。その手前に小さな看板が立てられていた。

安い木戸銭《きどせん》で見られる小劇場「隣の金貸し座」だ。外観はあまり劇場らしくないが、入り口を開ければそこがもう客席になっている。五十人も入れないような狭い空間の奥に小さな舞台と、目立たない扉があった。

「あ、すみませぇん、次の舞台はまだ……」

客席の掃除をしていた人が顔を上げ、入ってきたわたしたちを見る。みなまで聞かず、わたしは奥へ突進した。

「ちょっと……ってか、アンタお嬢？」

「お邪魔します！　入り口に鍵かけられますか？　非常事態なんでお願いします！」

「おい勝手に入っていいのかよ」

ちょっとした騒ぎは外へは聞こえなかっただろう。今は休憩時間、客の出入りもない。続いて入ろうとする者もなく、しばらくなんの変化も起きなかった。

それからほどなくして、建物の裏口が静かに開かれた。

周囲を窺《うかが》いながらコソコソと出てきた男女が、足早に立ち去っていく。人気《ひとけ》の少ない路地で、目撃者はいないかと思われたが、すぐに隣の建物の陰から二人組の男が現れた。先を行く二人に気づかれないよう、男たちは距離を空けてあとを追っていった。

そのようすを、わたしは二階の窓のカーテンの隙間《すきま》から見下ろしていた。

「上手《うま》くいったかしら……」

「どうだろうな。追手はたしか三人いたはずだぜ。一人足りねえ」

「見張りとして残った？」

「その可能性はあるな」

そばで同じようにして外を見ていたピエロン記者は、昔の貴族のようなフリルのついたシャツを着ていた。脚には膝《ひざ》下までのブリーチズと白靴下だ。こういう格好をするなら靴下は絹であるべきだけど、彼が履いているのは綿製品である。遠目にそれらしく見えればよいだけなので、素材は安価なもので作られていた。

借り物の舞台衣装が案外よく似合っていた。よれた服を変えただけでもくたびれ感はだいぶ薄らぐ。あとは鬚《ひげ》の剃《そ》り残しと髪をもっと整えれば今より何倍も見栄えがよくなるのに、その気はなさそうで残念だ。

わたしも衣装を借りて羊飼いの格好になっていた。ここは男性のみの劇団なのでサイズはいささか合っていない。上着の袖《そで》は二回折り返さないといけなかった。

わたしの身代わりになってくれたのは劇団でいちばん小柄な人だけど、それでもけっこうきつそうだったな。胸が余らなかったのは、全体にきつかったからだと思いたい。

「血相変えて飛び込んできたと思ったら、またなにやってんのよアンタは」

背後から野太い声がする。わたしたちは窓から顔を離して振り返った。

色とりどりの衣装であふれた小部屋の中央に、短い巻き毛の男性が腕組みをして立っていた。

座長のブリューノさんだ。ピエロン記者と同年代だが見た目も印象も大違い。シメオン様と同じくらいに背が高く、鍛えられた筋肉の盛り上がりが服の上からもわかる。ぱっちりした目を縁取るまつげは長く、なんというか全体的に「濃い」人だった。

突然飛び込んできたわたしに少し呆《あき》れた顔をしながらも、ブリューノさんはあれこれ聞かず、まずは協力してくれた。懐が深く情に厚い人である。

ここ「隣の金貸し座」は、わたしが独身の頃からひいきにしている劇団だ。アール座や国立劇場とはくらべようもない、場末《ばすえ》と呼ばれるような芝居小屋だけど、役者たちの演技力は負けていない。喜劇を専門とし、おなかが痛くなるほど笑わせてくれるので、元気になりたい時はここへ来るのがいちばんだった。

きっと他の人もそう思っている。客席はいつも満員だもの。常連になる人も多く、毎日来るわけにはいかないわたしは特別な上客というほどでもないだろう。けれど彼らはちゃんと覚えてくれて、いつも親しく迎えてくれた。

今回は客ではなく無茶なお願いをしにきたのに、変わらない態度で受け入れてくれた彼らに感謝するしかない。

「ご迷惑をおかけして申し訳ありません。リュカさんたち、大丈夫かしら」

「追手はアンタたちの顔を知ってんでしょ？　なら男とわかった時点でさっさと離れるでしょうよ」

「近くで見りゃ、一発でわかるからな……」

身代わりになってくれた人たちを思い出しているのか、ピエロン記者が少しげんなりしたように言った。悪ノリしてものすごい厚化粧にしていたから、追手もさぞかし驚くでしょうね。

突然飛び込んできた二人連れに、服を取り替えて自分たちのふりで逃げてほしいと頼まれた――ほどほどのところまで追手を引き離したあと、そう種明かしをする手はずになっている。その間にわたしたちは逃げ出す、かどうかは状況を見て決めることにしていたが、どうもまだ外へは出ない方がよさそうだ。

わたしたちは隣の部屋へ移動した。役者が休憩するための部屋で、ここも雑然としているが座ってお茶を飲むくらいの場所はある。できるだけ広く使うためだろうか、椅子《いす》やテーブルではなく一段高くなった床に敷物が敷かれ、靴を脱いで上がるようになっていた。わたしたちはそこに直接座り込んで話した。

「アンタってラ・モームの記者よねえ？　うちに取材にきたことあったわよね」

「その節はどうも」

ブリューノさんはピエロン記者とも知り合いだった。なるほど、取材でね。芸能記事も大衆紙の売り物の一つだから、接点があっても不思議はない。

それならば話もしやすいと、わたしたちは手短に状況を説明した。そしてピエロン記者とも情報交換が必要だった。

「……ということで、わたしから耳飾りを取り返すためになんとか接触しようとして、あのような投稿をしたのです。なにせ彼は本物のエリックではありませんからね。新聞社や出版社で事情を明かすのは、心理的に難しかったのでしょう。どこで偽者だとばれるかわからないから、極力他人に知られたくなかったのですね」

「エリックって、あんたどこまで気づいてるんだ」

　ふるまってもらったお茶と軽食でおなかを落ち着かせながら、ピエロン記者が言う。この口ぶりからして、彼もデルマー男爵家の事情を承知しているようだ。

「ダミアンさんの話がデルマー男爵家のことだっていうのは、すぐにわかりましたよ。いくら名前を伏せても、あれだけ詳しく聞かされたらわかります」

「………」

「で、名乗りはしませんでしたが、話の流れ的にダミアンさんはエリックの立ち位置ですよね。でもそこは違うなと。失礼ながらダミアンさんは貴族には見えませんでした。なのでエリックの代理か、もしくはなりすましですが、どうもなりすましの方が濃厚みたいですね？」

　ピエロン記者は答えずバゲットをかじる。意外と几帳面《きちょうめん》な性格なのか、パンくずをこぼさないよう行儀よく食べていた。

「それだと、どうやって母親の男爵夫人をだましたのか疑問ですが、いったん置きましょう。わたしが推察したところはこうです。エリック本人と面識があり、彼の生い立ちを聞き知っていたダミアンさんは、手に入れた耳飾りを持ってデルマー男爵家に入り込んだ。エリックが継ぐはずだった遺産を手に入れて万々歳――となる直前に、大事な耳飾りを盗まれてしまった」

「あらまあ、神様は見てらっしゃるのねえ」

　ブリューノさんが笑う。

「彼が本物のエリックなら、耳飾りがなくても手続きはどうにかなったと思います。でも偽者だから、他に証明する手段がない。それで必死に取り戻そうとしていたのでしょう」

なりすましと考えた理由がここだ。エリック本人が手続きに出向くことができるなら、もっと話は簡単だったのだ。亡き男爵夫人から頼まれていた管財人は、間違いなく長男だと確認できれば対応してくれたと思う。

だからエリックはいない。少なくとも、男爵家に帰ってはいない。

「さ、わたしがお話しできるのはこれで全部です。次はあなたの番ですよ」

わたしはピエロン記者に交代を告げた。

「あなたはダミアンさんの共犯者なのですか？」

「………………」

顔をしかめて黙り込んでいたピエロン記者は、諦《あきら》めた調子で息を吐いた。

「まあ、そうなるな。尋ね人の広告を最初に見つけたのは俺だからよ」

まだ男爵夫人が存命中、執事がエリックに呼びかけた広告だ。すべての新聞に載っていた。それに気づいたピエロン記者が、ちょうど再会したばかりだったダミアンさんに教えたそうだ。

「エリックは俺たちの共通の知り合いだ。あんたが読んだとおり、もとは貴族の坊ちゃんだったって話も聞いていた」

「その方は今どこに？」

「死んだよ。もうずっと昔にな」

静かに言うと、ピエロン記者はほとんど音を立てずにカップを下ろした。

「俺たちがどういう関係だったかってとこから話さなきゃならんが……まだ本当に若い頃にな、ラビアで一緒に悪さをしていたんだよ。つまり――盗みとか、ペテンとか、そういったことをな」

ばつの悪そうな顔にわたしは納得する。なるほど、そういう「商売」だったわけね。記者としての活動にも、当時の経験が活《い》かされていたりするのかしら。

「二十歳になるかならねえかって頃の話だ。いきがっていろいろやっていた――いや、殺しはしてねえぞ。そこまではやっちゃいねえが、まあその、あんまり胸張って言える過去じゃねえな。そんな生活だからあぶないこともそれなりにあった。エリックは、ドジ踏んでバラされちまった」

「バラす？」

「殺されたって意味よ」

ブリューノさんが教えてくれる。本物のエリックは犯罪者に落ちぶれて、命まで落としてしまったと……。

「そういうのを見てて、俺は早いとこ足を洗いたくなったんだ。そんでラグランジュに帰ってきたんだが、ダミアンは反対でな。俺と別れたあともずっと裏稼業を続けていたらしい」

少し意外な気分でわたしは聞いていた。あやしいところもあったけれど、わたしが見たダミアンさんは長年犯罪行為を続けてきた悪人という印象ではなかった。それは、わたしが見事にだまされたということなのかな。ペテン――詐欺師。ダミアンさんの方が上手《うわて》だったのか。

「けど、この年になってさすがにあいつも思うところがあったようだ。このままじゃろくな死に方ができねえって、ようやく気づいて、遅まきながらラグランジュに帰ってきたんだと」

「そしてあなたと再会した？」

「ああ。十五年以上会ってなかったのに、お互い顔を見てすぐにわかった。そりゃもうびっくりして、生きてたかって盛り上がったもんだ。まさか無事な姿をまた見られるとは思わなかったからな。うれしかったよ。他人から見りゃ悪い仲間ってやつだが、俺にとっちゃなつかしいダチだったんだ。まして足を洗う決心をしたって言うし、そんならできるかぎり協力してやろうじゃねえかと思ってな。ただ、一つ問題があった。ダミアンは、厄介な荷物を抱えていた」

じわじわと、いやな予感がわいてくる。この話って、多分そういうことなのよね。

「ラビアでの犯罪者時代というのは、つまり、犯罪組織の一員になっていたわけですね」

インクのしみがついた手をじっと見ていた瞳《ひとみ》が、わたしに向けられる。驚きと感心のまじるまなざしに、当たってほしくないことが当たったとわたしは肩を落とした。

「もう聞いている最中にわかっちゃいましたよ。ラビアでって……スカルキファミリアですか」

「あんたがその名前を知ってたことが驚きだよ」

意外そうな声に首を振る。半年ほど前までは知りませんでしたよ。ラビアの大公子殿下が立てた計画におもいっきり巻き込まれて、はからずも知ってしまったのは昨秋だ。

ラビアの長い歴史の中で、はじまりは自治組織だったものが性質を変え、犯罪組織になっていったのがスカルキファミリアである。表向きはまっとうな事業者を装い、裏で数々の悪事を働いている。これがただの犯罪者集団なだけなら撲滅も可能なのだろうけど、ラビアの政界経済界、あらゆる有力者とつながりがあるため大公も手を焼いているのだった。

　リベルト公子の計画にも、そんなファミリアの力を少しでも削《そ》いでやろうという目的が含まれていた。その後どうなったのかは聞いていないが、撲滅まではとうてい果たせていないだろう。

「警察にも頼れない理由がわかりました。そうですね、ファミリアならあちこちに内通者を作っているでしょう。お隣ですもの、ラグランジュにも手が伸びていて不思議はありません。そんな人たちにつかまったらなにをされるかわかりませんし、必死に逃げたのも当然です」

「お、おう……」

「それで、ダミアンさんの荷物とは？」

　話を進めるわたしにピエロン記者がたじろいでいる。ブリューノさんも耳にしたことはあったのか、ファミリアと聞いて「うわぁ」とこぼしていた。

「や、その、俺はさ、末端のナンピラだったから抜けてもどうってことなかったんだが、あいつは長かったからな。けっこう地位を上げて、中堅どころにまでなってたらしい。そうなると簡単にゃ抜けられねえんだよ。いろいろ事情に通じちまってるから、やめると言ってやめさせてもらえるわけがねえ。それでも抜けようとしたら、まあバラ……殺される」

「でも、逃げ出してきた？」

「ああ。その時点で追手がかかるに十分だが、さらにあいつは組織の重要書類を持ち出した」

「重要書類？　なぜそんなものを」

「お守りだとよ。万一の時には取り引き材料にするなり、こっちの偉いさんに保護を頼む見返りにするなりして、身を守ろうと考えてたんだ」

保護……たしかに、ただ隠れひそむよりその方がよさそうだ。デルマー男爵家に入り込んだのも、有力者につなぎが取りやすくなるという狙《ねら》いがあったのかもしれない。

「どういった内容かは、ご存じなのですか」

「簡単に言えば名簿だな。組織のお友達がずらりと並んでる。取り引きの詳細もそいつを見ればわかる」

「……そんなものを盗まれた側としては、なにがなんでも取り返そうと追いかけてきますよね」

「そういうこった」

ピエロン記者は大きく肩をすくめる。わたしは思わずブリューノさんと顔を見合わせた。

身を守るためと言いながら、かえって危険を増やしているのでは。結局有効活用する前につかまっちゃってるし……。

いえ、ここで効果を発揮してくるのだろうか。あの黒髪の男……組織の追手は、わたしとダミアンさんの取り引きを気にしていた。名簿がどこにあるかわからないうちはダミアンさんを殺せないだろう。

けど、そうすると次に狙われるのはわたしで。

どうりでしつこく追ってくるわけよね！　やだもう、こんな事態わたしには手に余るわよ。助けてシメオン様ぁ！

もうなりふりかまわず助けを求めたかった。早く保護してもらえないと、こちらまで命があやうい。

「あそこで逃げずに、ブローチを渡してしまった方がよかったのかしら……」

「それで連中が納得すると思うか？」

「しませんよね……」

名簿なんて知りません、わたしは無関係ですって言ってもきっと信じてもらえない。仮にわかってくれても、だったらもう無用とばかりに殺されたりして。

わたしは懸命に考えた。とにかくシメオン様に連絡をとらないと。わたしたちが助かる方法はそれしかない。

「とりあえず、しばらくうちに隠れていたら？　ずっと出てこなければもういないと思って、見張りもどっか行っちゃうんじゃないかしら」

ブリューノさんが言ってくれる。わたしは首を振った。

「いいえ。それではわたしたちだけでなく、一座の皆さんまで危険に巻き込んでしまいます。きっと確認しようと内部に侵入してきますわ。その際、強硬な手段に訴えるおそれが高いです。街の人混みと外から見えない建物の中では状況が違います。ここにいる人たちくらいなら、一緒に殺されてしまうかも」

「ありうるな」

ピエロン記者も同意する。

「やつらを甘く見るのは禁物だ。目的のためならなんだってやるからな。それと、ダミアンが見つかっちまったってことは、デルマー家のことも知られてる可能性がある。そっちに向かう前になんとか手を打たねえと」

焦りのにじむ声に、わたしもはっとなった。そうだ、危険なのは男爵家の人たちもだわ。その可能性を見落としていたなんて！

貴族の屋敷なら簡単には手出しできない……なんて、甘い考えでしょうね。デルマー家にはもう八歳の子供しか残っていなくて、つけ入る隙はいくらでもある。使用人たちだけではとても守りきれない。

まずい、ぐずぐずしている暇はない。

「……ブリューノさん、迷惑をかけて申し訳ありませんが、もう少し手伝っていただけますか」

「いいわよ。乗りかかった舟だし、可愛《かわい》い眼鏡《めがね》ちゃんの危機だからね。なんでも言って」

一緒に話を聞いてどれだけ危険な状況かわかっているのに、悩みもせずにブリューノさんは言ってくれる。バチンと長いまつげでウインクし、力こぶを作ってみせた。

「襲ってくるやつらがいたって、返り討ちにしてやるわよ！」

「いえそれは危険ですから。向こうは本当に躊躇《ちゅうちょ》なくきますから」

刃物どころか銃を向けてくる可能性も高い。現にわたしは銃口に狙われましたからね！　いくらブリューノさんが筋肉ムキムキでも戦ってはだめだ。

戦いはシメオン様におまかせしよう。どんな敵よりシメオン様の方がずっと強いもの。部下の皆さんから人外扱いされ、あれに対抗できる人類はいないとまで言われる人だもの！

――真面目《まじめ》な話、警察に頼れないなら軍に動いてもらうしかない。個人が要請しても出動してもらえないが、そこで旦那《だんな》様の肩書がものを言う。管轄《かんかつ》が違えど同じ陸軍所属、話も通りやすいだろう。そもそもわたしがこんな状況になっていると知ったら、どんな手を使ってでもシメオン様は助けにきてくださるわ。すでにジョアンナから連絡が行って、捜索に動きはじめているかもしれない。無駄に彼を振り回さないよう、素直に助けを求めるのがいちばんだ。

わたしはまず手紙を書くために道具を貸してもらった。手紙の届け先はすぐご近所にあるアール座だ。もし監視の目が追いかけていったとしても、関係のないお使いだと判断されるだろう。

アール座の支配人ブランシュ氏とは、それこそファミリアがらみの事件で知り合った。わたしの名前を出せば、きっと頼みを聞いてくれるはず。彼からシメオン様に知らせてもらえばいい。

大劇場アール座は社交場の一つだ。貴賓《きひん》席があって王族だって訪れる。そんな劇場の支配人が貴族街へ向かっても不自然ではない。あやしまれず、かつ迅速に連絡がとれると考え、わたしは手紙を託した。

ブランシュ氏へのお願いと、シメオン様への救援要請、二通の手紙を持って劇団員がアール座へ走ってくれる。そしてすぐに戻ってきて、ブランシュ氏の快諾《かいだく》を伝えてくれた。

わたしたちの身代わりとなって追手を引きつけてくれた二人も戻ってきた。計画どおり、ほどほどのところで偽者だと明かしたとのことだった。

「駆け落ちした二人のために一肌脱いだのよって言ってやったわ。あいつらの間抜けな顔ったら！もうここにはいないって思わせといたからね！」

「駆け落ち……せめてもっと若くてかっこいい人がいいです。具体的に言うと眼鏡をかけた鞭《むち》の似合う人が。こんなくたびれたおじさんなんてありえません」

「悪かったな。俺だってもっと色気のある大人《おとな》の女がいいよ。つか鞭ってなんだよ」

「んまっ、この結婚指輪が目に入りません？　わたしは立派な大人の女です！」

「結婚指輪だったのかよ、それ。これで人妻って……ちなみに何歳《いくつ》なんだよ」

「あと一週間で二十歳です！」

「嘘《うそ》だろぉ!?」

——現在の時刻は午後三時。知らせがシメオン様のもとへ届いて、助けが駆けつけるまでどのくらいかかるだろうか。

このまま夜を迎えるわけにはいかない。あと一押し、作戦が必要だった。

8

日暮れが近づいて、街にあふれていた人々が家路をたどりはじめる頃。

劇場街は逆ににぎわいを増していた。夕刻からの上演を観ようと人が集まってくる。馬車も次々通りに入ってきて、大劇場の前で着飾った紳士淑女を降ろしていた。

昼よりも活気づく通りに、突如陽気な音楽が流れた。周りの注目を集めながら、おかしな一団がやってくる。奇抜な扮装《ふんそう》に身を固め、笛や太鼓を鳴らしながら列になって通りをねり歩いた。

「さあさあ、寄ってらっしゃい見てらっしゃい！　お仕事帰りのお父さん、お疲れ様！　夜遊びにくり出すお兄さん、ここにも面白いものがあるわよ！　皆様しばし足を止めてごらんあれ。これなるはランプ通りの人気者、隣の金貸し一座にございます！」

ブリューノさんの口上《こうじょう》が調子よく響く。ドレス姿のごつくて濃い男性の姿に、人々の間から笑いが上がった。

芝居小屋を閉めて、今夜は路上での興行だ。国立劇場前の広場までやってきた一座の役者たちは、大道芸人のようにおのおの得意の技を披露した。

役者といいつつ多才な団員たちで、とんぼを切ったりジャグリングをしたり帽子から花を咲かせたりと、見事な技で通行人の足を止める。そうして見物人の数が増えてくると、いよいよ彼らの本領である寸劇がはじまった。

もともと喜劇の筋書きに即興のセリフもばんばん入れて、どこへ転がるのかわからないでたらめな展開だ。やっている役者自身もわかっていないだろう。互いが好き勝手に騒ぐからしっちゃかめっちゃかで、けれどそれが面白い。でたらめなようでも呼吸はぴったり合っていて、十数える間に一回は観客を沸かせていた。

わたしとピエロン記者は、彼らの後ろで手伝い役になっていた。

ピエロン記者は目だけ出したあやしげな黒装束《しょうぞく》だ。まるで物語に登場する暗殺者《アサシン》である。前後に上着のごとく看板をかけて立っているが、時々役者がからんで無理やり芝居に巻き込まれていた。そんなさまを見てまた観客が笑う。

わたしの方はといえば、小道具を渡したり逆に拾って下げたりと大忙しだった。羊飼いの姿のまま、自身が羊みたいにクルクルモフモフのカツラをつけて、なぜか天使の羽を背負わされている。役者たちも頓狂《とんきょう》な仮装に厚化粧なので、こんな格好でも違和感はない。観客から特に注目されることはなかった。

――けれど、視線を感じる。

忙しく動きながらも観客に目を向ければ、そこかしこに雰囲気の違う男たちがまぎれていた。姿は周りと変わらないが、目つきが全然違う。見物ではなく監視の目でこちらの動きを追っている。

昼より数が増えてるんですけど!?　諦《あきら》めるどころか応援呼んでますよね！

やっぱりファミリアの追手は怖い。絶対に逃がさないという執念を感じる。

あの黒髪の男がいた。まっすぐにわたしだけをじっと見ている。目が合うとにやりと笑われた。うう、完全に見抜かれている。いやまあ、この程度の扮装でごまかせるとは思っていませんでしたが、こっちだってごまかそうとしたわけではなくてですね！

助けが来るまでどうやって身を守るか、一座の人たちの安全も確保するか、考えた末の作戦なのだ。

とにかく籠城《ろうじょう》はだめ、それはかえってあぶない。だから押し込まれる前にこちらから出ていくと決めた。人通りの多い場所で、さらに注目を集めていたら、彼らもうかつに手出しできないだろう。

そうやってなんとか時間稼ぎをしようと考えたのですよ。

ブリューノさんたちが頑張ってくれている間、わたしはハラハラしながら救援を待った。どこから来るだろうか。やはり大通りから？　それとも裏手から？　それらしい姿が現れないかと四方に目を向け待ちかねる。

シメオン様はわたしたちが外に出ているとは知らない。でも近くまで来ればわかるわよね？　まさか直接芝居小屋の方へ行って、誰《だれ》もいないと困っていたりしないわよね？

焦る気持ちをこらえ、わたしは待った。大丈夫、シメオン様を信じて。彼が近くまで来ているのに気づかずすれ違うはずがない。

きっとじきに観客たちの後ろから、あの凛々《りり》しく頼もしい姿が現れるはず……と見ていたら、急に観客が後ろを気にしてどよめいた。来た⁉　わたしの胸が期待に躍る。

人垣をかき分けて出てきた姿に、知らず笑顔になっていたわたしはあれっととまどった。シメオン様ではない。頭にかぶる帽子は軍と警察共通のもの、でも色と徽章《きしょう》は警官のものだった。

あれ……そっちに頼んだの？

てっきり軍が出てくると思っていたわたしは意外な気分にとらわれる。助けてくれるならどちらでもよいけれど……シメオン様のことだから管轄《かんかつ》を気にして、警察に要請をかけたのだろうか。

そう思っていたら、警官たちが飛びかかった相手はなぜか「隣の金貸し座」の役者たちだった。

「ちょっとなにすんのよ!?」

突然芝居の邪魔をされて、役者たちが抗議の声を上げる。

「誰の許可を得てこんなとこで騒いでる!?　ここはお前たちの舞台じゃない、公道だぞ！」

警官も負けじと怒鳴り返した。ええ!?　まさか救助ではなく取り締まり!?
五、六人の警官たちは、役者を一ヶ所に集め観客は追い払おうとする。広場にできていた人だかりを解散させるためにやってきたようだった。
ブリューノさんが大きな身体《からだ》でわたしの前に立ち、かばってくれた。

「別にいいじゃないのよ。広場なんだから邪魔にはなってないでしょ。いつも大道芸やってるのに、なんでアタシたちだけ叱《しか》られんのよ」

「苦情がきとるんだよ。薄汚い連中が騒いでいて見苦しいとな」

「あぁ!?」

いきなりドスの利いた声になってブリューノさんがすごむ。それでも警官はひるまずせせら笑った。

「自分たちがこの場にふさわしくないとわかっとらんのか？　周りを見てみろ、馬車から降りてくる紳士淑女の皆様がたを！　高貴な方々は貴様らみたいな場末《ばすえ》の三文《さんもん》芝居なんぞごらんにならんのだよ。あのばかげた連中はなんだと顔をしかめていらっしゃる。さっさと追い払えとご所望だ」

ええええー。

そんなぁ。たしかに高尚なお芝居ではないし、上流階級の人が足を運ぶ劇場でもないけれど、でもこういう劇団もある場所だっていうのはみんな承知の上でしょう？

国立劇場だって、裕福な人ばかりが集まるわけではない。天井《てんじょう》桟敷《さじき》は料金が安いから、一般庶民もたくさん訪れる。けして一部の特権階級だけに許された場所ではないのに。

見物人たちも楽しんでいた。広場での大道芸はよくある光景だ。気取って訪れた人たちからすれば目障《めざわ》りかもしれないけれど、迷惑になるほどでもなかったでしょうに。さっさと通りすぎていけばいいだけじゃない。

そもそも言い方がいちいち失礼よ。同じ庶民の警官からそうも見下されるいわれはないわ！

――って、憤慨している場合ではなくて。

思わず状況を忘れかけていた。わたしは急いで周りを見回した。

警官の乱入で寸劇は中断されたけれど、これはこれで人目を引く騒動になるからよいのかしら。中心にいるのが警官だから、かえってファミリアの追手は手出しできないわよね。けがの功名《こうみょう》ととらえるべき？

でも巻き添えをおそれた観客たちは遠ざかり、周囲を取り囲んでいた人垣がずいぶんまばらになっていた。もちろんあの黒髪の男と仲間たちは残っている。やはりまずいのでは⁉

うろたえるわたしの気持ちも知らず、警官たちは芝居小屋へ戻るよう一座を急《せ》き立てた。

「撤収、撤収！　これ以上ここで騒ぐなら全員牢《ろう》にぶち込んでやるぞ。さっさと貴様らに似合いのブタ小屋に戻れ！」

「るっせえ、てめえがブタだろうが、このチョビ髭《ひげ》野郎！」

「ああああのっ、いったん落ち着いて、話を聞いてください」

殺気立つ怒鳴り合いにたじろぎながら、わたしはなんとか割り込もうとした。どうせならこの警官に事情を説明して保護してもらえないかと思った。でも大きな身体にはじかれて後ろに吹っ飛んでしまう。背中から石畳に叩《たた》きつけられるのを覚悟したが、わたしを受け止めたのは人の手だった。

「あ、ありが……」

お礼を言いかけて固まる。すぐそばにあるのは男くさい美貌《びぼう》だった。

くせのある黒髪の下から、青い目が笑う。

ひっと身をすくめたわたしは、助けを求めようと警官に目を戻した。すると呼ぶまでもなく警官はこちらを見ていた。

たしかにわたしを見ていた。

でもにらみつけるでもなければ、突き飛ばしたのを心配するでもない。なにかを確認する冷静なまなざしだ。

すぐに彼はふいと目をそらし、役者たちの相手に戻ってしまった。こちらに背を向けて二度と振り返らない。それどころか、役者たちを押して離れさせようとする。

「…………」

わたしの耳にピエロン記者の言葉がよみがえった。警察なんてあてにならない、やつらの息のかかった連中がゴロゴロしている……。

これって――！

偶然の取り締まりなどではなかった！　一瞬で悟ったわたしは助けを求めようと大きく口を開く。でも声を上げるより早く手でふさがれた。背後の男がわたしの動きを封じ、声も出せないようにする。暴れてもまるで歯が立たない。大きな身体に簡単に抱きすくめられてしまっている。

視界の端で看板を投げ捨てたピエロン記者が、こちらへ来ようと必死になっていた。しかしそんな彼にも追手が襲いかかっている。わたしたち二人とも、見事に敵の手中に落ちてしまっていた。

「シー……」

うめくわたしに低い声が耳元にささやく。吐息を感じてぞっとなった時、どこかで馬のいななきが聞こえた。

「げっ」

寸前は余裕だった声が驚きを宿す。わぁっと野次馬がどよめいて逃げ出した。なにかが彼らの後ろからやってくる。開《ひら》けた空間に飛び込んできたのは、猛然と駆ける馬だった。

つやつやとした青毛が石畳に蹄《ひづめ》の音を響かせ、まっすぐこちらへ突進してくる。背後の男があわててわたしから手を離した。軽く突き飛ばされてわたしは前へよろける。体勢を立て直している間に馬は後ろを通り抜けていった。

続けて何騎も広場へ駆け込んできた。いずれの馬も背に白い制服の人を乗せている。見まがえようもないラグランジュ王国近衛《このえ》騎士団だ！　彼らはピエロン記者を引きずろうとしていた男たちに襲いかかった。

さすがにこれにはファミリアの追手も太刀《たち》打《う》ちできず、ピエロン記者から離れて逃げていく。騎士たちが追いかけて取り押さえようとしたが、巧みに通行人を盾《たて》にされてまかれてしまった。強引に馬をつっこませたら巻き添えのけが人が出てしまう。下りて追いかけようにも出遅れて、つかまえることはかなわなかった。

人々は驚きの展開に立ちすくんでいる。警官もあんぐりと口を開けて騎士たちを見ていた。

わたしは全身から力が抜けて、その場にへなへなと崩れ落ちた。

助かった……助かったのよね？

さきほどとは違う、ゆっくりとした蹄の音が近づいてくる。青毛がまだ興奮の残る鼻息を鳴らしながらも、常歩《なみあし》でわたしのそばまで戻ってきた。

見上げると同時に人が下りてくる。立ち上がれないわたしを大きな身体が抱きしめた。

「マリエル、無事ですか」

「シメオン様……」

いつものぬくもりが、よく知っている匂いが包み込んでくる。心配そうに覗《のぞ》き込んでくる瞳《ひとみ》に、張り詰めていたものが切れて一気に涙があふれ出した。

「う……うわあぁんシメオン様ぁー」

すがりつくわたしをさらに強く抱きしめて、シメオン様は何度も頭や背中をなでてくれた。背負った羽が邪魔そうだ。頭もカツラでモフモフですよね。感動の再会なのにこんな格好ですみません。

「もう大丈夫、大丈夫ですよ。もう誰にも手出しさせません。けがはしていませんか。どこか痛いところは？」

頼もしく優しい声に、心の底から安堵《あんど》が広がっていく。しゃくり上げながらわたしは答えた。

「ありませ……あ、落ちた時に打ったんだった」

「落ちた？　どこから⁉　どこをけがしました⁉」

ぶつけたところを思い出したらシメオン様が血相を変える。いえそこまで深刻なけがではありませんと言おうとして、ふと彼の背後、人垣の向こうに立つ姿が目に入った。

あの黒髪の男が、まだ逃げずにいる。頭をかきながら、やれやれと言いたげな表情でこちらを見ていた。

そばにシメオン様がいるという絶対の安心感から、わたしはおそれより怒りを覚えて涙も引っ込む。シメオン様に伝えようとして、男の持つものに気づきあっと声を上げた。

「マリエル？」

「わっ、わたしの手提げっ」

男の手には不似合いな、レースの可愛《かわい》らしい手提げがあった。わたしはあわてて背中をさぐる。羽の下に結んで隠していたのに、いつの間に奪われたの。

「あの男が！　ブローチの入った手提げを！」

指さす先をシメオン様も見る。その時にはもう男は素早く背を向けて、人混みの向こうに逃げ去ってしまっていた。

「嘘《うそ》ぉ……」

また全身から力が抜けていく。今度は安堵からではなく、衝撃と落胆で地面に倒れ伏しそうだった。

「マリエル、それよりけがは」

「……けがはたいしたことありません。ちょっと痣《あざ》ができたくらいです。でもブローチが……」

がっくりうなだれるわたしをシメオン様が覗き込む。両手で頬《ほお》を包み込んですくい上げ、涙のあとをぬぐってくださった。

「あなたの無事がなにより大切です。他のことはどうとでもなる。今はこうして間に合ってよかったと思いましょう。本当によかった……まさかこんなことになるとは。やはり私が同行するのだった」

後悔のにじむ声にわたしは首を振る。

「だって、大事な会議があったのですもの。だいたいこんな展開予想できますか？　わたしだってスカルキファミリアが出てくるなんて夢にも思いませんでしたよ。てっきりデルマー家の遺産問題だとばかり」

「私もそのように考えていました。デルマー家の状況を調べるよう手配していたのですが」

「まあ、もう手配を……ってそう！　デルマー家が！」

言っていて思い出した。男爵家が襲われるかもしれないとあわてるわたしを、わかっていますとシメオン様はとどめる。

「あなたの手紙を見てすぐに人を向かわせましたから、心配いりません」

「あ……よ、よかった……」

さすがシメオン様、手抜かりはありませんでしたか。

安堵やら衝撃やら、さまざまなものが押し寄せて身体に力が入らない。いつまでもへたり込んでいてはいけないと思っても、昼からずっと逃げ回って緊張が続いていた反動で、気が遠くなりそうだった。

そんなわたしを無理に立たせようとはせず、シメオン様は抱き上げる。押し寄せる疲労とやっと得られた安心に、わたしは甘えたい気分になって彼の肩に額をすりつけた。

優しい手が背中をぽんぽんと叩いてくれるのが心地よく、首に抱きついていっそう甘えようとしたら、別の場所からどこかうんざりした声をかけられた。

「なあ、そろそろいいか？」

なによ、せっかくシメオン様を堪能していたのに。あと疲れているのに。

むっとして顔を向ければ、黒頭巾《ずきん》を脱いだピエロン記者が近くに立っていた。そちらもご無事でなにより。ついでに気を利かせてしばらく知らん顔してくれればよかったのに。

「いろいろ話すべきことはあるが、その前によ。あんたら妙な取り合わせになってんぞ。はたから見ると、小僧っ子相手に桃色の空気を漂わせるやばい大人《おとな》の図なんだが」

は？　と眉《まゆ》を寄せ、次の瞬間言わんとするところに気づく。そう、今のわたしは羊飼いでした。モフモフのカツラをつけて作り物の羽を背負った、一座の男の子に見えていますよね！

わたしはがばっとカツラを取り払った。まとめていた髪をほどき、背中に流して見せつける。

「ほ、ほら、女ですから！　シメオン様は少年趣味のあぶない大人ではありません！」

「……マリエル」

「女だからってやばいことには変わりねえよ」

「どこがですか。たしかにこの美しい人にわたしみたいな地味女は釣り合いませんけど、『やばい』ことなんてなにもないでしょう」

「現実から目をそらすな。自分が色気皆無のガキンチョだって自覚はあるんだろうが」

「そこまではっきり言う人はいませんよ!?」

「マリエル、よしなさい」

ごちゃごちゃ言い合うわたしたちのもとへ、野次馬を追い払った騎士たちが集まってきた。アランさんの姿もある。シメオン様は副官をはじめとした部下を、五人も連れてきていた。

「副長、あの警官たちはどうします？」

アランさんに問われてシメオン様が目を向ける。氷の瞳に見据えられたチョビ髭の警官は、ぎくりと身をこわばらせた。

「少し話を聞いたんですが、なんかあやしいんですよね」

「あっ、そうです。あの警官たち、ファミリアの手先ですよ」

わたしは下ろしてくださるようシメオン様にお願いし、自分の足で地面に立った。

「取り締まりをするふりで、さきほどの男たちに協力していたんです」

「あー、やっぱそうか」

ピエロン記者が頭をかく。

「都合《つごう》よすぎってか悪すぎってか、おかしいと思ったんだよな」

「えー、なに？　あいつらも悪人の仲間なの？」

ブリューノさんにもギロリとにらまれ、警官たちは小さくなっていた。

「いや、われわれは別に、苦情を受けて来ただけで」

「……所属と名前を聞いておきましょうか」

この場で問い詰めることはせず、シメオン様は警官たちの名前を控えるだけにとどめた。彼らが犯罪組織の内通者だという証拠は今のところないものね。かまっている暇もないということで、いったんはそのまま帰させた。シメオン様のことだからあとでちゃんと事実関係を明らかにし、相応の処罰をさせるのでしょう。

「はー、どうなることかと思ったけど、なんとか解決してよかったわー」

「これでもう大丈夫なのよね？　またあいつらに襲われたりしないかしら」

一座の役者たちが引き上げの支度をしている。わたしも背中の羽を下ろした。けっこう重いので引き取ってもらう。

「皆さんは大丈夫だと思いますが……ブローチも奪われちゃいましたし」

「こっちのことは心配しなくていいわよ。こういう商売してるとヤクザにいちゃもんつけられることもあるから、みんな慣れてるもん。さっ、戻って着替えましょ。お迎えがきたから、もうおうちに帰るんでしょ？　そのままってわけにはいかないものねえ」

ブリューノさんが号令をかけて、みんなでゾロゾロと広場をあとにする。「隣の金貸し座」が入っているビルへ向かいながら、アランさんがこっそりつぶやいた。

「なんか、すごい人たちですね……」

「なんでみんなあの口調なんですか」

ミルボー少尉にも聞かれる。言われてみればなぜなのかしら。全員がああなので、一座の方針だろうとしか言えないわね。

「マリエル、大丈夫ですか？　歩くのがつらいなら馬に乗りますか」

シメオン様は考えるのを避けているようで、わたしのようすばかりを気にしている。

「そこまでではありませんから。ええと……あっそうだ、会議は？　会議の途中でお邪魔しちゃいました？」

なにから話そうと考えて大事なことを思い出す。シメオン様はなんでもないという口調で答えた。

「途中といえば途中ですが、そろそろ終わりかけていましたよ」

「でもそれだとやっぱりお邪魔になって」

「いや、かえってよかったと思います。議案に関係なくもないことでしたので、近衛が出動するのをすんなり許可されました」

「え、どういう……」

とまどうわたしをシメオン様が抱え上げ、馬の背に座らせる。大丈夫と言ったのに。

「男の歩調についていくのは大変でしょう」

先導するのはブリューノさんたち役者陣で、たとえドレス姿でもノシノシと大股だ。おかげでわたしは小走りに近い状態だった。

「詳しいことはのちほど話しますが、近衛が出てきたのは殿下のご下命《かめい》です」

「殿下の？」

そういえばなぜ近衛が来たのかも疑問だった。彼らは王宮警備と王族の警護が任務で、その他の事案には基本的に出動しない。例外は国王陛下や王太子殿下からの命令があった場合だ。今回はその例外に相当するらしい。

「急を要する事態だったのが一つ、もう一つは言ったように議案に関係していそうな話だったからです。なのであなたを保護したら王宮へ連れてくるよう言われています」

「えー……」

つい不服の声が出てしまった。それって明日《あす》ではだめ？　今日《きょう》はもう疲れたのだけどなあ。

しかし王太子殿下のご指示ならしかたない。わたしは着替えに戻るとあらためてブリューノさんたちにお礼を言って、お詫《わ》びのお金も後日かならず渡すと約束した。

「そんなの気にしなくていいわよ」

「そちらこそ、お気遣いなく。わたしたちのせいで夕方の舞台が中止になってしまいましたでしょう？　一座の大事な収入を奪ってしまったのですから、その分の補償をするのは当然です」

「マリエルの言うとおりですね。それは私が、迷惑料込みでお支払いすると約束しましょう」

「二人揃《そろ》って義理堅いわねえ」

ブリューノさんたちの苦笑に見送られて、わたしは一座をあとにする。ピエロン記者も一緒に王宮へ連行——もとい、同行してもらうことになった。

「なんで俺まで……」

「ここで別れたらまた襲われないか不安では？　王宮で保護してもらった方がよいと思いますよ」

「まあ、そうだけどよ」

わたしはシメオン様の馬に同乗し、ピエロン記者も他の騎士の後ろに乗る。

——あら、この人乗馬の心得があるのね。

まったく心得のない人を乗せるなら前の方がいい。後ろは揺れが大きいので初心者には難しい。でもピエロン記者はあぶなげなく体勢を維持し、馬の歩調に合わせていた。

シメオン様も彼をちらりと見て大丈夫と判断したらしい。わたしにしっかりつかまっているよう言った。

「少し急ぎます。しばらくがまんしてください」

なんだかんだしているうちに空は明るさを失いかけていた。のんびりしていたら王宮に着く前に夜になる。騎士たちは馬を駆けさせ、馬車や人で混み合う道を巧みにすり抜けて、一路王宮へと向かった。

9

王宮に到着した一行は、西の通用口ボヌール門から中へ入った。

近衛《このえ》騎士団の官舎にいちばん近い門だ。案の定、本宮へは行かずそのまま官舎へ直行した。

奥の会議室に通され、ポワソン団長と王太子殿下に迎えられる。ここにもピエロン記者と同年代の人がいた。

「おう、戻ったか」

同じおじさんでも大違い、ポワソン団長はかっこいい。いつものごとく制服を着崩していらっしゃるのに、それでいて魅力は失わない。そもそも体格からして違うしね。軍人らしく鍛えて引き締まった長身は、まったく年齢を感じさせない。こういうおじ様が相手なら駆け落ちのふりをしてもいいかも……もちろん、ただの演技ならね。

「無事に保護できたようだな。よかった」

そう言ってくださったのは王太子セヴラン殿下だった。

こちらは武の人ではないので、背が高くてもほっそりしていらっしゃる。シメオン様と同い年で、若々しさと大人《おとな》の落ち着きを兼ね備えたお方だ。王家の特徴である黒髪に黒い瞳《ひとみ》を持ち、シメオン様とは別種の美貌《びぼう》があまたの女性をときめかせる。好青年を絵に描いたような爽《さわ》やかさと威厳あるお姿からは、不憫《ふびん》の星の下《もと》に生まれついているとはわからない。

いきなり高貴の人にでくわしてピエロン記者は入り口で固まっていた。その背中をアランさんがぐいぐい押して強引に入らせる。見慣れない庶民の姿に殿下と団長様は少し不思議そうなお顔になっていたが、ひとまずご挨拶《あいさつ》からとわたしは殿下の前に進み出た。

「お騒がせして申し訳ございませんでした。救援の手配をしていただき、感謝申し上げます」

「ああ……うん、なんというか……まあ、そなただしな」

殿下の反応は微妙だった。

「どんな事件を引っかけてきても今さら驚かん。とりあえず、けがもないようでよかった。問題ないな？」

「はい、少々痣《あざ》ができたくらいです。それより空腹が目下の大問題です」

「マリエル」

シメオン様が小声でたしなめるけれど、さっきからおなかが鳴っているのよ。王太子殿下の御前でグーグー言わせるのもどうかと思うの。

「そうだな、そういう時間だものな。私も空腹をがまんして待っていたのだぞ」

「でしたらみんなで一緒にごはんにしましょう」

「マリエル！」

ポワソン団長がカラカラと笑い声を立てた。

「団員用と同じものなら用意できますが、本宮で召し上がりますかな、殿下？」

「私もそれでよい。話をせねばならんし、ここでいただく」

無駄に贅沢《ぜいたく》を望まない殿下はそうおっしゃって席に戻られた。アランさんたちは食堂で食べるそうで退出する。わたしとシメオン様、そしてピエロン記者だけが会議室に残った。

「この面子《メンツ》の中に残される俺の気分を誰《だれ》かわかってくれ」

「そんなに怖がらなくても。殿下も団長様もお優しい方たちですよ。シメオン様は鬼の副長ですが」

「誰が優しいものですか。団長こそあなたの好きな腹黒ですよ」

「んっん〜ん？　なにか言ったかなぁシメオンくぅん」

「気持ち悪い声を出さないでください。はっきり言ってさし上げますよ。団長は抜け目がなくて計算高く、ついでに悪ふざけが好きな不良中年で、部下一同常に迷惑しております」

「なんだよつまらんな。そんなありきたりの言葉では蚊に刺されたほどにも感じんぞ。もっとズドンとくる言葉は出せんのか」

「……言葉の専門家にまかせます」

「えっわたし？　ええ……おじさんに効果がある言葉って……加齢臭？」

「――ぐはぁっ！」

「うっ……」

「おい、そっちにも流れ弾が当たっているぞ」

会議室の机は大きな長方形だ。奥の席に殿下が座っていらっしゃる。その両脇《りょうわき》にポワソン団長とシメオン様が向かい合って座り、シメオン様の隣にわたし、さらにピエロン記者と続いた。

殿下と団長様は興味深そうにピエロン記者を見ていた。

「で、その者はどういう人物なのだ？」

「ラ・モーム新聞社所属のピエロン記者です。……殿下って新聞はお読みになります？」

「目を通すこともあるが、ラ・モームというのは知らぬな？」

「ゴシップ紙ですよ」

シメオン様が冷たく切り捨てる。ピエロン記者は腹を立てるでもなく、白けた顔で聞き流していた。

「大衆紙というものか。ふむ、一度見てみたいな」

「あら、でしたら今度持ってきて――ふむっ」

「マリエル！」

シメオン様の手に口をふさがれてモガモガしているわたしを、ピエロン記者はうろんな目で見る。

「王太子殿下相手にえらく親しげだな……あんたなに者なんだよ、本当に」

わたしとシメオン様は目を見交わす。ここまできたら隠しておくこともできないし、もう全部話してしまうしかないかしら。

「てか、そっちの騎士様がなに者かって聞くべきだな。あんたの旦那《だんな》さんらしいし？　近衛騎士団のえらいさんで、王太子殿下とも親しい『シメオン』さんねえ……」

「その前に貴殿の自己紹介を聞きたいな？　なぜ彼女と行動をともにしていたのか、こちらは詳しい事情までは知らんのでな」

追及にポワソン団長が割って入った。

ふざけていても本当は鋭い方だ。わたしたちと新聞記者との間の、微妙な空気に気づかれたのだろう。

それに手紙にはざっくりしたことしか書けなかったので、詳しい事情をとおっしゃるのは当然だ。どうして新聞記者が一緒に来たのかも、さぞ疑問に思っていらっしゃるだろう。

「ああ、聞く前に自分が名乗らねばな。失礼した。私は近衛騎士団団長、アルベール・ポワソン准将だ。よろしく」

「私はラグランジュ王国王太子、セヴラン・ユーグ・ド・ラグランジュだ。お初にお目にかかる」

いたずらっぽく言う団長様に続けて、殿下までがちょっぴりふざける。聞くまでもないわざとらしい名乗りに、ピエロン記者はますます縮み上がっていた。

「どっ、どうも……俺、いや私はラ・モーム社のピエロンと申しまして」

「ちゃんと名乗ってくれんかな。なに・ピエロンだ？」

ポワソン団長は容赦なくつっこむ。そういえばわたしもまだ彼の名前を知らないわ。全員から注目されて、いつもはふてぶてしい記者が冷汗を流していた。

「あ、はい、ジャックです。ジャック・ピエロンです」

「うんうん、ジャック君な。はは、そう緊張するな。私は君と同年代、他はうんと年下だから身がまえることはないだろう？　気楽にしたまえ」

「ははは……できるかよ」

ぼそりとこぼしたつぶやきも聞こえているだろうけど、そのくらいで腹を立てる方ではない。むしろ面白がってピエロン記者をツンツンいたぶる気満々なお顔だった。いつもこんなふうに部下たちをいじめていらっしゃるのかな。多分シメオン様も被害者よね。

さすがにちょっとかわいそうなので、事情はわたしが説明した。間に食事が運ばれてきて、食べながらの話となる。騎士団の夕食はバゲットとパテ、タマネギのスープ、そして豆と野菜と鶏肉《とり》の煮込みがどっさりで、デザートに棒状のショコラと果物を練り込んだケーキがついていた。軍でもこういうおやつを食べるのね。可愛《かわい》いな。

「スカルキファミリアの裏名簿か」

わたしの説明を聞いたセヴラン殿下は、なにかを考えるお顔になった。向かいではポワソン団長が早くも食事を終えて、大事そうにショコラを食べている。

「いやはや、毎度不思議なめぐり合わせで事件の中心に飛び込んでこられますな……シメオン、お前さん甘いものは苦手だろう。それくれんか？」

「不良中年より妻に譲りたいのでお断りします」

「せっかくですが、自分のも食べきれないほどですので。どうぞ団長様に」

わざわざ席を立ってきたポワソン団長が、シメオン様のお皿からデザートを奪う。シメオン様はわたしのお皿から食べきれないバゲットを引き取ってくださった。軍のごはんだものね、わたしには多かった。

「シメオン様にもお話しするのを忘れていましたが、さる筋から教えてもらったことがありますの。

今考えますと、一連の騒動に関係しているのではないかなと思うのですが……」

ピエロン記者の前でどこまで話していいのかわからないので濁《にご》せば、すぐに察してシメオン様はうなずいた。

「それはあとで聞きましょう。目下の問題は、デルマー男爵家に危険が降りかからないかという点ですね。一応人を派遣して警備させていますが、ファミリアの男たちはなにか言及していましたか？」

「いいえ……そこまで彼らと会話はしていませんので。ただ、ダミアンさんが連れ去られてしまいましたからね。今頃名簿のありかを聞かれ、男爵家のことを話してしまっているかもしれません」

わたしはちらりとピエロン記者を見る。悪い仲間でもなつかしい友人だと言っていた。彼がどうなったか、心配しているだろうな。暗い顔でうつむいている。

わたしもダミアンさんのことを考えると重い気分になる。無事だとよいけれど……あまり楽観できないわよね。もともとけがもしていたし。

最悪の事態も考えられて怖かった。彼がしてきたことを考えると、どうなっても自業自得ではある。でも多少なりとも言葉を交わした相手がひどい目に遭うところは見たくなかった。

会話にくわわらず、ピエロン記者は黙って食事をしている。昼にも思ったがきれいな食べ方だ。ただし手の動きは速い。彼も相当空腹だったようで、もうほとんど終わりかけていた。

セヴラン殿下が彼に尋ねた。

「ピエロン殿、そなたは名簿がどこにあるか聞いているのか？」

「い、いいえ、知りません」

王太子殿下から直接問いかけられて、緊張した声でピエロン記者は答えた。

「最初に話を聞いた時にちらっと見せられただけで、あとは全然。あいつが――ダミアンがデルマー家に入ってからは、手紙でやりとりするだけで顔も見ていませんでしたから」

「ほう、手紙。連絡は取り合っていたのか」

殿下は聞き流さず、ちゃんと気づかれた。ピエロン記者がしまったという顔になる。

「そのダミアンなる者がデルマー家の長男になりすまして入り込むのを、そなたが手助けしたという認識でよいのだな？　その後も連絡を取っていたということは、二人で共謀して遺産を手に入れようと謀《はか》ったか」

「…………」

ピエロン記者の手が止まっている。殿下の言葉に答えられず真っ青になっていた。

んー……。

「殿下、そのお話はのちほどに。今は裏名簿のありかについてですわ」

「――そうだな。ピエロン、知らずともなにかわかることはないか。切り札となる名簿をどこに保管しているか、仲間であるなら推測できるであろう」

話が戻ってピエロン記者はそっと息を吐く。まだ殿下と目は合わせられないまま、慎重に答えた。

「……私の知っているダミアンの性格と、状況から考えて、遠くに置くとは考えられません。デルマー邸のどこかではないかと」

「やはりそうか」

わたしたちは揃《そろ》ってうーんとうなった。

「捜索に出向くしかないでしょう」

シメオン様が言う。

「放置できる問題ではありません。明日にでも向かいます」

「ああ。先に見つけて回収してしまえば、ファミリア側も男爵家には手出しせぬだろう」

「見つけられるとよいのですけど……あ、以前モーニュでやったように、見つかったふりでだますという手もありますね」

わたしの意見には苦笑が返された。

「そうだな。しかしこちらとしてもその名簿はほしい。なんとか見つけたいところだ」

結局、明日シメオン様が部下を連れてデルマー邸へ向かうことになった。ピエロン記者にも同行するよう殿下が命じられる。気のすすまない顔をしていたピエロン記者も、王太子殿下には逆らえず了承した。

食事が終わったところで彼は先に退出をうながされた。今夜は官舎にお泊まりだ。鍵のついた地下の安全な部屋で、心安らかに眠れるだろう。彼自身を守るためにも、ちょっぴり行動の自由がないのはがまんしてもらいたい。

とぼとぼと連れて行かれるピエロン記者を見送ったあと、「さて」と殿下が仕切り直された。

「ここからは内輪の話だ。そなたのことだから、説明せずともある程度は察しているのだろうな」

食後のコーヒーやお茶をいただきながら話を再開する。もう少し踏み込んだことを聞かせていただだけるようだ。わたしはうなずいて答えた。

「さきほど言いかけたことですが、リベルト殿下がお掃除にはげんでいらっしゃるという話を聞きました。政敵などの話だろうかと思っていましたが、どうやらファミリア関係のようですね」

トゥラントゥールでオルガさんから聞いた時は、ファミリアの存在を忘れていてイーズデイル派のことばかり考えていた。でもイーズデイル派は対立関係にあっても排除まではできないものね。ともにラビアを守る仲間でもあるし、頂点にいるのは現大公妃様だ。取り去るべき汚れとたとえる相手ではなかった。

年季の入ったラビアの汚れといえば、スカルキファミリアだ。

名前の主《ぬし》である元締めは昨年他界したけれど、跡を継ぐ幹部たちがいるから組織は変わりなく存続している。今もラビアの裏社会を支配していた。

「ラビアではとても根深い問題のようで、撲滅したくてもなかなかできないと聞き及んでおります。でもあまりにファミリアの勢力が増していけば治安は悪化する一方ですし、大公家の存続にも関わります。ただの犯罪者集団と軽視できる相手ではなくなっている……下手《へた》をすると国家乗っ取りにまで発展しかねませんから、思いきった手を打たなければとお考えになったのでしょうね」

有力者と結託しているなら国政にも影響を与えているだろう。お友達どころか、ファミリアの人間が直接中枢《ちゅうすう》に入り込んでいる可能性もあった。

リベルト公子はそれこそを排除したいのだ。

「ラグランジュにも情報は伝わっているはずという話でしたが……本日の議案に関係なくもない、ということは、ラビアから伝達が？」

「ああ。ファミリアの反発が強まるだろうと注意喚起があった。ちなみにその情報は誰から聞いたのだ？」

「女神様からです」

「……あそこか」

微妙な顔で殿下は納得される。もしかしてけっこう秘密の話だったのかな？　オルガさんはそうでもない言い方をしていたけれど……さすがトゥラントゥールの情報力。

でも、とわたしは首をひねった。

「なぜこのタイミングなのでしょう。ファミリアを刺激して危険が増している最中に大公家の婚礼なんていう大きな式典があれば、かなりの高確率で狙《ねら》われそうですが」

状況が見えてくると同時に浮かんだ疑問を口にすれば、妙な沈黙が落ちる。答えを聞く前に、わたしはいやな可能性に思い当たってしまった。

「まさかリベルト殿下の狙いは、そこなのでしょうか」

「……アンリを囮《おとり》にする気は、さすがにないと思いたいがな」

殿下は否定なさらなかった。

わざと刺激して自分を狙わせようと？　でもそんなの……その場で犯人を取り押さえたって、実行役の下《した》っ端《ぱ》がつかまるだけで黒幕には届かないのに。

それ以上の計画があるということだろうか。かなりの大ごとになりそうだと、オルガさんは言っていた。もしかして、ラビア中がひっくり返りそうな騒動になるのだろうか。

わたしの顔色を読んで殿下が釘《くぎ》を刺す。

「絶対にここだけの話だぞ。もしこの計画が失敗すれば、アンリはいきなり未亡人だからな」

「そんな危険な計画、お止めしなくてよいのですか」

「マリエル」

シメオン様がわたしを制する。たしなめてくるまなざしに、わたしは渋々口を閉じた。でも……アンリエット様のことを考えると、とても賛成する気にはなれない。

ずっとずっと嫁ぐ日を楽しみにしていらしたのよ。同じ日々をすごしたわたしには、どれだけ待ち焦がれていたのかよくわかる。うっとり眺めてすごした花嫁衣装をいよいよ身につけて、恋する人と誓いを交わす。その幸せの絶頂から絶望に叩《たた》き落とされたら、アンリエット様はどうなるの。

それどころか……万一、彼女まで巻き込まれたら。

「そんな顔をするな」

殿下が優しい声でわたしをなだめた。

「あの策略家がそう簡単にやられるものか。動くからには勝てるだけの材料を揃えている。こちらも傍観だけしているつもりはない。心配いらぬから、アンリにも言ってくれるなよ」

「お伝えしないのですか」

「リベルト殿と打ち合わせて、必要なことは伝える。とにかく、この話はまだ極秘だ。よいな？」

「……はい」

シメオン様の手がわたしの背中をなでる。会議でその打ち合わせとやらをしたのかな。ラビアとラグランジュとの間で計画が立てられている。リベルト公子のしたたかさと、殿下や国王様の采配を信じるしかない。きっと大丈夫よね……うん、いちかばちかに賭ける方たちではないものね。ちゃんと勝算があるのだわ。

「さし出口《でぐち》にございました。申し訳ございません」

「よい。まあそんな事情でな、ファミリアに関する情報はできるだけ集めておきたいのだ。ダミアンとやらが持ち出した名簿も確実に回収したい。すまぬが、もう少し考えてくれぬか。そなたが巻き込まれるきっかけとなったブローチ……もとは耳飾りか？　それが鍵になっているという可能性はないか」

殿下に問われてわたしは考え込んだ。遺産相続のために必要なのではなく、裏名簿を取り出すための鍵だった？　そんな可能性はあるかしら……。

小説に登場させるためじっくり観察したから、デザインや構造は覚えている。どう考えてもただのピンブローチだ。鍵になりそうな形ではなかった。

鍵というのが言葉どおりの意味ではなく、交換条件みたいなものだったとしたら？

ダミアンさんが話した、遺産相続の条件というのが嘘《うそ》で、受け取るものは名簿だった？　だとしたら隠したのではなく、誰かにあずけているわけよね。誰に？

うーん……。

わたしは今現在わかっていること、推測できることを全部、シメオン様たちに話した。その上で、ブローチが関係しているのか考えてもらう。

「聞くかぎりでは、あまり関係なさそうですな」

あごに手を当ててポワソン団長が言う。

「亡きデルマー夫人が管財人に託した財産というものが本当にあるのか、確認すべきですが」

「そちらは私がやりましょう。デルマー家に関してはすでに調べさせておりますので、すぐにわかると思います」

シメオン様が引き受ける。殿下もうなずかれた。

「あのピエロンという記者が、知っていて隠しているわけではなさそうだしな。少なくとも名簿に関しては、あの男に隠す理由はなかろう」

「ええ。彼にとっていちばん重要なのは、おそらく名簿でも遺産でもありません。知っていたら素直に話すと思いますわ」

ダミアンさんが持ち出した裏名簿とデルマー家の遺産は、切り離して考えるべきかもしれない。またまたその二つをダミアンさんという存在がつないでいるだけで、彼がわたしに接触してきたのは聞いていたとおり遺産相続のためなのだろう。

疑問は残るけれどね。エリックになりすますことに成功し、今現在生活に困っていたわけではないのだから、危険を冒して街へ出てこなくてもよかったのに。身を隠す方を優先して、遺産については別の方法を考えればよかったのに。

どうして彼は、追われていると知りながらみすみす外へ出てきたのだろう。

――と、気にしだしたらきりがない。この場でわかることにはかぎりがあるので、いったんお開きにしようとなった。明日デルマー邸を調べに行き、その結果でまた相談だ。

殿下は本宮へ戻っていかれ、わたしもようやく家へ帰れることになった。迎えの馬車が来ているらしい。シメオン様につき添われてわたしは駐車場へ向かった。

「長い一日でしたわ……」

外へ出れば、空に星がまたたいている。昼はあんなに暖かかったのに風がひんやり冷たかった。

「もうくたくたです。早く寝たい……」

「落ちたとか打ったとか言っていましたが、けがは大丈夫なのですか」

「普通にしていたら痛まない程度ですわ」

着替えた時に確認したら、予想どおり青黒い痣がいくつもできていた。淑女がなにをしているのって、またお義母《かあ》様に叱《しか》られそう。

シメオン様の腕がわたしの腰を抱き寄せる。

「しばらく家でゆっくり養生していなさい。……本当に、無事でよかった。顔を見るまでは心配でなりませんでしたよ」

わたしの髪に頬《はお》を寄せられる。

「ごめんなさい……」

「あなたが連れ去られたらしいと連絡がきて、会議を抜けさせてもらおうと思っていたところさらにあなたからの手紙が届いて。立て続けで驚くやら安心してよいのやら、いきなり嵐の中に放り込まれて、あちこちに吹き飛ばされた気分でした」

「毎度本当にごめんなさい」

うう、ひたすら謝るしかできない。そうでしょうとも、心配させたわよね。きっとジョアンナたちも同じだわ。全方位にごめんなさい。

って、わたしのせいなのかしら……。

「今回に関しては、あなたも不可抗力で巻き込まれただけだとわかっています。むしろ私の読みが甘かったのかもしれない」

「それは街でも言ったではありませんか。こんなことになるとは予想できなかったと――つまり、わたしたち二人とも、自己嫌悪《けんお》に陥《おちい》る必要はありませんよね？」

「……かもしれません」

顔を見合わせて苦笑する。っん、わたしたちはただの被害者だわ。今こうしていられることを喜んでおけばいい。

「若奥様！　ご無事でなによりです！」

駐車場に着けば馭者《ぎょしゃ》がやきもきして待っていた。わたしの姿を確認して泣きださんばかりに喜んでくれる。

「ジョゼフ、あなたが来てくれたの。疲れているでしょうにごめんなさい」

「とんでもないですよ。俺がお供してたのになにもできず、すみませんでした」

「そんな、あなたはなにも悪くないわ。離れて待機してもらっていたのだから、しかたないでしょう」

「でもずっとどうしよう、どうしようって思ってて……ご無事だったって聞いて、本当にほっとしました」

ああ、ここにも自分を責めている人が。きっと帰ったらジョアンナとも同じようなやりとりをするのだろうな。わたしだって被害者だけど、でもみんなに心配と迷惑をかけたのは本当に申し訳なかった。

シメオン様と二人でジョゼフをなだめ、とにもかくにも帰ろうとわたしは馬車に乗り込んだ。

「シメオン様はまだお帰りにならないのですか？」

手ぶらで送ってくださったところをみると、シメオン様はこのまま帰るつもりではないらしい。さみしいし心細いなと思ってお願いしてみれば、迷うようすを見せられた。

「……そうですね、一人で帰すのは心配ですが、このままというわけには。片づけをして鞄《かばん》と馬を取ってこなければなりません。少し待たせますが大丈夫ですか？」

「待ちますよ。あわてなくてよいので、行ってきてくださいな」

「わかりました、すぐに戻ります。ジョゼフ、すまないがもう少し待っていてくれ」

「はい」

シメオン様が走って引き返していかれるのを見送って、馬車の扉を閉じる。誰にも見られていないのをいいことに、わたしは座席にごろりと横になった。

あー、本当に疲れたぁ……。

ようやく気を抜けると思ったら疲労感がどっと増す。眠気も急激に襲ってきた。もう起きたくない……そのままうとうとする。

明日、わたしもデルマー男爵邸に行きたいけど、朝起きられるかな。シメオン様にお願いしても寝坊している間に置いていかれそうだから、絶対に起こしてねとジョアンナに頼んでおこう……。

名簿……見つかるかな。どこに隠したのだろう。あと男爵家の人たちは、事情をどこまで知っているのかな……。

ダミアンさんのこともね……心配してもどうしようもないけど、気にはなっちゃうわよね……。

だんだん思考がぼやけていき、うたた寝が本格的な眠りに入っていく。シメオン様が戻ってきたのだろう、馬車が動きだしたことには気づいたけれど、そのままわたしは目を開けなかった。家に着いたら、きっとシメオン様が運んでくださるわ。甘えちゃおう……だってもう疲れたもの……。

揺れはかえって眠りを深くする。なんだかずいぶん速度を出しているようだけど、眠気の方が勝って目を開けられなかった。わたしはそのまま、馬車が停《と》まるまで気持ちよく眠り続けた。

そして肩を揺する手にふと意識が戻る。静かだ。振動が止まっていた。少しだけぼうっとして、着いたのだと理解する。わたしはあくびをして眠気を振り払い、なんとか身を起こした。

いつもなら抱き上げて運んでくださるのにぃ……どうして起こすのぉ。

むくれながら座席を離れ、外へ向かう。降りようと出口に手をかけたところで、わたしはぎくりと動きを止めた。

すぐ目の前に立っているのは、シメオン様でもジョゼフでもなかった。

三十歳前後の鋭い目つきをした顔には、どことなく見覚えがある。多分……劇場前の広場で襲いかかってきた、ファミリアの一員だ。

「さっさと降りてくれませんかね。こっちも無駄な手間はかけたくないんだ、自分で降りろよ」

脅す響きを含んだ口調が、わたしの予想を確信に変えた。

背中を冷たいものが走った。残っていた眠気が一気に吹き飛んでいく。

どういうこと？　なにが起きてこうなっているの。

男の背後に見えているのはフロベール邸の玄関ではなかった。立派な造りだけど、フロベール邸よりはこぢんまりとしている。よく見れば知っている建物だった。どうしてここに？　いえ、それよりもシメオン様はどこ？　ジョゼフは？

他に人の姿は見えない。でも気配は近くにたくさんあった。当然だ、ここはサン＝テール市でいちばん規模の大きな繁華街だもの。

また街なかに戻ってきちゃった……。

「早くしろ！」

降りたくないけれど、従わなければ無理やり引きずり下ろされそうだ。わたしは意を決して踏み出した。スカートを踏まないよう持って、小さなステップに足を乗せる。外の男は手も貸してくれない。ずいぶん紳士的ですこと。さわられたくないからけっこうですけど！

踏みはずさないよう慎重に降り立って、わたしは周囲を見回した。夜なのに明るかった。たくさん配置されたランタンの明かりが水に反射して、幻想的な風景を作り出している。

四基の小さな噴水が立てる水音にまじって、かすかに音楽も聞こえていた。ショーホールの音が漏れているようだ。

　ゆっくり見ている暇は与えられなかった。わたしを押すようにして男が入り口へ向かわせる。扉の前に立っていた人が、うやうやしく礼をして開いた。

「入れ」

　入ったところはホールになっていて、花を生けた大きな花瓶と赤い絨毯《じゅうたん》が目に飛び込んでくる。中でも人が控えていて、またうやうやしく礼をしてわたしたちを迎えた。執事のような姿をした、上品な人物だ。

　……知り合いなんですけど。

　いつもは裏口から入ってくるわたしが正面から現れたことに、驚くようすも見せなかった。完璧にお仕事の顔で「いらっしゃいませ」と言われる。わたしも黙って彼の前を通りすぎた。

　なにがあっても騒ぎ立てず、そ知らぬ顔で対応するのがこの店の流儀だ。

　……それだけよね？　わたしだと気づかれていないからではないわよね？　さすがにもう覚えられているはず……多分。

　ちょっぴり自信が持てなかったけれど、たしかめるわけにもいかない。わたしはそのまま進み、二つ並んだ扉の右側へ入らされた。

　この流れ、いつぞやを思い出すわぁ。あの時一緒に来たのはセヴラン殿下だった。中で待っていたのは外国の大使だった。今夜はなにに出迎えられるのやら。

　階段を上がり二階の個室へ連れていかれる。男の足どりに迷いはない。もう場所は確認しているのだろう、まっすぐ進んで目当ての部屋まで来ると扉を叩いた。

中から応える声がする。この声にも聞き覚えがあった。

わたしを連れてきた男が扉を開き、中へ入れとあごをしゃくってうながす。横柄なしぐさにちょっぴり気分を害し、ツンと顔を上げてわたしは踏み込んだ。

中がどんなようすか、知っているので驚かない。最高級の調度が揃い、珍しい異国の置物なども飾られている。

香水とは別種の不思議な香りは、これまた異国から取り寄せた香木《こうぼく》で。

床には毛足の長い絨毯が敷かれ、豪華なシャンデリアの下には、ゆったりと座れる長椅子《ながいす》が。

――そして、そこに。

「いらっしゃーい」

かたわらに妓女《ぎじょ》を侍《はべ》らせながらわたしを待っていたのは、やはりと言おうか、あの黒髪の男だった。

10

いったいどうやって王宮からわたしをかどわかしたのだろう。

頭の中は疑問でいっぱいだった。一時的にシメオン様が離れていたとはいえジョゼフが馬車を守っていたし、外へ出るには衛兵の守る門を通過しなければならない。いや出るより入る方が難しい。身元と目的を告げて許可を得なければ門は開かれない。なんといっても王宮だ、簡単に入れるはずがないのに。

まさか、ヴァンヴェール宮殿にもファミリアの内通者がいるの？　それが手引きして？　なんということ。

危険な犯罪組織だという認識はもちろん持っていたが、まだまだ甘かったのだと思い知らされた。ラグランジュの王宮にまで入り込んでいるなんて、どれだけ勢力を伸ばしているのだろう。

悠然と脚を組んで座る男の前に、わたしは緊張して立ち尽くす。しなだれかかる妓女《ぎじょ》の腰を抱いて、ふんぞり返っているのがよくお似合いですこと。危険な雰囲気を漂わせる男くさい美貌《びぼう》の主と、高級娼館《しょうかん》トゥラントゥールは、じつにぴったりな組み合わせだった。

……くっ、こんな状況なのに創作のネタが浮かんでしまう自分がどうしようもない。この場面、絶対映《は》えるわと思ってしまった。それどころではないのに！

「お疲れのところすみませんねえ。まあどうぞ座って、落ち着いて話しましょ」

男はわたしに空いている椅子《いす》を示した。

「あー、心配しないで、あんたに危害をくわえる気はないからさ。本当に話がしたいだけだ。そのつもりでトゥラントゥール《ここ》を選んだんだぜ。客の秘密は死んでも漏らさないが、店の中で事件が起きるなんざ絶対に許さない――ようするに、客が安心して遊べる店ってのを売りにしてるわけだろ？　ごつい用心棒もいっぱい雇ってるもんな。ここなら安心して話してもらえると思ってわざわざ部屋を取ったんだ。だから気楽にしてよ」

な？　と笑いながら彼はかたわらの妓女を見る。婉然《えんぜん》たる微笑《ほほえ》みで返した妓女は立ち上がり、わたしに椅子をすすめた。

全然関係ない人みたいな顔してるけど……信じていいんですよね？　オルガさあぁん！

まさかわたしの友人だと承知の上で彼女を指名したのだろうか。偶然だと思いたいけれど、最高位の花を予約もなしに指名できるものかしら。もう、どこまでがファミリアの力なのかと怖くなる。

わたしはそっと椅子に腰を下ろした。わたしを連れてきた男は扉まで下がり、そこを守るように待機する。離れぎわ、オルガさんの手がさりげなくわたしの肩をなでていった。大丈夫と言われている気がして、少しだけ勇気づけられた。

たしかに、ここでなにかあったら店が通報してくれるものね。オルガさんだってわたしを見捨てたりしない。そんな人だとは思わない。

わたしはひそかに深呼吸し、目の前の男をにらんだ。

「うちの馭者《ぎょしゃ》はどうしたの？　彼は無事？」

「ああ、大丈夫大丈夫、ピンピンしてるよ。ま、今はちょっと眠ってもらってるけど。目が覚めたらとびきりの贅沢《ぜいたく》でもてなしてやるさ」

男の口調は軽い。どこまで信用できるかわからないが、少なくとも最悪の事態にはなっていないらしい。それだけでもほっとできた。

「ダミアンさんは？」

「あいつのことも心配してやるの？　やっさしーなあ」

衝立《ついたて》の向こうに入っていたオルガさんがお盆を持って戻ってくる。細いボトルと水差し《カラフェ》、それにグラスが二つ載っていた。

わたしたちの前でオルガさんはボトルを傾け、二つのグラスに中身を注ぐ。無色透明で炭酸の泡もない。お酒なのだろうけど、リインでもシャンパンでもないようだ。

グラスには贅沢なことに氷が入っていた。それが半分ひたるくらいまでお酒を入れると、今度は水差しを傾ける。最後にあらかじめ切ってあった柑橘《ライム》を搾《しぼ》り入れ、軽くまぜてさし出した。

見るからに爽《さわ》やかそうなお酒だな……美味《おい》しいのかな。

自分の前に置かれたグラスを取り上げて男は言った。

「やつはちょっとぐったりしてるかな。別に拷問《ごうもん》とかしてないぜ？　あいつが勝手に窓から飛び下りて、逃げる最中にも馬車にはねられたらしくてな。拷問したくてもできないくらい、自分でけがしやがったのさ」

「……意識はあるの？」

それだよな、と男はわざとらしいため息をついた。

「時々目を覚ますけど、話ができる状態じゃない。下手な真似《へたまね》すりゃそのまま死んじまいそうだから、こっちも手が出せなくて困ってんだ。そんであんたにお願いすることにした」

「お願いって……」

わたしの前にもグラスが置かれた。ワイングラスのような丸みや脚がなく、いくつものカット面を見せるデザインだ。

男がグラスに口をつける。一気飲みの勢いではなく、普通に一口飲んだだけだ。なのになぜか一瞬動きを止め、それ以上飲まずにグラスを下ろした。

ちらりと横目で見られたオルガさんは変わらない笑顔だ。

「わたしになにを頼むというの。答えられる情報なんて持っていないわよ」

なんだろう、おかしなものでも入っているのかな。どちらにせよ今お酒なんて飲んでいられない。

わたしは手を出さなかった。

「そうだなあ、そのようすじゃやっぱりあんたが名簿をあずかってるわけじゃなさそうだ」

「名簿……」

「心当たりはあるんだ？」

思わずつぶやいたのを聞きとがめられ、わたしは急いで否定した。

「いいえ。おっしゃるとおり、持っていないし知らないわ。ただダミアンさんがそういうものを持ち出したという話は聞いていています。教えてくれた人も隠し場所は知らなかったけど」

そっか、と男は軽く息をついた。

「いや本当ごめんなー？　なにも知らない一般人に迷惑かけるつもりなかったんだけどな、あいつが妙なことするせいでさ」

「………………」

「あ、これ返すよ。あいつとなんか取り引きしてるみたいだったから、名簿の手がかりでも入ってんのかと思ったんだ。悪かったな」

思い出したように言ってかたわらから取り上げたのは、持ち去られたわたしの手提げだった。男はそれを無造作にさし出す。わたしはおっかなびっくり受け取って中をたしかめた。

財布もブローチのケースもなくなっていない。ケースの中身も無事だ。

ほっとして男に目を戻す。

「あんまり時間がないんで、さっさと本題に入らせてもらうな。ぐずぐずしてたらあんたの旦那《だんな》が乗り込んでくるからさ。あの男のことだから、わずかな手がかりを追いかけて確実にここへたどり着くだろう。早いとこ逃げなきゃやばいんで、ずばりお願いだ。俺たちのかわりに名簿を見つけてきてくれ」

わたしはとっさに答えられなかった。驚いたからでも怯《おび》えているからでもない、呆《あき》れたせいで。なにを言いだすのかと半眼になってしまった。

「かわりにって……」

「だーって、俺たちが男爵邸に行ってさがすのは難しいし」

やはりもうデルマー家のことは知られているらしい。これは脅迫だろうかと手提げを持つ手に力が入る。

「どこにあるのかわかってりゃ、忍び込んでサッと取ってこられるんだけどな。隠してあるのをさがすなんて時間のかかることやってらんねえよ」

それはそう。あきらかに家の人間ではない男たちがあちこち調べていたら、ご近所の目についてしまう。貴族や富裕層は強盗に狙《ねら》われることが多いので、一般庶民以上に警戒心が強い。使用人の姿が見えず部外者がうろついているのを目撃したら、すぐに通報するだろう。

「どうせあんたらもさがしに行くんだろ？　だから、名簿を見つけたらうちに返却してほしいのよ」

「そんなお願いを聞けるとでも？」

「聞いてくれないと困るんだなー」

警戒するわたしをせせら笑うように、男は軽薄な調子で言う。

「だってもともと俺らのものだぜ？　返してくれって言うのそんなにおかしい？　あんたらは盗品を横取りする気かよ」

うっ、そう言われるとたしかに……。

思わず納得しそうになったが、いやいやいやと首を振った。理屈としては正しくても、聞けることと聞けないことがある。そもそもわたしに交渉する権限なんてない。

なんの約束もできる立場ではないと言おうとしたら、先に男が言った。

「名簿が見つかるまで、あんたんとこの馭者は俺らであずかってやるからさ。いい部屋でちゃーんと飯《めし》も食わせてやって、なんなら女もつけてやるぜ？　丁重にもてなしてやるから安心しな」

「………………」

「名簿と交換で返してやるよ。どーお？　すっげー人道的な提案だろぉ？」

……ああ、やはりファミリアだ。

悪事をなんとも思わず、当たり前の話のように口にする。親しみすら感じさせる顔で人の身を盾《たて》に脅してくる。きっと、命を奪うことにすらためらいはないのだろう。

「ちゃんと旦那にも伝えといてな？　名簿が見つかったら新聞の広告欄で知らせてよ。ラ・モームでいいかな」

いったいどこまで知られているのか。もういっそ開き直る気分になってきた。

「そういうことならダミアンさんも返してほしいわ」

「なんで？」

青い瞳《ひとみ》が丸くなる。

「あいつのことなんて、あんたらには関係ないだろ。助ける必要あんの？」

「聞きたいことがあるの。それにわたしと個人的に交わした約束をはたしてもらわなきゃいけないわ。このままいなくなられては困るのよ」

薄い鬚《ひげ》のあるあごをさすり、男は考える。少し呆れた顔になって言った。

「本当、お人好《ひとよ》しだねえ。わざわざ助けてやるような価値もないのに、ちょっとでも関わった相手を見捨てることができないんだ。そういうとこ好きだけど、妬《や》けるな。旦那さんも気の毒に」

「そういう話ではないわよ！」

「まっ、いいや。俺たちは名簿さえ取り戻せたらいいんで、その条件も呑《の》んでやるよ」

意外にすんなり了承して立ち上がる。わたしの前まで歩いてくると、ぐっと上体をかがめて顔を寄せてきた。

「あんまり妙なこと考えんなよ？　俺、あんたはなんの関係もないカタギの人間だってわかってるから、名簿さえ返してくれりゃなにもする気はないんだ。善良な一般市民の皆さんがいてこそ、ファミリアも儲《もう》けられるんだしな。だから、わざわざ自分から泥沼に踏み込んでこないで、あんたに似合いのきれいな花畑で平和に暮らしてなよ」

言葉だけを聞いていればずいぶんな皮肉である。でも不思議と、青い瞳に不快感は抱かなかった。わたしを映す瞳には、状況にそぐわない明るさがある。楽しげで、少しいたずらっぽくて、もっと違う出会い方をしていれば友人になれていたのでは、なんて思ってしまうくらいだった。

もちろん、そんなことありえないとわかっている。彼は危険な犯罪組織の人間だ。どんなに親しげでも、これはわたしへの脅迫じみた釘《くぎ》刺しだ。

「ご忠告どうも。言われなくても、わたしはなにもできないただの女だわ」

「ただの……ねえ」

意味ありげな笑みを見せながら男は姿勢を戻す。そのまま横を通り抜けて扉へ向かう背中に、わたしは問いかけた。

「知らせろというなら名前を教えてよ。あなたをなんと呼べばよいの？」

「なんか適当に、夢のある呼び方でも考えてよ。一夜を共にすごした情熱的なあなた、とか」

「全然事実と違うから誰《だれ》のことかわからないじゃない。なら、ラグランジュ語がお上手なラビアのお方とか？」

「それも該当者が多すぎてわかんないと思うなー」

「そうよね、だから名前を教えてちょうだい」

扉に手をかけたところで男は振り返る。

「こだわるねえ。そんなに知りたいんだ？　もてる男はつらいね」

「そうね、素敵な人だと思うわよ。お顔だけは」

「他も素敵だよ。今度じっくり教えてあげようか」

「喜んで。ぜひ、軍の取調室でお願いするわ」

根負けしたのか、呆れたのか。ひょいと肩をすくめて男は名乗った。

「ヴァレリアーノだよ。Vだけでもいい」

連れの男とともに、さっさと外へ踏み出していく。姿が見えなくなる前にわたしは急いで言った。

「約束どおりジョゼフにひどいことしないでよ！　彼こそなにも知らない無関係な人なんだから！」

これにはもう返事がなかった。最後にちらりとこちらを見た目が笑っていて、それで終わりだ。わたしはオルガさんと二人、部屋に残された。

緊張が解けて深く息を吐く。喉がカラカラに渇いていた。目の前に置かれたまま、表面に水滴をつけているグラスに誘惑される。

「飲んでも大丈夫よ、薬とか入ってないから。本当にただのお酒よ」

じっと見ているわたしにオルガさんが言った。わたしは冷えたグラスを取り上げ、おそるおそる口をつけた。

……特に、これといって味もくせもないような？　柑橘の香りとほのかな甘酸っぱさだけを感じる。ただの水ではと思いそうだけれど、飲んだ直後喉の奥が熱くなる感覚はたしかにお酒だった。

「わりと強いお酒ですね」

「わりと、っていうか、かなりかしら」

「そうですね、薄めてこれでは……」

「あ、薄めてないの。水差しに入ってるのも同じお酒よ」

「え？」

白く美しい指先が水差しをはじく。

「氷が解けた分だけは薄まってるかしら？　でもほとんど原液のままね」

「なぜそんな……」

しっとりとした色気をしたたらせる美貌が、うふふといたずらげに笑った。

「見栄《みえ》を張って飲み干すかと思ったんだけどねえ。軽薄そうに見えても中身は用心深かったわね」

「…………」

め、女神様――!!

いつにも増して神々しい美貌を拝みたくなった。いえ拝みます。膝《ひざ》もついちゃいます。知らん顔しながらも、わたしを助けようと考えてくださったのね。ありがとうございます!

「そんなことしなくていいから」

椅子から下りてひざまずくわたしを、オルガさんは笑いながら立たせた。

「トゥラントゥールは、彼らの支配を受けてはいないということですか?」

「どこからも支配されないわよ。税金だけは納めるけど。トゥラントゥールの誇りはそんなちゃちなものではないの」

ああん素敵、かっこいい! たおやかな花なのに、とてもしたたかにたくましくもある。

「ちゃんとお代を払って礼儀を守ってくれるなら、誰であれお客としてもてなすわ。うちを密談の場所に使うのも全然かまわない。聞いた秘密はけして漏らさない。トゥラントゥールの掟《おきて》は絶対だけど、だからって人の情を捨てているわけではないのよ。友人が大変なことに巻き込まれているらしいって知れば、手助けくらい考えるわよ」

「ありがとうございます……!」

感激するわたしに、まあでも、と彼女は調子を変えた。

「結局なんの役にも立てなかったけどね。女の前でいきがって無理に飲み干すようなやつだったらよかったのに。つぶれるところまでいかなくても、判断力を落とすくらいはしてやれたのにね。残念」

わたしはグラスに目を戻した。椅子に座り直し、もう一度取り上げる。

「……そこまでかしら？　ワインよりは強そうですけど、一杯くらいなら酔うほどでもないのでは」

「アニエスは強いわよね。あんまり自覚ないようだけど、多分ザルよ、あなた」

「ザル？」

「でも調子に乗っちゃだめよ。酔わなくたって飲みすぎは身体《からだ》に悪いから」

「はい……」

冷たさと柑橘の爽やかさが心地よくてもう一口いただいたが、そこでやめてわたしはグラスを下ろした。かわりに本当の水をお願いする。いくら風味が水に近くても、お酒ではうるおった気がしない。今は水がいちばんほしかった。

「それにしてもスカルキファミリアに目をつけられるなんて、いったい今度はどんなことに巻き込まれてるの」

「うーん……」

水で喉を落ち着かせながらわたしはうなる。話せるところだけでも、と思ったけれど、結局全部リベルト公子の計画につながっていそうでうかつなことは言えなかった。

「ごめんなさい、口止めされていまして」

「そう、ならいいわ」

オルガさんはすんなり引き下がる。好奇心でしつこく食い下がってきたりしない。その姿勢を尊敬しつつ、いずれ話せる時がきたらとわたしは約束した。

「申し訳ありませんが、王宮へ使いを頼めませんでしょうか。またわたしがいなくなったとさがしているでしょうから」

「いいけど、行き違いになるんじゃないかしら」

彼女が答えたそばから、廊下の方が騒がしくなる。速い足音が近づいてきたと思ったら、ノックもなしにいきなり扉が開かれた。

「マリエル！」

いちばん聞きたかった声にわたしは椅子から飛び上がった。

「ほら来た」

オルガさんのつぶやきを聞きながらシメオン様へ走る。広い胸に飛び込み、力いっぱい抱きついた。

「シメオン様！」

「無事で――ああ……！」

シメオン様も痛いほどの力で抱きしめてくる。何度もわたしをなで、頬《ほお》をすり寄せて無事を確認していた。

シメオン様を案内してきたらしい店員が扉の向こうで一礼して下がっていく。

「よかった……」

シメオン様の身体がかすかに震えている。どれだけ心配させたのだろうか。もうなにも言えなくなって、わたしまで涙ぐみそうになる。

「思った以上に早かったわね。目撃情報を頼りに追いかけてきたの？　夜なのによくわかったこと」

抱き合うわたしたちの後ろからオルガさんが言う。そのとたん、シメオン様がきっと顔を上げた。

「これはどういうことなのです。トゥラントゥールが誘拐《ゆうかい》に手を貸すなどと」

「正規の料金で部屋を取ってくれたお客をもてなしただけよ。アニエスがうちとなじみなのをなぜか知っていて、あとから来るって言われたけど、わたしたちはなにもしていないわ」

「そのような言い訳で」

「シメオン様、オルガさんは関係ありませんわ。むしろわたしを助けようとしてくださいました」

激昂《げきこう》してオルガさんを責めたてようとするシメオン様を、わたしはあわてて押しとどめる。彼は納得のいかない顔で首を振った。

「はじめから共謀していたとしか思えません。手紙からはこの店でしか使われていない香木の匂いがしました」

「え、手紙?」

話についていけず、つい説明を求めてオルガさんを振り返る。彼女もよくわからないという顔で首をかしげていた。

「なんですか、手紙って」

「……支度をして戻ってみれば馬車がなくなっていて、門衛に聞けば少し前に出ていったと。それで急いで家に帰りましたが、案の定あなたは戻っていなかった。ジョゼフも馬車も、まるごと行方《ゆくえ》不明です。それで捜索の手配をするためもう一度出ようとしたら、門にこれが挟み込んであったのです」

わたしを放し、シメオン様はポケットに手を入れる。通常のものより小さい封筒を渡されて、中身を出してみれば手紙というかメッセージカードだった。

『しばし奥方をお借りする。ゆっくり迎えに来られたし』

書かれていたのはこれだけだ。署名もないし、手がかりになりそうな模様や封蝋《ふうろう》もなかった。

どうしてこれだけでトゥラントゥールだってわかったの？　匂いって……。

カードに鼻を寄せて匂いをかいでみる。そうやってはじめてわかるほどの、ごくかすかな香りを感じた。

オルガさんに見せれば、彼女も同じように香りをたしかめてうなずく。

「たしかにうちで使っている香と同じだけど、誓って関与していないわよ。あと稀少《きしょう》で高価だから入手が難しいというだけで、別にうちだけのものではないから」

きっぱりと否定されて、シメオン様も困惑顔になる。わたしは馬車に乗ってすぐ眠り込んでしまったことを話し、どういう状況だったのか詳しい説明を頼んだ。

「門衛の話では、近衛が一人護衛についていたそうです。それでなにも気にせず通してしまったと」

「その近衛《このえ》って、どなたです？」

「わかりません。暗かったのでよく見えなかったと言っていますが、きちんと確認していなかったのでしょう。出ていく方だからと警戒せず、制服だけで判断したようです」

「……偽者ですよね？」

「そうであってほしいものですが」

シメオン様は断定しなかった。内通者の可能性も否定しきれないと素直に認めていた。

偽者であってほしいけど……よりにもよって国王様の身辺を守る近衛騎士団にまでファミリアの手が伸びているとしたら、わたしの誘拐どころの騒ぎではない。とんでもない事態だ。

この件は上に報告して、内部調査を徹底するとシメオン様はおっしゃった。多分近衛騎士だけでなく、王宮内の全職員が調査対象になるだろう。ものすごい大仕事になりそうだ。

スカルキファミリアはこれほどの問題なのだと思い知らされる。真っ向から戦おうとしているリベルト公子、そして巻き込まれるアンリエット様が心配だった。

――なんにせよ、これで手口が判明した。犯人はいかにもシメオン様の使いといった顔でやってきて、用事が片付かないので先に帰ってほしいとかなんとか言ったのだろう。そうして王宮を出てからジョゼフを脅すなり拘束するなりして馬車を強奪したのだ。仲間が外で待ち伏せしていたのかもしれない。

「つまり、警備兵の失態ってことよねえ？　内通者がいてもまずいし、偽者なら侵入を許しちゃったわけでしょ？　こちらにくってかかる前に、自分たちのお粗末な仕事ぶりを省みるべきじゃないかしら？」

にこにこと優しい口調のまま、オルガさんはとてつもなくきつい言葉を放った。言い返せずぐっと詰まるシメオン様に背を向けて、椅子へと戻っていく。

「……本当に、関与はないと言うのですか」

「言葉で否定するしかできないから、疑いをかけられたらどうしようもないわね。トゥラントゥールの誇りだ掟だって言ってもお上《かみ》は取り合ってくれないでしょうし、困っちゃうわねえ」

全然困っていない調子でまだまだ嫌味を放つ。

「うちも取り調べを受けちゃうのかしら？　たぁいへん、お忙しいのにご苦労様」

「…………」

そんな無駄なことに費やす時間はないだろう、という皮肉にますますシメオン様のお顔がこわばる。

わたしはなんとか取りなそうと口を開いた。

「あ、あの……」

「わたしのせいですよね！　わたしが心配かけちゃったから——昼にもあんなことがあったのに、立て続けでこれだからシメオン様だって追い詰められて神経尖《とが》りますよね！　本当にごめんなさい、ご迷惑おかけしました。オルガさんも、悪いのはわたしなのでどうか許してくださいませ」

二人それぞれに頭を下げて謝る。シメオン様がこうなるのは当然だ。保護できたと思ったそばからまた行方不明になって、どれだけ気を揉《も》ませたことか。さんざん振り回された彼が疑《うたぐ》り深くなってしまうのは無理もなかった。

「アニエスはなにも悪くないじゃない。自分で飛び出してきたわけじゃないんだから」

「でも、心配させましたから。本当にいつもごめんなさい」

「……いいえ」

シメオン様は息を吐き、力なく首を振った。

「あなたはただの被害者です……失礼しました。気が立って、言葉がすぎました。謝罪します」

彼らしい潔さでオルガさんにも謝罪する。わたしはシメオン様の背中をなで、ここまで駆けつけて疲れているだろうことに気づいてテーブルに引き返した。

「一息入れて、これからのことを考えましょう。わたしはこのとおり無事ですが、ジョゼフがどこかで監禁されているのです。彼を助けなければ」

「ジョゼフが？」

グラスに水を注いでシメオン様に渡す。やはり喉が渇いていたらしく、シメオン様はすぐに口をつけて一気に傾け――咳《せ》き込《こ》んだ。

「えっ⁉」

「……っ、こっ、これ……はっ……」

「え、え、え？　どうし……はっ、まさか⁉」

激しくむせるシメオン様の手からグラスを取り、残っている中身を飲んでみれば、やはり水ではなくお酒だった。

しまったあぁ――！　間違えちゃった！

「あらあら」

オルガさんだけが泰然と笑っている。もしや、わたしが間違えたことに気づいて黙っていましたか？

「シメオン様は謝ったではありませんか！　教えてくださいよ！」

「やだ、意地悪で言わなかったんじゃないわよ。あなたの言うとおりだいぶ神経が尖ってるみたいだから、ちょっと落ち着いた方がいいんじゃないかと思ったの」

「だめなんです、シメオン様にお酒はだめなんです」

「身体に合わないの？　医者を呼ばなきゃいけないかしら？」

「いえその……お医者様は必要ありませんが……」

まだむせているシメオン様をちらりと見、わたしは素早く判断する。謝りながらオルガさんに部屋を出てもらい、くれぐれも誰も近寄らせないようお願いした。

その上で扉に鍵をかける。これでどうにか、旦那様の尊厳は守れるかしら。

「マリエル……」

「はいっ」

切なげな声に呼ばれて身をひるがえす。シメオン様のもとへ急いで戻れば、また強い力で抱きしめられた。

「マリエル……マリエル……マリエル……」

「はい、います。ここにいます。大丈夫です」

「マリエル……」

甘える子供のように、彼は何度もわたしの名を呼びながら頬をすり寄せる。

「いなくならないで……あなたがいないと、私は生きていけない……」

「ここにいますよ。もうどこにも行きませんから。ずっとシメオン様のおそばにいます」

「見つけたと思ったのに……無事だったと安心したのに……どうしてまたいなくなるのです。もういやだ、どこにも行かないで」

「ごめんなさい、心配させてごめんなさい。本当に本当にごめんなさい」

二人で抱き合ったまま、ずるずるとその場にへたり込む。このあと眠り込んでしまうパターンかしら。床で寝たらいくらシメオン様でも風邪《かぜ》をひいてしまいそうだ。せめて長椅子まで誘導できないものかと目を向けたら、その動きを勘違いしてシメオン様はさらに強く抱きしめてきた。

「だめ、行かないで」

「どこにも行きませんよ。ねえシメオン様、椅子に座りませんか。床は冷たいでしょう」

立たせようとしても、いやいやと首を振って彼は動かない。ああんもう、駄々っ子めー。

どうしよう。そんな場合ではないのに、けっこう困った事態なのに、彼が可愛《かわい》すぎてたまらない。

わたしはシメオン様の頭を胸に抱き込み、さらさらとした金髪をなで続けた。

「私が……私が情けない男だから、あなたを守れなかった。そもそもの元凶を持ち込んだのも私だ。あんなものを買ってこなければ、あなたが危険に巻き込まれることはなかったのに。全部私のせいで……私があなたに災厄を」

「まだ気にしてるぅ。シメオン様は悪くありませんてば。ブローチはとってもわたし好みで、これを選んでくださったのねってうれしかったのですよ。そんなふうに言わないでください」

酔っぱらい相手に説得しても、というところだが、シメオン様は酔いが醒《さ》めてもちゃんと記憶を残している。だからこの言葉も彼の頭に残るはずだと思ってわたしは言った。

「王宮の中で、ジョゼフも一緒にいて、ほんの少し待つくらい別に問題ではなかったはずなんです。

だし抜かれたのは事実ですが、そんなに落ち込まなくてよいと思います。あれは読めませんでしたよ」

「読めなかった私が悪い……」

「そんなこと言うなら、誘拐されていることにも気づかずホケホケ眠り込んでいたわたしはどうなるのですか。言わせないでくださいよ、じつはめちゃくちゃ情けなくて恥ずかしいんですから」

わたしはシメオン様の頭を両手でつかみ、無理やり顔を上げさせた。互いのおでこをコツンとぶつけ合う。眼鏡《めがね》も当たってちょっと痛かった。いいわ、この痛みが彼の意識を引きつけてくれるから。

「しっかりしてください。弱っているあなたも可愛くて萌《も》えますが、今は落ち込んでいる場合ではありませんよ」

手を離さないまま、至近距離で水色の瞳と見つめ合う。二つの眼鏡越しでも想《おも》いは届くはず。まなざしに力を込めて、わたしは言う。

「いろいろ気になることがあるのですが、その前に――床が冷たくてマリエルつらぁい。ちゃんとお布団で寝たいですぅ」

「――はいっ」

とろんとしていた眼《め》がかっと見開かれ、即座にわたしを抱き上げてシメオン様は立ち上がった。寝台はどこだとさがす彼に、あちらですと続き部屋を示す。駆け込む勢いで寝室へ飛び込んだ彼は、部屋の中央にでんと座す広い寝台に優しくわたしを下ろした。

「シメオン様も一緒でないといやです。一人寝なんてさみしいわ。温めて」

「はいっ」

「上着を着たままではぬくもりが伝わりませんわ。脱ぎましょうね」

「はい」

「靴も脱いで、サーベルはそこに置いて、眼鏡もはずしましょうね」

わたしの指示にいちいち素直に従ったシメオン様は、抱き合って横になり、絹の布団にくるまったとたん寝息を立てはじめた。

ふう……間に合った。

われながら慣れてきたわね。自分の手際を誉《ほ》めてあげたい。

すやすや眠る眼鏡のないお顔が少し幼く見えた。わたしはもう一度金色の髪をなでて、秀麗な額に口づけを落とした。

もう今夜はこのまま泊まることになりそうだ。お店に頼んでおくべきだろうか。あと家にも連絡しなければ……と思うけれど、わたしもまぶたが重くてたまらない。なんだかんだで深夜だものね。疲労も眠気も限界だ。馬車の中で寝たくらいでは全然足りなかった。

わたしもシメオン様にすり寄って目を閉じる。どこかで監禁されているジョゼフにごめんなさいと謝りつつ、今は眠りに身をゆだねた。

11

訪れた屋敷は、季節の花に埋めつくされていた。

トゥラントゥールで一夜を明かした翌日のこと、わたしたちは打ち合わせどおりデルマー男爵邸を訪れた。

そこにいたるまでの間に起きたことを、詳しくは語るまい。簡単に言えばいったん帰宅してから各所に連絡を入れて、身支度を整えふたたびでかけたのだ。シメオン様がまた落ち込んだとか、それはわたしのせいだからと謝ったりなだめたり大変だったとか、もうその辺は夫婦の秘密ということで。

さすがのオルガさんが気を回してくださって、家には連絡が行っていた。やきもきさせてやっと帰ってきたと思ったらまた出るなんて言うものだから、お義母《かあ》様をはじめみんなからお小言をちょうだいしてしまった。でも非常事態なのでしかたないの、ごめんなさい。

わたしは家に残るようシメオン様からも言われたけれど、

「世界中のどこにいるより、シメオン様のそばがいちばん安全ですわ」

の一言で勝利した。

かくして、近衛《このえ》騎士五名とピエロン記者も同行して、フロベール邸よりずっと南寄りにあるデルマー邸を訪問したわたしたちである。まもなく到着を告げられて馬車の窓から顔を出したわたしは、思わず感嘆の声を漏らした。

「うわぁ……素敵」

春の明るい空の下、目に飛び込んできたのは花の館だった。

今の時期、どこの庭園にも花が咲いているが、デルマー邸は庭園だけでなく屋敷全体が花盛りだった。

まず目につくのは、屋根にまで届く背の高い木だ。こんもり広げた枝という枝に黄色い花を咲かせている。ラグランジュでは人気の、いたるところで目にするアカシアだ。コロコロふわんと可愛《かわい》らしい、ポンポンのような花を無数につけている。

近づいていけば他にもたくさんの花が見えた。赤紫の優美なモクレン、形よく花びらが重なり合うカメリアは可憐《かれん》なピンク、たおやかに枝を伸ばすコデマリは清純な白、耳飾りのような可愛らしい花を鈴なりにつけているのは、異国の木だろうか。リラはまだつぼみを用意している最中だ。

レンガの塀は人の腰くらいまでしかなくて、その上は柵になっている。門へ向かって通過しながら、あらゆる花木《かぼく》が集められているのを眺めた。柵の間から外へまで張り出していて、通行人の目も楽しませてくれる。

そしてなにより印象的だったのは、建物の壁を半分近く覆うフジだった。

壁を這《は》うつるから青紫の花房《はなぶさ》がたくさんぶら下がっている。まだつぼみのため見栄えは今一つだけれど、開花したらさぞかし見事になるだろう。もう十日ほどあとにぜひまた訪れたかった。

「素敵、きれい、絵本みたい」

どこまで行っても花が咲いている。わたしは来訪の目的も忘れそうになるほど、うっとりと男爵邸の美しさに見入った。

この風景、なにかの形にしてとどめたい。絵とか刺繍《ししゅう》とか……どちらの才能もないのが口惜しいわ。これは文章ではなく、視覚情報で残したいのよ。この色を、空気感を、目で見続けたい。写真では色が残せないし、やはり絵にするしかないのかしら。画家に依頼して描いてもらう？　それならまず住人の許可をいただかないとね。

夢中で眺めるわたしとは反対に、同乗しているピエロン記者は興味ないとばかりに腕組みをして反対側にもたれていた。帽子《キャスケット》を前へ傾けて目元《めもと》を覆い、じっとしている姿は考えごとか、それとも居眠り中か。昨夜あまり眠れなかったのかな？　官舎の客間は落ち着かなかったのかしら。

彼には聞きたいこともあるのだけれど、今は質問も寄せつけない雰囲気だ。わたしは無理に話しかけず、花でいっぱいの風景を楽しむことにした。

事前に王宮から連絡してあるので、門の近くですでに使用人が待機していた。開かれた門から近衛六騎に囲まれて馬車が中へ入る。そこで見えた景色にまたも歓声が漏れた。

外から見てこれなのだから、きっと庭園も花でいっぱいなのだろうとは思っていた。でも想像以上だ。広めの敷地には自然の野山のような、趣向を凝らした庭園が造られていた。

きっちり左右対称に整えられたラグランジュ式庭園ではなく、イーズデイル式の自然風庭園だ。薔《ば》薇《ら》のアーチをくぐって小径《こみち》に入り、大小さまざまな草花の間を通っていくようになっている。ところどころにほっそりと形よい樹木も立っていて、今にも野ウサギが飛び出してきそうな風景だった。

まったく自然の状態と思わせて、じつは巧みに計算して各種の花が配置されている。背の高いものを後ろに、低いところで咲く花は手前に。色の取り合わせもお見事だ。

これ、実家のジェラールお兄様が見たら狂喜するだろうな。お兄様も自然風庭園に魅了されて自宅の庭をせっせと改造中だ。今度連れてきてあげたい。お屋敷の人に頼めるだろうか。

馬車が停《と》まり、扉が開かれる。シメオン様の手を借りて外へ出たわたしは、もう何度目かという驚きに迎えられた。

「うわぁ……えええ、なにこれ素敵、すごぉい、可愛いぃ……！」

どこまでも手を抜かないお家だ。噴水を囲む花壇の周囲に車回しがあり、そこから伸びた短い通路の先に玄関がある。玄関へ上がる三段ほどの階段は花壇に踏み石部分があるような作りで、丈の低い草花が密集し通路の両脇《りょうわき》へと伸びていた。わたしの大好きなスミレもいっぱい！　こんなに群生しているところ、はじめて見た！

「あああ可愛いぃ……いいなぁ、これすごくいいなぁ」

もう完全におとぎ話の世界だ。妖精《ようせい》か、それとも善《よ》き魔女の家か。わたしは夢の世界に入っていく気分で花の階段を上がる。腕を貸して隣を歩くシメオン様は、

「そうか、これは思いつかなかった……こういうものが……」

とつぶやいていた。

別におねだりしているわけではありませんよ？　この趣向をフロベール邸の完成された整形庭園に

は取り込めないと思います。

わたしたちの到着を知って、玄関の扉は先に開かれていた。

「お待ちしておりました」

もう六十は越しているだろうという男性が出迎えてくれる。服装から執事なのは聞かなくてもわかった。後ろには女中たちも控えている。

「デルマー家の執事を務めております、モランと申します」

「シメオン・フロベールです。急な要請で申し訳ありません」

童話めいた美しい花の館に、軍人たちの姿が異質に映る。シメオン様のあとに続いてやってくる大柄な男性たちに、みんな不安そうな顔を見せている。執事はさすがに落ち着いた態度を見せてはいたが、深い青の瞳《ひとみ》には緊張が漂っていた。

「事前にお知らせしたとおり、屋敷の中を捜索させていただきたい。しばらくお騒がせしますが、大丈夫ですか？」

「はい……その、捜索とおっしゃいますのは、どのあたりでしょう。敷地内すべてということでございましょうか」

モラン氏の問いにシメオン様は少し考えて答える。

「まずはエリック殿の部屋を。そこで目的のものが見つからなければ、捜索範囲を広げることになります」

「かしこまりました。それで、そのエリック様は、今……？」

彼らはエリックが偽者だったとまだ知らないのだろうか。わたしはシメオン様の顔を見上げた。シメオン様は小さく首を振って答える。

「部屋に入ってから話します」

「……承知しました。どうぞ、お入りくださいませ。ご案内いたします」

モラン氏は横へ移動して道を空ける。うながされてわたしたちは邸内へ踏み込んだ。

外の凝りように反し、中はいたって普通の屋敷だった。貴族の邸宅として必要な品位と見栄えを保ちつつ、特別贅沢《ぜいたく》な装飾も置物もない。わたしの実家と似たりよったりだ。入ったところがホールで、左右に廊下と部屋がある。一階は広間や応接間などが、住人の私室は二階にというありふれた構造だ。しんと静かで華やいだ雰囲気はなく、一階はあまり使われていないらしいのがなんとなくわかった。

思い返せば、デルマー男爵家で舞踏会やお茶会が開かれるという話を聞いた覚えはなかった。フロベール家はもちろん、クララック家にも招待状は届いていない。こちらから招待することもなかった。家族が次々いなくなり、年老いた夫人と幼い孫だけが残された家だから、派手な宴《うたげ》とは無縁だったのだろう。

そう思うと、夢のような風景だった外の花園も、急にさみしいものに思えてきた。

……そういえば、最後の一人である現男爵はどうしているのだろう。

まだ八歳の子供だから、出てきて挨拶《あいさつ》すべきとは思わない。ただ、今の状況が気になる。

物心もつかないうちに両親を失い、育ててくれたお祖母《ばあ》様も亡くなってしまった。それだけでもさみしいのに、後見人になってくれたはずの伯父までが帰ってこなくなったなんて、とても心細くしているのではないだろうか。

「こちらがエリック様の私室です」

モラン氏は西翼の二階に並ぶ部屋の一つにわたしたちを通した。

落ち着いた色彩の部屋だ。きらびやかな調度品はなく、チェストや書き物机は使い込まれた古さを感じさせる。壁際に寝台があり、扉の正面には大きな窓があって外からの明かりをふんだんに取り込んでいた。

窓硝子《ガラス》の向こうに黄色いものが見える。来る時に見たアカシアだ。ちょうどこの部屋の前にあるので花盛りのようすがよく見えた。

素敵な眺めだな、と思って窓辺へ寄ってみる。枝垂《しだ》れる花の隙間《すきま》にチョロリと動くものが見えた。リスだわ。このお屋敷の庭を仕処《すみか》にしているのね。やっぱり童話の世界みたい。

外の景色に気を取られるわたしとは反対に、シメオン様はさっと室内を見回して尋ねた。

「使っていたのはこの部屋だけですか？」

「日常の業務は東翼の書斎で行われていました」

「両方調べても？」

「もちろんにございます。ただ、なるべく荒らさないようにしていただけますと、ありがたく存じます」

「わかりました。部下たちにも気をつけるよう言っておきます」

むやみに威張らないシメオン様は、使用人からの注文にも不快そうな顔は見せず了承する。軍人が捜索に来ると聞いて怯《おび》えもあったのだろう。威圧的な態度に出る人ではないと知って、モラン氏がほっとしているのがわかった。

シメオン様は部下たちを書斎へ向かわせ、わたしとピエロン記者を伴ってエリックの私室へ入った。いったん扉を閉めさせ、モラン氏だけを室内に残して、彼はまず状況を説明する。

「エリックを名乗ってこの屋敷に入り込んだ人物についてですが、偽者であったことは承知していますか？」

シメオン様に問われたモラン氏は、驚きも見せず目を伏せた。

「……はい」

「他にそのことを知る者は？」

「おりません。亡くなった奥様とわたくしだけが承知していることでした」

「夫人も？」

シメオン様の方が少し意外そうなお顔になる。わたしも驚いた。夫人は彼が偽者だと知っていたの？　なのに息子として受け入れていたというの……？

「長くなりますので簡単に申し上げますが、奥様はすぐに彼がエリック様ではないと見抜かれました。二十年ぶりですからお顔が変わっているのは当然ですが、やはり話をしますと違和感がありまして」

……うん、そうよね。さすがに母親はだませないわよね。

モラン氏も、エリックが子供の頃から成長を見ていたのだろう。そういう人の目はごまかせない。

「彼の身の上とこの家に来た理由を聞き出された上で、奥様は受け入れるとお決めになりました。今この屋敷でエリック様を知っているのはわたくしだけです。他の使用人はあとから雇われた者ばかりですので、わたくしさえ黙っていれば嘘《うそ》がばれることはありません。エリック様として暮らすことができる……そのかわり、レニー坊っちゃまを守ってほしいと願われました」

「取り引きをしたわけですか」

シメオン様の言葉にうなずいたモラン氏は、苦い顔はしていなかった。

「おっしゃるとおり、双方の利害が一致しての取り引きではあります。しかしそう冷たい関係でもございませんでした。エリック様は——便宜《べんぎ》上そう呼ばせていただきます。彼も約束を守ろうと、懸命に努力してくれていました」

わたしはラトゥール河畔で会ったダミアンさんの姿を思い出していた。わたしに事情を語って聞かせたあの時のようすは、すべてが嘘ばかりというふうではなかった。

エリックとしての立場で話していたけれど、それ以外の部分はほとんど真実だったのかもしれない。遺産相続のために必要な耳飾りを取り戻そうと奔走《ほんそう》したのも、自分がお金をほしいからではなかったのかも。

彼の言葉を、これまで何度も考えてきた。ダミアンさんが危険を冒して街へ出てきたのは、多分自分のためではない。

「耳飾りの持ち主と会うことができた、買い戻せると言って出ていったきり、連絡もなく……彼は今、無事なのでしょうか」

モラン氏も偽者を疎《うと》む気持ちはないようだ。ダミアンさんのことを心配していた。

わたしは少し離れて立つピエロン記者を横目で見た。こちらの話に興味はないというそぶりで、帽子も脱がないまま黙ってそっぽを向いている。でも内心は穏やかでないでしょうね。

モラン氏もちらりと彼を見たが、どういう人物なのかと尋ねることはしなかった。それよりもシメオン様の返事を待っている。

「あまりよい状況ではありません。けがをして現れ、意識を失ったあと連れ去られました。連れ去った者たちがどういう連中なのかはわかっていますが、所在はつかめていません」

「なんと……」

「状態だけは彼女が聞かされましたが、あまり会話もできないとのことで、正直なところ楽観はできません。また彼を連れ去った男たちは危険な犯罪者で、どういう行動に出るかもわからない。酷なことを言いますが、最悪の事態も覚悟しておいてください」

「…………」

沈痛な顔でモラン氏は目を伏せる。細く息を吐くだけで動揺を抑え込み、静かな声で言った。

「……もし、自分が帰ってこないようなことがあればと、言い残していったことがあります。彼もその危険があるとは承知していたのでしょう」

「なにか知らされていたと？」

「はい。自分に万一のことがあったり、帰ってこなくなったりした時には、ラ・モーム新聞社のピエロンという記者に連絡してほしいと。この家と坊っちゃまをお守りするため、ピエロン氏に協力を求めるよう言われました」

わたしとシメオン様の視線が同時にピエロン記者に向かう。それでわかったようで、モラン氏もふたたび彼を見た。

「そちらの方がピエロン様でしょうか？　エリック様の古いご友人だとか。なにか約束などされていたのでしょうか」

「…………」

全員に注目されてピエロン記者が息を吐く。帽子のブリムをさらに深く引き下げ、表情を隠して彼は答えた。

「いや、なんも聞いてねえ。けどまあ、あいつがなにを考えたのかはわかるよ。がめつい親戚《しんせき》から坊っちゃまを守るには、それなりの地位と知識を持った味方が必要だからな。……でも、そいつは俺より、そっちの旦那《だんな》に頼んだ方が早いと思うぜ」

「あなた様は後見人になってくださらないと？」

「しがない新聞記者が後見人になって、なんの役に立つよ？　立場逆だろ。フロベール伯爵家のお方なら、いい人材をご存じじゃありませんかね？　紹介してやっちゃどうです？」

モラン氏の願いを受け流し、ピエロン記者はシメオン様に言う。それからいいことを思いついたとばかりに手を打った。

「ああ、そうだ、たった八歳で懸命に家を守る健気《けなげ》な男爵様って感じの記事を書いてやるよ。強欲な親戚どもがよってたかって財産をむしり取ろうとしている、なんて話は間違いなく注目されるし同情も集められる。すでにいろいろ盗まれてんだろ？　そういうネタはうちの得意分野だぜ。世間から非難を浴びて行く先々で後ろ指さされるようになりゃ、さすがに親戚連中も横暴な真似《まね》はできなくなるんじゃないかね。俺がしてやれるのは、そのくらいだな」

「…………」

モラン氏がとても残念そうな顔になって口をつぐむ。束の間《つかま》沈黙が落ち、沈み込んだ空気をシメオン様の凛《りん》とした声が振り払った。

「その問題についてはのちほどあらためて話しましょう。必要とあれば人を紹介しますので、まずは現在の問題です。親族問題よりもこちらの方が切迫しており、危険度も高い。男爵家の安全のためにも、協力をお願いします」

「は、はい、もちろんにございます」

「エリックの――本名はダミアンというそうですが、どちらで呼んだ方が？」

「さようにございますね、他の使用人たちは事情を知りませんので、当面はエリックと」

「わかりました。エリックは犯罪の証拠となる品を持ち出し、逃げてきました。おそらくこの屋敷のどこかに隠していると思われます。なにか心当たりは？」

「……いえ、そうした話は聞いておりません」

「黒い表紙の帳簿だそうですが」

と、ここでシメオン様はピエロン記者にちらりと目を向ける。求められていることを察してピエロン記者は自分から話した。

「このくらいの、日記帳くらいの大きさだな。小さめで、そこそこ分厚かった」

手で大きさを示す。わたしが書いている小説本と同じくらいだ。

「中身は見てないんで聞いた話だけだが、名簿らしい」

「名簿……」

モラン氏は眉《まゆ》を寄せて考え、首を振る。

「申し訳ございませんが、見ておりません」

「そうですか」

シメオン様はうなずいて、もう一度室内を見回す。やはり調べるしかないのね。わたしも黒い帳簿がないか視線をめぐらせた。

どうしてもまず本棚に目が向かってしまう。さすがに堂々と置いてはいないだろうと思いつつ、黒っぽい表紙がいくつもあったので、シメオン様が手に取って調べはじめた。

わたしはチェストの引き出しの中や、壁にかけられた額の裏などを調べた。小説ならこういうところに隠し金庫があったりするのだけどな。ないですよね、そうよね。

ピエロン記者とモラン氏も捜索に参加し、みんなで部屋中を調べる。寝台の下はもちろん、布団も全部取り払い、枕の中まで調べる。どう考えてもそこにはないであろう花瓶の中や、絨毯《じゅうたん》の下などもたしかめたが、それらしいものはどこからも出てこなかった。

「書斎の方かしら。帳簿ならそちらに置いた方が違和感ありませんよね」

「そうですね……」

「いや、どうかな」

考えるわたしとシメオン様に、ピエロン記者が異論を唱える。

「そういう、いかにもなとこには置かねえだろうよ。真っ先にさがされる場所ははずすだろ」

「木を隠すには森の中という言葉もありますわ」

「ファミリアの連中が乗り込んできたら、森の木全部切り倒してさがすよ。あいつがいちばんよくわかってんだから、そんな簡単に見つけられるとこには置かねえよ」

「では、この部屋でもなくどこか別の場所だと？」

シメオン様に聞かれて彼はうなる。

「どうだろうなあ……俺があいつとつるんでたのは二十年前だから今は違ってるかもしれませんが、大事なものは自分のすぐそばに置きたがるやつだったんですよね」

すぐそば、というならやはりこの部屋になる。

わたしたちはそれぞれ困った目をあちこちに向け、考え込んだ。

たしかに、彼の命綱とも言える切り札だ。目の届かない場所より、常に無事を確認できる場所に保管した方が落ち着けるだろう。

でも四人でさんざんさがしたのに見つからなかった。隠し金庫みたいな場所があればモラン氏が知っているはずだし、そういうものがない以上この部屋にはないとしか思えない。

「手くせの悪い親戚連中が押しかけていたんだし、うかつな場所には置かねえと思うんだがな……」

部屋の中をうろうろしながらピエロン記者はこぼしている。シメオン様とモラン氏はチェストの引き出しを全部はずし、チェスト本体をひっくり返して調べていた。それを見ていたわたしは寝台の下

――床ではなく寝台に貼りつけていたりしないかと思いつき、床に転がって頭を入れようとしたらシメオン様に止められた。

「そういうことは私がやりますから」

「入れます？　わたしの方が適任だと思いますけど」

「この高さなら入れます。あなたのドレスの方がつかえそうですよ」

わたしを立たせて彼が寝台の下にどうにか上体をもぐり込ませる。しかし残念ながら、そこもはずれだった。

机も椅子《いす》も、家具という家具をひっくり返して隅々までたしかめる。部屋中すべての場所を調べ尽くし、それでも見つからず、最終的にここにはないとシメオン様が結論を下した。

「どのような隠し方をしていようと、これだけさがして見つからないはずはありません。別の場所に保管したと考えるしかないでしょう」

「別ってのがどこなんだかな。屋敷中調べなきゃいけねえのかよ」

ピエロン記者はげんなりとした顔になっていた。それにかまわず、シメオン様はモラン氏に言う。

「範囲を広げるとなると、人手が必要です。他の使用人たちにも頼めませんか」

「承知しました。動ける者全員で取りかかりましょう」

わたしたちは部屋を出る。書斎を調べにいっていた部下もやってきて、見つからないことをシメオン様に報告していた。

モラン氏が女中を呼び止めているのを横目に、わたしは外を見てくるとシメオン様に断って一階へ下りた。そのまま玄関を通り庭へ出る。

屋内は使用人たちにまかせればいいだろう。わたしは少し視点を変えて、外を調べてみようと思った。

けして庭園を歩いてみたかったからではないわよ。そそられるけどね。今はそれより名簿の方が気になるもの、本当よ。

わたしのあとから、少し遅れてピエロン記者も出てきた。中に残るのはいやだったのか、わたしを追いかけてくる。

「外を見るって、なんか心当たりでもあんのか？」

「そういうわけではありませんが、家の中は使用人の方がよく知っているでしょう？　勝手のわからない者がうろついてもしかたないと思いまして」

「まあそうだろうが、あんまり一人で外へ出るなよ。今もファミリアの連中がどっかから見てるかもしんねえんだからよ」

「あら、心配してくださいましたの」

ピエロン記者は肩をすくめて庭木に目を移す。モクレンにアカシア、壁のフジ。どれもうんと見上げるほどに大きく育っている。

「見事な木ばかりですよね。きっと昔からこのお庭に植えられていたのでしょうね」

「…………」

「どなたのご趣味だったのかしら。亡くなった夫人か、それとも夫の前男爵様か……」

ピエロン記者は答えない。名簿のありかをさがすふうでもなく、ただ花の木を眺めていた。

あまりうるさく話しかけないでおこうと思い、わたしは捜索に意識を戻した。以前の経験から地面に埋めた可能性も考えたが、ものは名簿、紙だ。缶に入れるなどしても完全な防水はできないから、ごく短期間でもないかぎり選択できない場所だろう。

となると、地上のどこかなわけで……敷地内に小さな祠《ほこら》とかあったりしないかな。

家の周りをぐるりと回ってみようかと思った時、木の陰からこちらを見ている人の姿に気づいた。

幹の後ろから小さな頭がひょっこり出て、さらに背後に隠れきれない身体《からだ》が立っている。子供と若い女中だ。察するにあれが現男爵のレニー様で、つき添っているのは子守だろう。

わたしと目が合ったレニー様は、少しもじもじしたあと自分から出てこちらへ寄ってきた。

「ごきげんよう、お邪魔をしております」

幼くても男爵様だ。わたしはきちんとおじぎをしてご挨拶した。

「マリエル・フロベールと申します。お屋敷をお騒がせして申し訳ございません」

「……こんにちは」

男爵様ははにかみながら挨拶を返してくれた。知らない人間にとまどいを抱きながら、根は好奇心旺盛で明るい子供なのだろう。ショコラ色の瞳を輝かせてわたしたちを見ていた。

「坊っちゃま、ご挨拶する時はどうするんでした？」

わたしよりも年下らしい子守女中が優しく声をかける。うながされて男爵様は恥ずかしそうに名乗ってくれた。

「レニー・デルマーです」

うーん、可愛い。とても素直そうな子だ。明るい茶色の髪はくるんと巻いているし、ふくふく丸いほっぺは薔薇色で、まさに天使である。

「えっと……マドモアゼル……」

教育された良家の子供らしく、彼は礼儀にのっとってわたしを呼ぼうとする。どうしようかな。男爵様に無礼を奨励するような真似は迷惑だろう。子供だからこそ、正しい作法を教えていかなければならない――とはいえ。

こんな小さな子に既婚者だからマダムと呼んで、なんて訂正するのもね。んー。

わたしは身をかがめて男爵様に視線を近づけた。

「こう見えて結婚している奥さんなのですよ。でもマダムよりマリエルと呼んでいただける方がうれしいです。お願いしてもよいでしょうか」

幼い顔がぱっと笑顔になってうなずき、それからあわてて背後を見る。視線で窺《うかが》われた子守は、

「ご本人が希望されているので、この場合はお名前でお呼びしましょう」

と答えた。

若くてもしっかりした女中みたいだ。見守りだけでなく教育係も兼ねているのかしら。

「ありがとうございます。僕も、レニーって呼んでください」

「よろしいのですか？」

「はい！」

「まあ、光栄です、レニー様」

「えと、あのね、こっちはニノンです」

レニー様は後ろに控える子守のことも紹介する。きっと彼にとって使用人たちも大切な家族なのだろう。二人の表情がそれを物語っていた。

「ニノンさんですね、よろしく。後ろのおじさんはピエロンさんです。ちょっと怖そうに見えるかもしれませんが、ただの疲れたおじさんですから」

「えー？　あはは」

意気投合するわたしたちにピエロン記者は寄ってこず、少し離れた場所から眺めている。多分わたしの従者だと思っているのだろう、レニー様は彼にはあまり注意を向けなかった。

「ね、マリエル様たちは、伯父上のお友達？」

「……そうですね、エリック様からお話を聞いて、こちらのお宅へ伺いました」

「伯父上ね、昨日おでかけしたきり帰ってこないんです。どこかにお泊まりなんですか？」

彼としては当然の疑問だろう。でもこの問いに、どう答えればよいのかわたしは少し悩んでしまった。

本当のことなんてとても話せない。といって無責任に期待させることも言えないし、どうしよう。

「……伯父様は、大事なご用でしばらく帰ってこられないのです。でもレニー様のことをとても心配していらして、彼が早く帰ってこられるよう、わたしたちがお手伝いに来たのです」

「ふうん？」

あまりつっこまれると苦しくなる。わたしは話をそらそうとこちらから質問した。

「伯父様はつい最近このお屋敷に戻っていらしたそうですが、レニー様はもちろんはじめてお会いしたのですよね。お父様にお兄様がいらしたことは、ご存じだったのですか？」

「んーん」

小さな頭が横に振られる。

「お父様とお母様のこともよく知らないの……お祖母様がお話聞かせてくれたけど、僕はあんまり覚えてなくて……」

うっ、まずい話題だったかもしれない。少しさみしそうになった瞳にわたしは焦った。けれどわたしがとりつくろうより早く、レニー様は笑顔に戻られた。

「伯父上のことも最初は知らなかったけど、仲よくなれましたよ。伯父上ね、親戚の怖い人たちから僕のこと守ってくれたし、一緒に遊んでくれたんです」

「まあ、一緒に？」

「お仕事が忙しくない時にね、一緒にお散歩したり、プーキーの巣箱も作ってくれたの」

「プーキー？」

小鳥でも飼っているのだろうかと思ったわたしを、レニー様は「こっち」と手を引いて歩かせた。

「あそこ」

立ち止まって指さしたのは、屋根まで届くアカシアだ。ああ、とわたしは理解した。そういえばさっきリスがいるのを見かけた。

「プーキーってリスの名前ですか？」

尋ねるとうれしそうな顔でうなずかれる。

「友達です！　プーキー！　おいで、クルミがあるよ！」

ポケットに手を入れながら木の上に向かって声をかける。何度も名前を呼んでいると、赤茶の毛並みを持つ小さな生き物が、チョロチョロと幹を伝って下りてきた。

「まあ、ちゃんと来ますのね。お利口さん」

「でしょ」

得意気に笑うレニー様の手にリスが飛び乗ってくる。餌付けされてよくなついているようだ。人がいてもまったく警戒するようすもなく、クルミをさっそく頬張《ほおば》っていた。この場で食べるのではなく頬袋にしまって、巣へ持ち帰るつもりらしい。可愛らしい顔が横に伸びていた。

「この子の巣箱を伯父様がお作りになったのですか？」

「そう。風の強い日に落ちて壊れちゃったの。プーキーが溜《た》めてたエサもみんな落ちちゃって」

「落ちた……」

わたしは黄色い花を咲かせる木を見上げた。

「この木の上に巣箱が？」

「うん。えっとね、ここから見たらわかるよ——じゃない、わかります」

位置を変えて枝の下に入り、レニー様は「あそこ」と指さす。小さな手が示す場所をさがせば、たしかに木製の巣箱が見えた。

人が手を伸ばしても届かない、うんと高い場所にある。落ちないよう針金でしっかり固定されているようだ。アカシアの木はあまり太くなく、枝はさらに細い。登るには不安だから、設置する時は梯子《はしご》を使ったのだろうな。

レニー様にじゃれついていたリスが、また木に戻り登っていく。もらったクルミを置きにいくのだろう。見守るわたしたちの前で巣箱に入っていった。

「素敵ですね。あれを伯父様が作ってくださったのですか」

「そうなの、とっても器用な人なんだ——です。それでね、女中たちだとあぶないからって、自分で登って取りつけてくれたんですよ」

「まあ、優しい方ですね」

なりすましの詐欺師だけど、いえ、だからこそかしら。屋敷の人たちとはよい関係を保っていたようだ。

そう冷たい関係ではなかったとモラン氏も言っていた。演技だけでなく、本当にこの幼い男爵様を大切にしていたのかな。

レニー様のためにも、なんとか無事に帰ってこられるとよいのだけど。

ジョゼフもね。人質なだけだからむやみに暴力をふるわれてはいないだろう……と思っても、やはり心配だ。二人とも、今どうなっているのだろう。

名簿を見つけて、それからあの男に、ヴァレリアーノと名乗った男に連絡をとって、二人を取り戻す……上手《うま》くいくのかしら。

そもそも名簿がまだ全然見つからないしなあ。

こぼれそうになったため息が、ふと止まった。

わたしはもう一度巣箱を見上げ、それから建物を振り返る。枝が邪魔でよく見えないので、木の下から離れた。

……そう、あの窓。あそこがさっきまでいたエリックの部屋だ。ダミアンさんが使っていたという。

窓の前に黄色い花が見えていた。見えていたのは花だけ？　リスが動いているのを見た……もしかして、巣箱も見えるのでは。

さらにまた木の下に戻って巣箱を見る。リスのためにしては大きいかも？　ここからではよくわからない。枝が邪魔をして全体は見えない。

「どうした」

わたしのようすがおかしくなったことに気づいてピエロン記者が寄ってきた。

「ピエロンさん、あそこまで登れます？」

巣箱を示すわたしに、彼は「はあ？」と眉を上げげた。

「なんで木登りなんぞ。登るったって、手をかけられるとこがないし、枝も細いし、無理だろ」

「そうですね、やはり梯子がいりますわね」

「なんなんだよ急に。リスの巣箱なんぞ見てる場合じゃねえだろう。それより……」

「ここ、さっきの部屋の前ですよ。窓からよく見える場所です」

言葉を遮って言ったわたしに、はじめけげんそうにしていたピエロン記者も、はっと気づいた顔になった。

「……おい」

「彼は、大切なものはすぐそばに置きたがる人だったのですよね？　隠したものが見つかっていないか、常に確認できないと落ち着かないでしょうね。つまりいつでも見られる場所で……でも人には気づかれない場所で」

「……そうだな」

わたしたちは目を見合わせ、うなずき合う。

「レニー様、申し訳ありません。少し失礼しますね。またあとでお話させてくださいませ」

不思議そうな顔の子供に謝って、わたしは駆けだした。スカートをつかんで玄関へ急ぐ。まずなによりもシメオン様に知らせよう——と思ったら、その彼が先に玄関から姿を現した。

「シメオン様！」

「なにかありましたか」

わたしのようすに表情を引き締めて、すぐに駆け寄ってくださる。アランさんともう一人部下がついてくる。他はまだ屋内を調べているようだ。

「名簿は見つかりました？」

「いえ、まだです。あそこのアカシアの木が窓からよく見えていたでしょう。もしかしてと思い、調べにきたのです」

勢い込んで報告しようとしていたわたしは、さらりと告げられた言葉に口を開きかけたまま固まってしまった。

気づかずにシメオン様は続ける。

「常に監視できる場所、となれば部屋の中か、部屋から見える範囲です。あの木も含まれる。アカシアは常緑樹ですからほどよく視界も遮られますし、なにかに偽装して……たとえば小鳥の巣箱などにでも仕込めば、気づかれにくい隠し場所になると思いまして」

こ……こ……この人は……っ。

わたしは言葉が出せず、がっくり脱力してしまった。

直接見ていないのにどうして気づいちゃうのかなぁ！ さすがですよ、ええ、それでこそわたしの鬼畜腹黒参謀様。冴《さ》え渡る頭脳が素敵ですけれどぉ！

「マリエル？」

……お手柄だって、誉《ほ》めてほしかったのにな。

しょんぼり肩を落とすわたしにシメオン様がとまどっている。ピエロン記者の気の毒そうな視線が痛かった。

12

梯子《はしご》を上ったアランさんが慎重に木からはずしてきた巣箱に、一見おかしなところはなかった。でも入り口の穴があるのとは反対の、裏側を見てみれば掛け金がついている。はずせば背板が扉のように開いた。

「……あった」

二重の背板で、間に日記帳くらいの本がちょうど収納できるようになっている。そこから蝋引《ろうび》き紙に包まれたものが取り出された。

「考えましたわね」

「ああ、これならファミリアの連中がさがしにきてもちょいと見つけらんねえだろうな」

そう、それを見つけたのですよ。わたしが！　えらいわよね？　すごいでしょ？

……シメオン様も気づいてらしたけどねー。

中身を厳重に保護している蝋引き紙を開けば、黒革の表紙を持つ帳簿が顔を出す。シメオン様が受け取って中をパラパラと確認し、わたしたちにうなずいてみせた。

「これで間違いないようです」

「やりましたね！」

わたしは手を打って喜んだ。ええもう、誰が見つけたとかどうでもいいわ。とにかく名簿が見つかった！　問題が一つ解決したのよ。これで先に進めるわ！

……同時に、疑問も生まれるのだけれど。

「わっ、こら、いたた」

小鳥のような声がすると同時にアランさんが悲鳴を上げた。見ればリスが彼の手にまとわりついていた。チィッ！　チィッ！　と驚くほど大きく響く鋭い鳴き声は、きっと怒りの声だろう。

「お前のエサは取ったりしないよ。あああごめんごめん、わかったってば！」

巣箱を持つ手に噛《か》みついているようだ。小さな生き物なのに果敢である。

「プーキー、だめだよ、やめて」

大人《おとな》たちのすることをおとなしく見ていたレニー様が、友達を止めようと割り込んできた。アランさんの腕からリスを取り上げ、なでて落ち着かせようとする。飛び出していかないようしっかり胸元に抱きながら、アランさんに不安そうな目を向けた。

「……それ、どうするの？」

「だ、大丈夫ですよ、ちゃんと元の場所に戻しますから」

巣箱を足元に下ろしてアランさんは手をさすっている。木の実を割る強い歯に噛まれては、手袋の上からでも痛いだろう。リスも大切な食料を守るために必死だから、きっと手加減なしだ。痣《あざ》になっていたりして。

わたしはしゃがんで巣箱を覗《のぞ》き込んだ。

とても丁寧《ていねい》に作られている。器用だとレニー様が言ったとおり、素人《しろうと》仕事とは思えないできばえだ。昔の経験がもしかして役に立っていたりするのかしらね。

箱の上に雨から守る屋根があり、丸くくりぬいた入り口は、ささくれがないようやすりがけされていた。その上にＰｏｏｋｉｅと名前がある。よく見ればペンキなどではなく焼き印だ。金串《かなぐし》でも熱して書いたのだろうか。ずいぶん凝っている。

しきりに鳴いているリスに急《せ》かされて、アランさんがふたたび巣箱を持って梯子を上っていった。

レニー様の手からリスが飛び出していく。追いかけようともせず、レニー様はしょんぼりと視線を落としていた。

「レニー様？」

「……それ、伯父上が隠したの？」

「あ……ええと、はい」

ちらりと名簿を見た天使の瞳《ひとみ》が、少しうるんでいた。

「プーキーのためじゃなくて、隠すために作ったのかな」

わたしは言葉に詰まってしまった。

どうしよう……レニー様は状況をちゃんと理解されている。

激しい後悔に襲われた。八歳の子供にはわからないだろうと思い込んで配慮もせず、目の前であばいてしまうなんて――やってはいけないことだった。レニー様を傷つける行為だった。

子供でもちゃんと見ている。理解できている。舐《な》めてはいけなかった。

「両方でしょう」

うろたえていたらシメオン様がやってきて、レニー様の前に膝《ひざ》をついた。視線の高さを近づけ、彼にしては最大限に優しい声で言う。

「隠さなければならない理由が彼にはあって、そのためにプーキーに協力してもらったのでしょう。ですがそれだけではないと思いますよ。プーキーがけがをしないように、雨からもしっかり守れるように、丁寧に作って名前まで入れてあった。プーキーとあなたのためにという気持ちもあったに違いありません」

「…………」

「急ぐあまり、無遠慮にさがしてしまい申し訳ありませんでした」

子供相手にも頭を下げて、真摯《しんし》に彼は謝罪する。複雑な顔で見るレニー様の頭を後ろからなでる手があった。

「あいつは――ああいや、俺は伯父さんの友達なんだが、伯父さんはな、やらなくていいことはやらないやつなんだよ。隠したいだけなら、あんなに立派な巣箱は作らなかったと思うぜ。あれけっこう手間がかかったろ。プーキーのことがどうでもよかったなら、あんなのは作ってないよ」

「…………」

レニー様が彼を見上げる。まっすぐな視線から一瞬逃げそうになって、思い直したのかピエロン記者はぎこちなく微笑《ほほえ》んだ。

「……それ、伯父上の役に立ちますか」

レニー様はまた名簿に視線を戻す。

「ええ、彼のために必要でさがしていました」

「見つかったから、伯父上は帰ってくる？」

この質問には即答できず、シメオン様は少し考える。適当な嘘《うそ》でごまかしても、あとでまた傷つくことになるかもしれない。彼はゆっくりと答えた。

「それは、まだわかりません。彼が戻ってこられるように頑張ると約束しますが、今はまだどうなるかわからない状況です。絶対とは言えず、申し訳ありません」

「……うん」

ぐずることもなく、レニー様はうなずく。そばへ来た子守と手をつなぎ、それにはげまされたようすで言った。

「僕、当主だから、ちゃんとお留守番しています。だから伯父上のこと、お願いします」

きっと不満や心細さもたくさんあるなか、頑張って顔を上げていた。ついかわいそうに思って甘やかしたくなるけれど、それより彼の頑張りを誉《ほ》めるべきなのだろう。小さくてもちゃんと自分の立場を自覚している男爵様に、シメオン様も笑顔でうなずいた。

「承《うけたまわ》りました。全力を尽くします」

その日のうちに広告の依頼を済ませ、翌日のラ・モーム新聞にさっそくメッセージが掲載された。

『色男気取りのVへ。さがしものが見つかった。受け取りに来られたし』

文面を考えたのはわたしではない。こんな嫌味ったらしい一言をつけ足したら人質の二人が心配ではないの。でも言いたい気持ちがシメオン様にはあったようだ。

さて向こうはどう返してくるかと待った、さらに翌日、

『寝顔が可愛《かわい》いお嬢さんへ。美術館でデートしませんか。本日午後一時、女神の前でお会いしましょう。Vより』

……根拠はないのだけど、先のメッセージがシメオン様からのものだと知った上でわざと煽《あお》っているような気がしてならない。新聞を見るシメオン様の目が氷点下にまで冷え込んでいた。

なにかしら。こういうやりとり、以前にも見たような気がする。

「午後一時って、いちばん混み合う時間だわ。今日《きょう》は休日だからなおさら来館者が多いし」

「それが狙《ねら》いでしょう」

シメオン様が新聞を放り出し、身支度の仕上げにとりかかった。サーベルを下げ、手袋を着ける。

「臨時休館にしてもらうことは？」

「不可能ではありませんが、それだと連中も入れなくなるでしょう」

「あ、そうよね……」

周りに一般人が大勢いると、巻き添えが出そうで心配だ。いっそ閉めてしまってはと思ったが、考えてみれば取り引き相手まで閉め出してしまうのでだめだった。

うーん。

シメオン様は鞄《かばん》を取り上げ、速い足どりで玄関へ向かう。さすがに今日は同行したいとは言えず、見送るだけのつもりでわたしも玄関までついていった。

「マリエル」

外へ出る直前、シメオン様が振り返る。

「はい？」

きれいな顔を少しいやそうにしかめている。どうしたのかしらと待っていると、

「……出る支度をしておいてください。あとで迎えにきます」

「え？」

思いがけない言葉が飛び出してきた。

「出るって……わたしも美術館に行くということですか？」

「はい」

「よいのですか？」

シメオン様はため息をつく。けして彼が望んでいるわけでないことは、聞かなくてもわかる。

「よくはないのですが、向こうがあなたを指名していますので」

「はあ」

「いったん王宮へ行って手配をしてきます。昼頃に戻ってきますので、昼食も先に済ませておいてください」

「はい……わかりました」

用意されていた馬に乗って、シメオン様は颯爽《さっそう》と駆け去っていく。わたしは不思議な気分で見送った。

どういうことかしらね？　なにか変……いえ、とっても変。変変変。

いつもは危険な場所に近づかないよう、うるさいくらいに言われるのに。

頭の中が疑問でいっぱいだ。どうもわたしの知らない事情がなにかあるらしい。もしかして、先日から抱いている疑問にも関係しているのかしら。

ともかく今は準備をしておこうと、わたしは二階へ戻った。

そうしてなるべく動きやすい服装にして待っていたわたしを、昼近くになって約束どおりシメオン様が迎えにきた。

彼も私服に着替え、馬車を使ってわたしとともに街へ向かう。美術館に着いたのは一時の少し前だった。

かつては離宮として使われていた建物だから、とても大きくて敷地も広い。正面入り口の前は広場になっている。休日の午後、遊びに来ている市民の姿でいっぱいだ。入場待ちの待機列もできていた。

あそこに並んでいたらとても一時には間に合わない。シメオン様は職員用の通用口へ向かった。事前に連絡してあったようで、わたしたちはすんなり中へ通された。

「そういえば、シメオン様とご一緒するのははじめてですね」

膨大な収蔵品が展示されている館内は、とても一日では回りきれないと言われている。人気の部屋には入るだけでも時間がかかるが、わたしたちがめざしているのは一ヶ所だけなので、他の展示室には目もくれず直行した。

通過しながら少し残念にも思う。せっかくシメオン様と来られたのだから、ゆっくり回れるとよかったのにね。今はそれどころではないので、いつかまた一緒に来たい。

「美術館や博物館は退屈させるから選ぶべきでないと、ノエルに言われまして」

シメオン様は片腕をわたしに貸し、反対の手で小さな包みを持っていた。中身は見えないが、大きさと形からあの名簿であることはわかる。

「まあ、ノエル様がそんなことを。わたしはけっこう好きですけどね。古代文明のエリアは特にお気に入りです。ミイラの作り方とかとても興味深くて、妄想がかきたてられますわ」

「……妻と訪れてミイラに夢中になられても複雑ですね」

ちょうど今歩いているのも古代文明のエリアだ。ミイラの部屋ではないが、同じ文明の墳墓から発見された彫像や副葬品が展示されている。宗教も文化もまったく違う遠い国の、さらに遠い時代の人々が遺《のこ》したものは、好奇心を刺激してくれて楽しい。

ただ、わたしが考えていたのは別の文明なので、このまま進むべきではないと足を止めた。

「シメオン様、ルートを間違えていますわ。女神像があるのは向こうです」

腕を引いて言うと、シメオン様は首を振った。

「いいえ、こちらだと思います」

「どういうことですか？」

はじめて訪れたため場所がわからない、というわけではないようだ。シメオン様は自信を持った顔をしていた。

「あなたが考えているのは美の女神の彫像でしょう？」

「ええ。ここで女神像と言って誰もが最初に思い浮かべるのはあれでしょう？」

「そう、もっとも有名なのは美の女神です。それだけに客も集中する。女神像の前で待ち合わせなどできませんよ」

「……言われてみれば、そうですね」

指摘されてはじめて気づいた。そうだわ、あそこはいつも混雑するのだった。あまりに人が多い時は係員が誘導して、すぐに移動させられるほどだ。多分今日もそんな状態だと思う。

「で、でも他の女神も……て、近いから一緒ですね」

うなずいてシメオン様はふたたび足を動かした。つられてわたしも歩きだす。

「『女神』とだけ指定して作品名は挙げていない。意地の悪い引っかけですよ。おそらく正解はこちらです」

異教の神々の視線を受けながら、わたしたちは靴音を響かせて奥へ進む。ここも人気のあるエリアだが、客のほとんどはミイラの部屋へ流れていく。こまごまとした副葬品や小さな神像が展示されている場所は、ゆっくり見て回れるくらいに落ち着いていた。

その中の一つ、鳥の翼を持つ女神の前に彼は立っていた。

背の高い黒髪の男だ。しゃれた服をわざと着崩して、軟派な雰囲気を漂わせている。色彩からなにからすべて対照的なシメオン様と視線を合わせ、ヴァレリアーノはにっと口の端を吊《つ》り上《あ》げた。

「なんだよー、デートのお誘いに男連れで来るなんて不粋だなあ」

「あなたとデートする気なんてありません」

わたしはシメオン様の腕から手を離し、背後へと移動した。抱きついて見せつけてやりたい気分だけど、それだとシメオン様の邪魔になるからね。

「間違えてあっちに行ったら笑ってやろうと思ってたのに、ちゃんとこっちへ来たか。さすが、可愛げのないことで」

「われわれが場所を間違えれば、そちらの手間が増えるだけでしょうに。つまらないいたずらを」

「あんたの顔見てると振り回してやりたくなるんだよね」

ヴァレリアーノの顔には相変わらず緊張感がない。にやにやと軽薄そうな笑みが浮かんでいる。とうていシメオン様の敵になりえない三流悪役のようでいて、青い瞳だけが油断ならない鋭さをたたえていた。

「十分振り回してくれていますが。回りくどい真似《まね》をして、ここまでする必要がありますか？」

うわべの軽さになど惑わされず、シメオン様は怒りのこもる声をぶつけた。

「しょうがないだろー？　こっちもいろいろ必死なんだよ。一つ下手《へた》を打つと自分の身まであぶなくなるんでね」

「勝手に死んでいればよいでしょう。まったく迷惑な」

……遠慮なく言って大丈夫なのかしら。人質のこと、まさか忘れてはいませんよね。

「俺が死んだらあんたたちも困るんじゃない？　まー使用人の一人や二人、いなくなってもお貴族様は気にしませんかね」

やはりな脅しをヴァレリアーノは口にする。けれどシメオン様は鼻を鳴らしただけだった。

「お仲間をあちこちにひそませてるみたいだけど、俺だって一人で来てないよ？　あずかってる使用人だけじゃない、今この館内にいる客全員が人質だ。展示品もかな？　壊されちゃったら困るよねえ」

ポケットから出した手を、ヴァレリアーノはわざとらしく女神像の上でヒラヒラする。ケースにも入れずそのままで展示してあるから、ちょっと払い落としたらおしまいだ。そんなものが館内いたるところにゴロゴロしている。

「…………」

わたしはそっとシメオン様を見上げた。彼は冷たい表情を変えていない。ヴァレリアーノの脅しなどまるでこたえていないという顔だ。でも内心ではいろいろ計算しているのだろうな。

お互いに一歩もゆずらない構えでにらみ合う。いつまでもこれでは話が進まないのでは、とハラハラしていたら、ふとシメオン様が息をついた。

「人質の二人を、ここに。交換でこれを渡しましょう」

手にした包みを軽く掲げてみせる。

「そんで、二人を受け取ったとたんに襲いかかってくるってか？　こっちに不利すぎる話だねえ」

「館内にいる客全員が人質だと言った口でなにを。そちらの希望どおり、こうして彼女も連れてきている。放り出して追いかけることが私にはできない。不利どころか、有利きわまりない状況ではありませんか」

「……そう見える、けどねえ」

なんだかなあ、とヴァレリアーノはつぶやいている。シメオン様の言葉が完全には信用しきれないようすだった。

まあね、わたしも同感だわ。シメオン様が人質を助けるだけで満足して、彼らを逃がすとは思えない。

でもそんなことを口にしたら取り引きがだいなしだ。わたしはなぜ自分が連れてこられたのかを理解し、ならばなおさら邪魔にならないよう後ろで黙っていた。

いざという時には自分で身を守れるよう、さりげなく周囲を見回す。シメオン様が安心して追跡に出られるように、どこかで隠れたりできないかな。

鍵のかけられる部屋に閉じこもるのがいちばんだが、そう都合《つごう》のいい場所は近くにない。こっそり身をひそめる方向で考えるとして、よさげな場所は……ミイラの入っていた柩《ひつぎ》とか？　たしか向こうの部屋に展示されていたわよね。

き、興味はあるけどさすがに祟《たた》られそうな。もちろん本気じゃないです違います。

もっと現実的な方向で考えなければと頭をひねるわたしの前で、話は進んでいく。

「そこに置いてくれる？　人質を返す間お互い離れて待とう」

「……よいでしょう」

ヴァレリアーノがその場を離れ、女神像の前にシメオン様が包みを置く。互いに同じだけ距離を取ってからまた向き合った。

「んじゃあ、おたくの使用人は返すよ」

ヴァレリアーノが手を上げると、大きな石像の陰から人が出てきた。

ジョゼフがファミリアの男に腕をつかまれ、真っ青な顔で歩いてくる。震えているのがここからもわかるけれど、一応自分の足で立って歩いている。見たところけがはなさそうで少しほっとした。でも、もう一人の姿がない。

「ダミアンさんは？」

わたしのつぶやきをヴァレリアーノが拾う。

「約束は破らないよ。あいつもちゃんと返す……けどぉ」

含みのある語尾にいやな予感がする。ふたたびわたしたちの視線を受けて、形だけ神妙にヴァレリアーノは言った。

「言っとくけど拷問《ごうもん》とかしてないよ？　できる状態でもないって言ったよね。俺たちとしても残念だったんだけど、あのまま……ね」

「え……」

「打ち所が悪かったみたいだね。いや本当、残念よ。せっかくつかまえても、なーんも聞き出せなくて俺らも困ったんだよね。だからあんたたちに迷惑かけちゃったんだ。ごめんねー」

「………」

脚が震えた。思わずシメオン様の身体《からだ》に頼ってしまい、今邪魔をしてはだめだとあわてて離れる。そんなわたしを頼もしい腕が抱き寄せた。

「どこに?」

片腕にわたしを抱いて、シメオン様は動じず問う。

「死者をどこに入れるかなんて、聞くまでもないっしょ」

「………」

「埋葬まではしてやれないんで、そっちで頼むわ。んじゃ、約束どおり」

合図でジョゼフが解放される。軽く突き飛ばされたジョゼフはびくびくしながらヴァレリアーノの横を通りすぎ、なんとかわたしたちのもとへ駆けてきた。

「わ、若様……もも、申し訳……」

「けがはないか」

「は、はい……はい……」

わたしはシメオン様から離れ、ジョゼフに手を伸ばした。誘拐《ゆうかい》されてから二日半ぶりの解放だ。疲労の色が濃い顔には鬚《ひげ》が伸びている。髪も少し乱れていた。

どれだけ怖かっただろうか。温かいものでも飲ませて、早くちゃんとしたところで休ませてあげたい。

「もう大丈夫よ、家に帰れるからね」

「……もう一人、いたんですけど……そ、その人、動かなくなって、どこかへ運び出されて……」

泣きそうな声になにも言えず、わたしは丸められた背中をただなで続けた。

そんなわたしたちを横目に、ヴァレリアーノが女神の前から包みを取り上げる。その場で開いて中身をたしかめ、間違いなく彼らがさがしていた名簿であると確認すると、場違いに明るい声で言った。

「どーも、お手数かけました。んじゃあ俺たちはこれで失礼するけど、その辺に隠れてるお仲間さんたちをけしかけないでね。こっちもこれ以上騒ぎたくないんで、おとなしく見送ってよ」

「…………」

シメオン様は動かない。ジョゼフを保護できたらなにかするのではと思っていたのに、立ち去っていくヴァレリアーノたちを黙って見送るばかりだった。

「副長」

一般客のふりをしてまぎれ込んでいた部下たちが寄ってくる。アランさんの指示で一人がジョゼフを介抱しにきてくれた。

「手配は？」

「完了しています。指示もすべて伝えてあります」

「けっこう」

――んん？

今から追いかけようともせず、シメオン様たちは落ち着いて話している。

「でもいいんですか？　連中は帰さないといけないんじゃ」

「あまりにも簡単にいきすぎたのでは裏を勘繰《かんぐ》られる。最後まできちんと手伝ってやる方が親切だろう」

さきほどとは反対に、シメオン様はどこか楽しそうな雰囲気だった。きれいなお顔が凄味《すごみ》のある笑みを浮かべている。それはわたしの魂を揺さぶる、鬼畜腹黒参謀そのもので。

――つまりなにか企《たくら》んでいるお顔ですよね⁉　えっ、なにを？　やっぱりヴァレリアーノを逮捕するの？

「シメオン様？」

いぶかしむわたしを放ってシメオン様は部下たちに指示を出す。

「職員に話をつけて、いったんあの部屋を閉鎖させてくれ」

「はっ」

近衛《このえ》たちが駆けていく。それからようやく、むくれるわたしを優しい顔に戻って振り返った。

「一緒に見に行きますか？」

「なにを……」

ジョゼフを部下にまかせ、わたしをうながしてシメオン様は歩きだす。閉鎖するよう言った部屋ではなく、エリアを出て別の場所へ……多分、出口の方向へ。

「このあたりから見えるかな」

階段の近くにある休憩所に入り、彼はまっすぐ窓辺へ向かった。たしかこの下あたりが出口のはずで、そこを見るということは……と予想しながらわたしも隣に並べば、

「あんっっっの性悪《しょうわる》軍人があぁっ!!」

ヴァレリアーノの声が下から響いてきた。

「おとなしく見送れって言っただろうがっ！」

……あらまあ。

下の広場はいつの間にか制服姿でいっぱいになっていた。

近衛だけでなく警官もたくさんいる。応援を要請していたようだ。

一般人たちはちゃんと退避させられていた。手出ししにくい館内ではなく、外へ出たところで捕縛《ほばく》する作戦だったらしい。

でもさっき、帰すとかアランさんが言っていなかった？　見た感じ、そんな状況ではなさそうだけど。ヴァレリアーノたちは四方から一斉に襲いかかられていた。

「全員逮捕するのですか？」

「そのつもりでかかれと言いました」

「つもりで……ね」

ヴァレリアーノの部下たちが次々とらえられている。ヴァレリアーノ自身もさすがに逃げきれないと思われたが、彼が取り押さえられる寸前野次馬の人垣から煙を噴き出すものが投げ込まれた。

二つ三つと続けて投げ込まれる。広場が煙だらけになっていっそう混乱した声が交差した。

「煙幕か」

シメオン様は悠然と眺めている。

「まだ仲間がいたのですね」

「想定内です」

「巻き添えが出たりしないかしら」

「連中にその余裕はないでしょう。今は逃げるだけで精いっぱいだと思いますよ」

窓の前まで煙が上がってきて、もうなにも見えなくなった。周りの人もなにごとかと窓辺へ集まってきたので、シメオン様はわたしの肩を抱いて奥へ引き返した。

「逃がすおつもりだったのですよね？　なのになぜわざわざ待ち伏せなんて」

「詳しい話はあとでします。さきほどの場所へ戻りましょう」

唇の前に指を立てて、わたしの質問を封じる。まだ近くに敵がいる可能性を警戒しているようだ。ここで説明は聞けないと理解して、わたしは口を閉じた。

元の場所に戻ってきたわたしたちを、アランさんたちが出迎える。

「副長、閉鎖完了しました」

「わかった。マリエル、ここでジョゼフと待っていなさい。護衛をつけますから」

「……見届けますわ。ご一緒させてください」

わたしを気遣って言ってくださるシメオン様に、首を振る。わたしが行く必要はないとアランさんたちにも言われたが、もうここまできたら最後まで見届けたいという気持ちになっていた。

彼には結局なにもしてあげられなかったもの。そのまま目をそむけて終わりにしたくない。

わたしはシメオン様たちと一緒に閉鎖された展示室へ入った。

大きな彫像のようなものがいくつも目に飛び込んでくる。人の姿に近い形状で、顔や頭がちゃんと作られ色も塗られている。身体の部分は毛布にくるまっているような姿だ。これは亡くなった人を包む死装束を表しているそうで、発見された時彫像の中にはこのとおりの姿をした遺体が納められていた。

つまり、柩だ。

死者への餞《はなむけ》として美しく装飾された柩がたくさん展示されていた。

いくつかは床に横たえてあるが、ほとんどは壁際に立っている。この部屋に入った人は柩に周囲を囲まれることになるのだ。

ちょっと、落ち着かない気分になる光景よね。

そして部屋の中央のケースには、柩と同じ体勢で仰臥《ぎょうが》する姿があった。

伸ばした脚を揃《そろ》え、両腕を胸の前で交差させている。包帯で巻かれて地肌は見えず、頭部も完全に隠されているが、身体の線ははっきりわかる。手も指の一本一本が丁寧に包まれていて、どこにも欠損がなく全身がきれいに揃っていた。

これが何千年もの時を経てきたなんて、信じられないくらいに完璧だ。

「うう……俺こういうのだめ……」

青い顔になって同僚の背後に隠れている近衛がいた。とても人気の展示室だけど、人によっては踏み込みたくもない場所よね。柩や遺体を展示するなんて、たしかにどうなのという気はする。

歴史的価値とか、古代文明への憧れとか、いろいろ理屈をつけたって、展示されている当人が口を開けば文句を言われそうだ。

ミイラの部屋に全員が入ると、扉がしっかり閉ざされた。

シメオン様がぐるりと周囲の柩を見回す。すべて中は空《から》のはず……だけど。

「一つ一つ、開けてたしかめるしかないですかね」

アランさんが少しいやそうに言った。

「壁の柩は違うと思う。おそらく横になっている方だ」

「あー、そうですね……なんだってこんなとこに隠すんだか。悪ふざけにもほどがある」

「開館前に忍び込んで隠したんでしょうか。そんな手間をかけるより、適当なとこに放り出せばいいのに」

「それだと先に見つかる可能性があるからじゃないか？　でもまあ、度のすぎたいたずらだよな」

「ひどいやつらだよ」

近衛たちが口々にしゃべりだす。それでいて誰も積極的には動かなかった。

気が進まないとみんなの顔に書いてあった。そうでしょうとも。ただでさえ柩の中をたしかめるなんていい気はしないものだし、ましてこの特殊な空間ではね。

しかしシメオン様だけは表情を変えず、床に置かれた柩の一つへ足を向けた。あわててアランさんがあとに続く。他の柩も開けて調べるようシメオン様が命令して、ようやく全員が動きだした。

――その時だ。

「うわっ!?」

近衛たちが悲鳴を上げてあとずさった。シメオン様が振り返り、わたしもなにごとかと身を乗り出す。誰もが即座に理由を知った。柩の一つが揺れていた。

誰もまださわっていないのに、ひとりでにガタガタ揺れている。耳を澄ませば中からうめき声のようなものも聞こえてきた。

これって……！

「ぎゃーミイラの呪《のろ》いだぁ！」

「あったよねそんな話！　関係者が次々死んでいったとか聞いたことあるよね！」

「イヤー！　ごめんなさい呪わないで！」

「副長の方に行って！　副長なら呪いより強いから！」

「それは呪いの方がいやがって避けると思う！」

栄えある精鋭近衛騎士たちが大騒ぎでうろたえている。彼らの頭をベシバシ叩《たた》きながらシメオン様が揺れる柩へ向かった。

「中尉、そちらを持ってくれ」

「はい」

シメオン様とアランさんで手をかけ、慎重に蓋《ふた》を持ち上げる。一見石のようにも見える柩はじつは木製で、男性二人でなら苦労せずに開けられた。

人々が固唾《かたず》を呑《の》む中、柩の中身が晒《さら》される。

はたして現れたのは、怒りで動きだした呪いのミイラ……などではなく。

「生きてる！」

一転して歓声が上がった。

身動きもとれないほど狭い柩の中、手足を縛られて閉じ込められていたのは、ちゃんと目を開けているダミアンさんだった。

13

美術館前広場での捕り物騒動は、下《した》っ端《ぱ》構成員が何人か取り押さえられただけで、ヴァレリアーノはしっかり逃げ去っていた。

報告を受けたシメオン様は特に腹を立てるようすもなく、逮捕した男たちだけを連れて撤収を命じる。ぐったりしているけれど命に別状はなさそうなダミアンさんと、ピエロン記者も馬車に乗せて、わたしたちは北の王宮へ向かった。

道中うちの前を通るので、いったん寄ってジョゼフだけを帰す。わたしはそのままシメオン様たちに同行し、騎士団官舎へお邪魔した。

「終わったか。ご苦労だったな」

会議室に通されれば、先日と同様にセヴラン殿下とポワソン団長が待っていた。入るのはわたしとシメオン様だけで、ダミアンさんとピエロン記者は別室だ。まずはダミアンさんの手当てをしなければならないが、思ったほどひどいけがはしていないようだった。

「予定どおりに作戦完了しました」

「うむ。マリエルも大変だったな、お疲れ様」

「ありがとうございます……で、そろそろ説明をしていただけるのですよね?」

隣に座るシメオン様を、わたしはじっとりとにらむ。ここまでずっと我慢《がまん》して黙っていたのだから、全部吐いていただきますよ。

シメオン様は小さく咳払《せきばら》いをしてごまかした。

「いったいどういうことですの? 最初からヴァレリアーノを逃がすおつもりだったようですが、なぜそのような。まさかファミリアと裏取り引きを?」

「いえ、そのようなことはしていません」

「でもそうとしか思えない状況ですよ。少なくともヴァレリアーノとはなんらかの取り引きがありましたよね? 美術館でのやりとりはすべて茶番ということですか?」

「待て、落ち着けマリエル」

詰め寄るわたしをセヴラン殿下が制した。

「ちゃんと説明してやる……というか、これを見せればよかろうな」

手元から封筒を取り上げる。なんの特徴もない白い封筒だと思ったら、隅に型押しがされているようだ。すでに開封されたものかシメオン様に渡され、彼が確認したあとわたしに回された。

「なんですか……て」

『ご協力に感謝します。けど副長は呪《のろ》われて。　アンジェロ』

「…………」

短いメッセージの意味を理解するより先に、飛び込んできた名前にわたしは目を瞠《みは》った。

アンジェロって……その名前って。

しかもこの封筒の型押し、この紋章はラビアの。

「……まさか、ヴァレリアーノの正体は」

「そういうことだ」

わたしの視線を受けて殿下がうなずく。ついでシメオン様を見れば、眉間《みけん》にしわを寄せながらうなずいた。

「あなたがトゥラントゥールへ連れて行かれた夜、こちらが殿下のもとに届けられました」

そういってもう一通、同じ型押しのある封筒を取り出す。

そちらにはちゃんと手紙と言える文章が書かれていて、差出人はリベルト公子の密命でファミリアに潜入中だと伝えていた。

署名は同じくアンジェロ――ただし前後が増えて「エミディオ・アンジェロ・チャルディーニ」となっている。多分、アンジェロだけでは殿下にはわからないと思ったのだろう。あれはわたしが、彼から求められて贈った名前だから。

――やっぱりリュタン！　あの変装の天才、諸国に名を知られた怪盗リュタンですか！

でもってその正体は、ラビアの諜報員《ちょうほういん》というややこしい人物だ。リベルト公子の直属で、さまざまな任務を受けて動いている。怪盗なんて言われているのもお仕事の一端で、わざと騒ぎを起こして世間の目をそらし、真相を隠すための工作だった。

という事情をわたしが知っているのは、過去に何度も関わりがあったせいで……もう友人と言っていい関係になっている。シメオン様との間にもまた違う関係が築かれていて、ものすごく仲が悪いかと思えば協力し合うこともある。

今回は、向こうから協力を求めてきたわけだ。

組織の人間と入れ替わり、名簿を持ち逃げしたダミアンさんを追いかけてきたが、彼はデルマー男爵家に入り込みわたしとも接触していた。このままではラグランジュの人に被害が出そうなので協力をお願いしたい……といった内容が丁寧《ていねい》に、しかしどこかふざけた調子で書かれていた。

いかにも、あのいたずら好きな泥棒妖精《ようせい》らしい手紙である。

ああ……思い返せば、ヴァレリアーノから感じたものはリュタンそのままだった。陽気でいたずらげで、ふざけているように見せて油断ならない鋭さを隠している。どうして気づかなかったのかしら。あんなに近くであの瞳《ひとみ》を見たのに。

そしてわたしを王宮から連れ出した手口もわかってしまった。関与した近衛《このえ》騎士が誰か結局わからず、外部の人間のなりすましと結論づけられた。それも重大な問題とされていたけれど。

あの男なら侵入もなりすましもやってのけるわよね！　いえ本人は別のなりすまし中だから仲間にやらせた？　どちらにせよ――

「先に言いなさいよーっ！」

手紙を握りしめて、わたしは怒りの声を上げた。

「わたしの必死の逃走は、あの時の恐怖はなんだったのよ⁉」

「まったく同感です。二度までもあなたに手を出されて私がどんな思いだったか。美術館では絞め殺してやりたい衝動をこらえるのに必死でした」

「どうりでね！　極秘のはずの情報をわたしたちにさがさせるわけですよ！　どう考えてもおかしいと思っていたんです。中を見られちゃうじゃないのって！　そんなことおっしゃってますけどシメオン様だってわたしをだましていらしたのですよね⁉」

八つ当たり気味に隣をにらめば、気まずく視線がそらされる。

「だますつもりでは……私も途中まで知りませんでしたので」

「リュタンは正体を隠して潜入中だったのだ。不満はわかるが理解してくれ」

見かねたセヴラン殿下がとりなした。

「いかにリュタンといえど、スカルキファミリアへの潜入は危険な任務だろう。自分に疑いの目が向けば調査に失敗するのみならず、命取りになりかねない。こちらも無関係な立場ではないゆえ協力するしかなかったのだ」

「………………」

あの時、逃げ出さずに彼についていったら、ちゃんと説明が聞けていたのだろうか。きっと上手《うま》く逃がすか保護してくれただろうから、あんなに大変な思いをせずに済んだのだろう。

――でも、そんなのわからなかったもの！　しかたないわよね⁉　ピエロン記者にとってはおそろしいファミリアの人間にしか見えなかったのだし、わたしもそう言われたら逃げるしかなかったわよ。

ここで文句を言ってもしかたなく、わたしはふてくされて黙るしかない。ポワソン団長がカラカラと笑った。

「まあ苦情はリベルト公子の方へ送ってもらいましょう。こちらに多大な迷惑をかけたとお知りになれば、こってり絞ってくださるのではないですかな」

「うむ。私から連絡するついでに抗議しておく」

わたしをなだめようと殿下も同意される。ぜひしっかり抗議していただきたいものだ。そして今度会ったらわたしからもめいっぱい文句を言ってやるのだから。

「再来月のアンリエット様のご婚儀、わたしも参列をお許しいただけますでしょうか。アンリエット様からも望まれております」

「そなたラビアに行きたいだけだろう」

「気が収まりませんので、直接文句を言いに――殴り込んでやります！」

「込むな！」

――ヴァレリアーノがリュタンだと知ったシメオン様は、彼に協力するため美術館での茶番に乗ったらしい。他の男たちは本物の構成員だったので、最後まで種明かしをしないままのお芝居だった。なので広場での捕り物も、向こうの要望に従ったまでだとシメオン様は主張する。

「わざわざ人員を手配して演出してやったのに、文句を言われる筋合いはありませんね」

憎まれ口をつけ足したカードに冷笑を浴びせ、彼はフンと鼻を鳴らす。

「でも本気で全員確保の勢いに見えましたよ」

「ええ、そうしろと命じました。わざとらしく手抜きをしていたら芝居だと見抜かれるでしょう。どうせ外にも仲間を待機させているはずですから手加減など無用です。迫真の演技になってよかったではありませんか」

それでリュタンまでつかまえてしまったらだめではないかと思うが、彼ならどうにかして逃げるだろうと、あえて全力での捕り物になったらしい。一部の不心得者は別として、ラグランジュの警官は優秀ですからね。凶悪な犯罪者だと聞かされれば逮捕しようと頑張るわよね。

「ダミアンが死亡し、名簿は取り戻したと、証言してくれる者が一人でも残れば問題ない。他はむしろ逮捕された方がよいはずですよ。もっとも荒事専門の構成員など、なにも聞かされず現場での指示に従っているだけですから、取り調べをしてもたいした情報は得られないでしょうが」

親切に協力しただけだという姿勢をシメオン様は崩さない。それも嘘《うそ》ではないだろうけど、多分いちばんの理由ではない。ざまあみろと言わんばかりのお顔にわたしは苦笑するしかなく、殿下と団長様もぬるく笑っていた。

まとめると、リベルト公子のお掃除計画の一端だったわけで、それにラグランジュが協力したという形だ。要点だけを言えば単純な話なのだけど、いろんな要素がからまったせいでどんどん状況がややこしくなり、関わった人間全員の予想をはずす展開になってしまったのだった。

そもそもダミアンさんが名簿を持ち出さなければ……と思うけど、どのみち彼は追われていただろうから、こうなって逆によかったのかしら。

両国の首脳陣を巻き込んだ逃走劇になったため、ダミアンさんにとってだけは、幸運な結末だった。

この話し合いの翌日ダミアンさんのようすを見に行くと、顔色もよくなり落ち着いた表情でこれまでのことを謝罪してくれた。

「本当にご迷惑をおかけしました。まさかここまでの大ごとになるとは……すみませんでした」

ピエロン記者は解放されて数日ぶりに自宅へ帰っている。彼がファミリアを抜けたのは二十年近く前だから、顔を見られても関係者だとは思われなかっただろう。会社にも自宅にも寄らず王宮で保護されていたし、身元が知られているおそれはないと判断しての帰宅だった。

「ぐあいはいかがです？」

「はい、おかげさまでもう大丈夫です」

官舎の取調室でシメオン様つき添いのもと、わたしはダミアンさんと面会した。

頭の包帯が痛々しいが、顔色は悪くない。二階から飛び下りたり馬車にはねられたりと、なかなか大変な目に遭いながらも、そこは素人《しろうと》とは違ったということだろうか。いずれも重傷にまではいたらず、十分に休んで食事もとって、すっかり元気を回復していた。

「亡くなったと聞かされて、一時は絶望しましたのよ」

「はあ、まあ、殺すつもりだったんでしょうね。あんなとこに閉じ込められて、誰にも気づいてもらえなかったらそのまま死んでましたから。ファミリアらしい残酷な処刑方法ですよ」

皮肉げに笑ってダミアンさんはそう言うが、わたしは内心違うだろうなと考えていた。

人の形にくりぬいた柩《ひつぎ》の内部にはほとんど余分な空間がなく、蓋《ふた》を閉じれば密閉状態になる。当然短時間で窒息するはずだ。でもダミアンさんは無事だった。

彼を救出したあとでわかったことだけど、蓋と本体の間に薄い板が挟まれていて、わずかな隙間《すきま》を作っていたのだ。しかも顔のそばだったから、発見されるまで窒息せずに済んでいた。

誰がそんな細工をって考えたら、まあわかるわよね。

きっとリュタンは、最初から彼を殺すつもりなんてなかったのだろう。

つかまっている間、目を覚ましたことがばれてもなにもされなかったという。そして取り引き当日、薬でふたたび眠らされ柩の中に隠された。あの男らしいいたずらと、ダミアンさんが言ったような目的に見せかけるためだったのだろう。

名簿を取り戻し、ダミアンさんの口封じも完了したと組織に思わせて、もう追われることがなくなるように。

殺されたって自業自得と切り捨てそうなものなのに、ずいぶん親切よね。ラグランジュ側を刺激しないためなのか……かつて自身も身を置いていた世界から足を洗いたいと逃げ出した人への同情、あるいは応援だったり……なんて、きっと本人に聞いても認めないでしょうね。

そこはもう、追及しなくていい部分だと思う。

「こちらを、お渡ししますね」

わたしは手提げから菫《すみれ》のブローチを取り出した。一度シメオン様のお顔を見て、うなずきを返されダミアンさんに渡す。

「ああ……！　ありがとうございます。本当に、すみませんでした。ありがとうございます」

ブローチを見た瞬間、ダミアンさんの表情が変わった。彼は押しいただかんばかりに受け取り、何度もわたしにお礼を言った。

その顔から、他人のお金をだまし取ってやろうとする卑《いや》しさは感じられない。だけど黙っているわけにもいかない。

「それをどうなさるおつもりですの？　管財人のところへ持っていって、デルマー夫人の遺産を受け取るおつもりですか」

「それは……」

「亡き夫人の管財人に確認し、遺産があることも、エリックに相続させたいと頼まれたことも、本当の話だと承知しています」

調べたのはシメオン様だ。ダミアンさんがわたしに語ったことは、ほぼすべて事実だった。彼が夫人の息子を名乗っていた点を除いては。

「管財人のところへ持っていって、遺産を受け取りますか？　でもそれって詐欺ですよね。あなたに遺産を受け取る資格はありません。他人になりすましてだまし取ろうとするなら、わたしたちも黙っていられませんよ」

わたしの言葉にダミアンさんがうつむく。心外だと抗議してこないということは、やはり遺産を狙《ねら》っていたのだろうか。でももう、彼がなに者かはすっかり明らかになっている。今さらなりすましは不可能だ。

椅子《いす》に座らずわたしのそばに立っていたシメオン様が口を開いた。

「あなたの身柄をどうするか話し合い、ラビアへ送るべきだという意見も出ました。過去、あなたによって被害をこうむったのは、ほとんどがラビアの人でしょう。ならば向こうで裁きを受けさせるのが妥当ではないかと」

「…………」

「私も同感です。足を洗う決心をしたといっても、単に自己保身のためであって罪を償ったわけではない。ラグランジュへ帰ってからも、他人になりすまして男爵家へ入り込むという詐欺を働いている。法に照らせば、とうてい無罪放免にできる人物ではない」

ダミアンさんの顔がどんどん青ざめていく。腕組みをして立つシメオン様はかなりの威圧感だろうし、告げられる言葉にも容赦はない。

「ラビアへ送るか、ラグランジュの監獄へ送るか、いずれかだろうと話していました。しかしデルマー男爵より嘆願が寄せられまして」

「……え」

最後の言葉に、少し驚いた顔が上げられた。

「あなたに更生の機会を与えてほしいと。当家で身柄をあずかりしっかり監督するので、処分を保留してもらえないかと頼まれました」

「…………」

「嘆願書を作成したのは執事のモラン氏でしょうが、男爵自身の願いでもあることは確認されています。彼はあなたを慕っている。夫人との約束に従って、幼い男爵を守ろうと懸命に努力していたようですね」

「………」

ダミアンさんの身体《からだ》が震える。もう若くはない、たるんできた目元に涙がにじんだ。

「モランさんから聞きました。あなたは本物の伯父のようにレニー様を可愛《かわい》がり、守っていたと」

ふたたびわたしは口を開いた。

「亡き夫人に頼まれたからだけでなく、本当に愛情を向けてくれているように感じたそうです。信じてよいのですよね？　プーキーの巣箱、とても丁寧に作られていましたね。作り手の愛情が伝わってくると、わたしも感じましたわ」

「………」

「あなたにとってデルマー邸は、ただ身を隠すためだけの場所ではなかったのですね」

さみしかったのは、レニー様だけではなかったのかもしれない。若い頃から組織に身を置いていたダミアンさんにも、家族と呼べる存在はない。たった一人で逃げてきて、孤独を感じる時もあっただろう。

ブローチを握りしめる手が震えている。亡き夫人と交わした約束の印《しるし》を見つめながら、彼は話した。

「……俺が偽者だってわかったのに、奥様は追い出さなかったんです。坊ちゃんを守るためっていったって、俺みたいなのに頼ることないでしょう。普通警察に突き出すもんでしょうに、文句も言わないで受け入れてくれたんです。俺からエリックの話を聞いて、喜んでくれて……エリックのかわりにこの家で暮らしていいって言ってくれました」

出奔《しゅっぽん》した長男がどうしているのか、夫人はずっと心配していたらしい。再会はかなわなくても、亡くなる前にせめて消息を聞かせてあげられたのはよかった。

「遺産も俺の好きにしていいって言ってくれました。願ったり叶《かな》ったりな話なのに、なんか急に申し訳なくなったんです。あの人をだまそうとしていた自分がすごく恥ずかしくて……この俺がですよ。人をだますことになんの罪悪感もなかったくせに、デルマーの奥様には申し訳ない気持ちでいっぱいになったんです」

泣き笑いの顔でダミアンさんは言う。

「この年で言うのも恥ずかしいですが、正体を知られながらあんなに優しくされたのは、生まれてはじめてでした。俺は詐欺師で、人をだますのが商売で、約束なんて破るためにあるもんだって考えるような人間です。でも奥様との約束は、本当に守ろうと決めたんです。命をかけてでも守るって決めたんです」

筋金入りの犯罪者でも、きっかけ一つで改心することもあるのね。人は人と関わることで幸せにも不幸にもなる。亡き夫人との出会いはこの人を明るい世界へすくい上げ、幸福へと導くものだった。

「坊ちゃんにも本当のこと言うべきだろって思ったんですけど、言えなくて……俺のことを伯父さんだと信じてなついてくるのが、申し訳ないと同時に可愛かった。まっとうな生き方してたら俺にもこんな子供がいたんだろうなって思ったらなおさら可愛くて、だから言えませんでした……本当のこと知られてがっかりされるのが怖くなったんです」

「モランさんから説明されたそうですよ。レニー様は賢い方ですから、ちゃんと理解されました。たしかに少しはがっかりなさったでしょうね。でもあなたに帰ってきてほしいと言ってらっしゃるんですって」

「ほ、本当に？」

「小鳥のための餌台も作ってはしいのですって」

「……ああ、プーキーの餌を狙っていっぱい来るから……けんかにならないようにもう一つ作ろうって、話してたんです」

「なら、その約束も守りませんとね」

わたしはシメオン様を見上げる。旦那《だんな》様の美しいお顔から、厳しさが少しやわらいだ。

「一応ラビアにも断りを入れますが、詐欺師ごときをいちいち引き渡さなくてもよいと言われるでしょうね。今後ラビアは逮捕者であふれかえりそうですから、あなたにかまっている暇はないでしょう」

「は？」

「ただし、あなたが見聞きしてきたファミリア内部の情報は必要とされる可能性があります。要請があった場合には応じてもらいます」

「あ、はい……ええと？」

まだよくわからない顔のダミアンさんに、シメオン様はツンと告げる。

「あなたの処分は無期懲役《ちょうえき》、デルマー男爵邸を収容所とするものに決定しました」

涙のにじむ目が瞠られる。

「モラン氏の監督下で働いてもらいます。最低限生活に必要なものは支給されますが、給与はありません。単独での外出も不可です。定期的に調査が入り、更生できていないと判断された場合、また逃亡などを企《くわだ》てた場合は、収容先がリベール監獄に変更されます」

厳しい宣告をしているようだけど、じっさいは大甘な決定だ。ある程度の期間は本当に監獄に入れるべきではと主張したシメオン様に、セヴラン殿下は男爵家からの嘆願書を見せられた。執事が代筆《だいひつ》した文章のあとに、幼い文字で書かれたお願いが続いていた。

子供の一所懸命な訴えにさしものシメオン様も折れるよりなく、寛大な処分が下されたわけである。

「将来的に、十分に更生し男爵家に貢献していると認められれば、刑期終了となります。その後は給与を受け取って働き続けるか、他へ移るかを自由に選択できます」

「……あり、がとう、ございます」

包帯の巻かれた頭が、深々と下げられた。

「ありがとうございます……」

長年人をだまし続けてきた詐欺師が、肩を震わせ感謝を述べる。これを演技だとは思わなかった。喜びからあふれる嗚咽《おえつ》を、シメオン様も穏やかに見守っていらした。

「わたしたちとも、約束してくださいね。レニー様とあの美しいお屋敷を、守ってくださいね」

「はい……必ず。守ります。約束します」

「デルマー家にはフロベール家とクラリック家がお力添えします。あなたの手に余る事態が起きた時は、小細工でどうにかしようと考えず、素直に助けを求めてください。けして見捨てないと、約束しますから」

顔を上げたダミアンさんに、わたしは笑いかける。そうしてもう一度シメオン様を見上げれば、彼も優しいまなざしでうなずいてくれた。

「……ありがとうございます……」

長年身に染みついた悪いくせは、そう簡単には治らないだろう。でも守りたい存在ができた時、人は生まれ変われると信じている。自分よりも大切にしたいものがあれば、そのためにどんな努力だってできるだろう。

何歳からだってやり直せる。まだまだ現役、頑張ってもらわないと。

あのおとぎ話のように美しく優しい場所で、ダミアンさんの新しい人生がはじまる。

きっと、とても幸せな未来が待っている。

14

「すっ……素晴らしい……！」

馥郁《ふくいく》たる花の香りに包まれる館を訪れて、わが兄ジェラール・クララックが感嘆の声を上げた。

「なんという美しい庭なんだ！　まさに楽園だ、これこそ俺の理想郷！」

予想どおりの反応だ。先日のわたし同様外からの眺めに感嘆し、門の中へ入ったあとはすっかり自分の世界に飛び立っている。普段はもっさりした前髪と黒縁眼鏡《めがね》の中からつまらなそうに周りを見ている目が、別人のように輝いてあちこちを見回していた。

大好きなものを前に舞い上がっちゃう気持ちはよくわかる。これがお兄様の萌《も》えなのよね。でも挨《あい》拶《さつ》くらいちゃんとしてほしい。見なさい、デルマー家の皆さんが笑っているじゃない。

喜ぶだろうと思ってお兄様を連れてきたのも事実だが、いちばんの目的は今後にそなえた顔合わせだ。ダミアンさんに言ったとおり、デルマー家の相談役にフロベール家とクララック家がつく。名前だけでなくしっかり親交を持てるようにと、事前にお兄様にも話しておいたのに。

もっとも世の中には園芸好きがたくさんいて、こういう人を迎えることには慣れているらしい。デルマー家の人々は驚きもせず鷹揚《おうよう》にかまえていた。

レニー様は今日《きょう》も元気で可愛《かわい》らしく、プーキーと一緒にわたしを出迎えてくださる。その後ろには神妙につき従うダミアンさんの姿があった。

見習い執事のような姿をしているが、彼が使用人たちの上に立つことはない。仕事内容はほぼ雑用係、呼ばれれば掃除だろうと洗濯だろうと手伝うなんでも屋さんだ。

その待遇に不満そうな顔もせず、わたしとシメオン様を見ると丁寧《ていねい》におじぎをしてくれた。

「はじめまして、ジェラール・クララックと申します。貴家《きか》とご縁を持てたこと、望外の喜びに存じます。折々にお屋敷の前を通り、外から見える景色を楽しませていただいておりました。どうにかして中を見せていただけないものかと熱望していたのですが、当家にも妹の嫁ぎ先にもお宅との交流がなく、咲いては散る花を、移り変わる色彩を遠目に眺めるばかりの日々。人づてにこの世のものとは思えぬほど美しい庭だと聞き、夢に見るほど憧れておりました。今日こうして訪問がかない天にも昇る心地です。ええ、間違いなくここは地上の楽園です！」

「天に昇って地上の楽園ってなんですの。もっとまともなご挨拶をしてくださいませ恥ずかしい」

「お前が言うな。至高の存在を前にして語彙《ごい》を失う気持ちはよく知っているだろうが」

「おあいにくさま。わたしは語彙を尽くして表現し、誉《ほ》め称《たた》えますわ。言葉の専門家ですから！」

「だから俺も誉め称えているではないか」

「くどくど長い上に言い回しがおかしいのです。これだから花にばかり夢中でろくに社交もしない人は」

「社交そっちのけで取材していたのはお前だろう！」

「兄妹だな……」

三者三様のわたしたちに少しばかり圧倒されていたレニー様は、当主として話をしなければならないと思ったのか、あるいは単純に興味がわいたのか、可愛らしく首をかしげてお兄様に尋ねた。

「おじさんは、お花が好きなんですか？」

「おじ……っ」

固まるお兄様に気づかずレニー様はにこにこと言う。

「うちのお花はね、お祖母《ばあ》様とお祖父《じい》様が集めたんです。ずっと昔はさみしいお庭だったので、いっぱいお花の咲くお庭にしたかったのよって言ってました」

「そ、そうですか」

「お客様にも楽しんでもらえたらうれしいって言ってましたから、おじさんもいっぱい見ていってくださいね」

「はは、ありがとうございます……おじさんて」

小さな声でぼやくお兄様に、わたしもこっそりつっこむ。

「親子くらい離れているのだから当然でしょう。今年二十八歳がなに気にしてらっしゃるんですか」

「二十代でおじさんはないだろう!?　大体俺がおじさんなら一つ上のシメオン殿はどうなる!?」

「まあレニー様から見ればね……」

「――うっ」

流れ弾がシメオン様に当たっている。周囲の使用人たちが気の毒そうに笑っていた。

ダミアンさんも笑っている。

少しさみしくても、穏やかで幸せな空気が花の館を満たしていた。

レニー様に手を引かれ、お兄様は庭園へ入っていく。薔薇《ばら》のアーチをくぐり、童話の世界のような小径《こみち》へと。次々飛び出す感動にささやかな衝撃など忘れ、また花々に夢中になっていた。

あのようすなら相談役も熱心に務めてくれるだろう。美しい家を守ろうと、義務ではなく思ってくれるに違いない。

ああ見えて優しい人だから、レニー様のことも守ってくれるわ。

わたしは彼らから離れ、壁のフジがよく見える場所に移動した。あれから約一週間、大分開花が進んでいる。薄紫の長い花房《はなぶさ》が無数に垂れて、じつに豪華な眺めだった。

わたしは外の道に面した柵まで歩き、そこにいた人に話しかけた。

「あなたも中へ入ればよいのに」

「ゴシップ紙の記者なんぞ、お貴族様は歓迎しないだろ」

柵越しに館を眺めていた人が答える。相変わらず頬《ほお》には剃《そ》り残しが目立ち、今日も素敵にくたびれていた。

正真正銘、冴《さ》えないおじさんよね。見た目も雰囲気もすっかり庶民生活に染まっていて、今回のことがあるまでわたしもだまされていた。お見事よ。

「つまり、今後も正体を明かして家に戻るつもりはないということですか」

「正体ってなんだよ。俺はただのしがない新聞記者だよ」

んもう。呼び出しに応じてここまで来ているくせに、往生際《おうじょうぎわ》が悪いのだから。

わたしは柵の間に手を入れて、ピエロン記者の頭から帽子を奪い取った。

「おい、なにする」

「あなたとダミアンさんって、背格好も、髪や瞳《ひとみ》の色もよく似ていますよね。顔立ちもどことなく。だからなりすましなんてことを思いついたのでしょう？」

少しくせのある茶色の髪に、落ち着いた焦げ茶の瞳。くたびれ感にごまかされずよく見れば、意外にすっきり整った顔立ち――仲よくなった相手と似ていたのは偶然だろうけど、それを利用できると思いついたのがそもそものはじまりだ。

「は、茶色い髪や瞳なんてそこら中にゴロゴロしてんだろうが。あんただって茶色だ」

「そうですねー。でも言葉づかいが崩れていても発音はきれいで、食事の作法が身についていて、乗馬の心得まである人って、ちょっと条件が重なりすぎていると思いますの」

「そういうこともあるだろうさ」

「あの時あなたは少し遅れて来たから聞こえていなかったのでしょう？　ダミアンさんが倒れて意識を失う寸前わたしに頼んだのは、ブローチを『エリックに渡して』でした。おかしいですよね？　エリックはずっと昔に亡くなったのではありませんでした？」

「…………」

取り戻そうとする手から逃れ、わたしは帽子をふざけてかぶる。思ったより大きくてぶかぶかだ。

「彼がエリックのなりすましだろうとは気づいていましたから、その時点では特に不自然とは思いませんでした。その後あなたからエリックはすでに亡くなったと聞いて、引っかかったのです。わたしが意味を取り違えた？　でも考えてみれば、エリックが亡くなったと証明するものは見ていません。あなたから聞いた話だけです。あの状況でダミアンさんが嘘《うそ》をつく意味がありませんし、それなら嘘をついているのは……ねえ？」

足音が近づいてくる。シメオン様は話の邪魔をなさらず、黙ってわたしのそばに立った。

頼もしい人を見上げて微笑《ほほえ》み、わたしは続ける。

「本人の協力があるから、実の母親のもとになりすまして乗り込もうなんて考えられたのでしょうね。家族の特徴や思い出を教えてそれらしくふるまえば、母親もだませるだろう——なんてダミアンさんに言ったのでは？　でもそう上手《うま》くいかないだろうと、あなたにはわかっていましたよね」

ピエロン記者は答えずむっと口を引き結んでいる。強情《ごうじょう》な人に、もう全部聞いているのだとわたしは明かした。

「デルマー夫人の遺産について、ダミアンさんは半分こにすると約束したそうですよ。一人占《じ》めはしないって。あなたはもう家に帰るつもりはないから遺産も受け取らない、お前に譲ると言ったそうですが、お母様のお気持ちを尊重してあなたにも渡すと約束したそうです。だから必死に耳飾りを取り戻そうとしていたのですわ」

舌打ちをしてピエロン記者は背を向ける。柵にもたれて紙巻き煙草《たばこ》を取り出し、薄い煙を吐き出した。

「お母様、あなたがとうにサン＝テール市に帰っていて元気に暮らしているとお知りになり、とても喜んでいらしたそうですよ。会わせてあげることはできないから、せめてあなたの書いた記事を見せたりしていたのですって」

「あの野郎……なに見せてやがんだ」

「親に見せられないようなものを書いていましたの？」

「うっせえ」

意地を張る背中にわたしはこっそり笑う。ダミアンさんも見せる記事は選んだと思いますよ。

「見抜かれると承知の上でダミアンさんを送り込んだのでしょう？　お母様がもう長くないことを知って、でも帰れなくて悩んでいた。そんな時にダミアンさんと再会して、彼を助けると同時にお母様に消息を知らせられると思いついたのですね」

「………………」

「事情を聞けばきっとお母様はダミアンさんを受け入れてくれると、あなたにはわかっていた。デルマー家に危険を持ち込んでしまうかもしれない、でも余命わずかな母親を安心させてやれる。どうしようか悩んで、もう時間が残されていないお母様の方を優先した」

「よくしゃべるな、あんたは」

わたしに背を向けたまま、ピエロン記者はため息をつく。わたしはふんと鼻を鳴らして応じた。

「あなたが素直にならないからですよ。本当に往生際が悪いのだから」

腰に手を置いて胸をそらせば、頭の上でくすりと笑いがこぼされた。

優しい気配にわたしも微笑み、頑固な背中に言う。

「裕福な貴族の若君が一人で家を飛び出して、二十年帰らなかったのです。それだけの理由があったのでしょうし、今の生活もあるとわかっています。帰らないと決めたあなたの判断を、責める気はありません」

「………」

「きっとお母様もわかっていらっしゃいましたよ。無理やり連れ戻したかったわけではなく、ただあなたが元気でいるかを知りたかっただけだと思います。ダミアンさんを送り込んだ目的も、見抜かれていたのではないかしら」

赤の他人が息子を装い家に入り込んできて、すんなり許して受け入れるなんて普通はない。デルマー夫人がダミアンさんを受け入れた理由の一つは、息子の気持ちに気づいたからだろう。

直接会いに行けなくても、母親を気にかけている。その想《おも》いを知り、ダミアンさんを通じてつながれることを喜ばれたのだろう。

「伝わっていましたよ。あなたはちゃんと、お母様に寄り添っていた。いる場所は離れていても、顔を見せられなくても、気持ちはお母様のもとに届いていました。だから穏やかに最後の時をすごされたのですわ。きっとお幸せだったでしょう」

答えはなく、ただ煙が吐き出される。薄くたなびき消えていく煙は、ほんの少し湿っていたかもしれない。意地でも振り向かないのは、今の顔を見られたくないのかもね。

言い返さないというのが、彼の答えなのだろう。

正直なところ、わたしの中には直接会ってあげればよかったのにという気持ちがある。もう最後なのだから、ひと目顔を見せるぐらいしてもよかったではないのと。

折り合いが悪かったという父親はとうにいない。弟とその妻も他界した。はばかる相手はいないのだから、帰ってもよかったでしょうに……と、思ってしまうけれど。

他人にはわからない事情があるのでしょうね。ダミアンさんを通じて消息だけでも知らせようとした、精いっぱいの気持ちはデルマー夫人にも伝わっていたはずだから、それでよい。

すべては終わってしまった過去。少しばかりの苦さと痛みを残しながら、静かに振り返る話にしていけばよい。

「でも、レニー様には頼れる大人《おとな》の親族が必要です。一緒に暮らせとまでは言いませんが、連絡だけでも取り合ってあげられませんか？」

「こんなのが今さら現れたって、かえって家の恥だろうよ」

さすがにもうしらばっくれず、ピエロン記者は言った。

「二十年は短くないぜ。俺はもう貴族の世界にゃ戻れねえ。このまま、他人として生きてく方がいいんだ。お互いのためにな」

「そうでしょうか」

「……まあ、よっぽど俺でなきゃどうにもならねえってことがあったりすりゃ、あんたがかわりに知らせてくれ。役に立てるかわかんねえが、話くらいは聞いてやる」

あら、とわたしは目をまたたいた。とことん拒絶されるかと思ったら、うれしいことを言ってくれるではないの。

一緒に問題に向き合ううちに、少しは心を開いてもらえたのかしら。わたしももうこの人を、迷惑なだけの存在とは思っていない。今はまだ微妙な関係でも、もしかしてそのうち友人になれるかも。

なんだかワクワクしてくる。

喜ぶ気持ちが伝わったのか、ごまかすようにピエロン記者はつけ足した。

「けどよ、そっちの旦那《だんな》がいい人材紹介してくれんだろ？　俺なんぞが出張《でば》らなくても済むように、よろしく頼むぜ」

「ならば、一つ条件があります」

それまで黙っていたシメオン様が口を開き、ようやくピエロン記者を振り返らせた。いぶかしむ目はもういつもどおりだ。にじんだものがあったのかどうかは、わからない。

「条件？」

「あなたがエリック・デルマーであることを公表せず、デルマー男爵家を支援すると約束するかわりに、そちらもアニエス・ヴィヴィエの素性について口外《こうがい》しないと約束してください」

「……おう、そうくるか」

男二人が正面からにらみ合い、片方は冷やかに、もう片方は不本意そうに笑う。

「ヴィヴィエにかぎらず他の女流作家についても、当人たちが隠そうとしているものを無理にあばき立てて吹聴《ふいちょう》するような真似《まね》は慎んでください。あなたには秘密をさぐられる側の気持ちがよくわかるはずです。自身が拒否していることを他人に押しつけるのではありませんん」

「…………」

「それからヴィヴィエの盗作疑惑について、間違いであったと知らしめる記事を書いてください。紙面の隅に見落とされそうな小ささで載る記事ではなく、誰の目にも留まるよう大きく」

「一つじゃねえだろうが。いくつ言う気だよ」

上がる抗議にびくともせず、シメオン様は鬼畜腹黒参謀の迫力で返す。

「あなたにも責任のあることですから、当然の要求だと思いますが？　むろん、あなたには拒否する権利があります。報道の自由を行使したいならどうぞ。その場合こちらも相応の報復に出ますので、二度とペンを持てなくなる覚悟で臨んでください」

「おい……」

「泥仕合《どろじあい》になってもかまいません。彼女を傷つける者は全力で叩《たた》きつぶします。スカルキファミリアなどより私の方が執念深いですよ。そのつもりでかかってきなさい」

「怖ぇ旦那だな！　でもってあんたはなに悶《もだ》えてんだよ」

シメオン様の隣で震えるわたしに、ピエロン記者がつっこむ。

「素敵だと思いません!?　この、鬼畜腹黒風味がたまらないのです！」

「いや全然わからん。今の腹黒か？　めちゃくちゃ直球だったぞ」

「もうもう、やっぱりシメオン様は最高の旦那様です！　生真面目《きまじめ》で優しくて可愛いのに、敵の前では黒くて容赦ないあなたが大好きです！」

「まったく共感できないのろけだな！　……やっぱ作家ってのは、普通とどっか違う人間なのかねえ」

疲れた息を吐きながらピエロン記者はひょいと手を伸ばし、わたしの頭から帽子を取り返した。そのまままた背を向けて、離れていく。

「返答は？　約束してくれませんの？」

追いかけるわたしの声に、立ち止まらないままヒラヒラと手を振る。

「フロベール伯爵家を敵に回す度胸はねえし、ヴィヴィエにも借りができちまった。仰せのとおりにするんで、そっちもよろしくな。俺の甥《おい》っ子を助けてやってくれ」

彼なりの約束をして、去っていく。遠ざかる背中と煙草の煙に、わたしは呆《あき》れて肩をすくめた。

「そういう言葉は本人の前で言ってあげればいいのに」

「あの男にはあの男の事情があるのでしょう。他人が踏み込みすぎるべきではないと思います」

「……そうですね」

人にはそれぞれ、譲れない部分がある。隠している秘密だったり、どうしてもやり遂げたいことだったり、守りたいものだったり。

互いを尊重する気持ちは大切よね。

今回はこれでお別れでも、きっとまた会う時があるだろう。次はもっと違う気持ちでおつき合いができそうだ。楽しみにしていますわよ、敏腕記者さん。

わたしはシメオン様の腕に抱きつき、思いきり甘えた。

「ありがとうございました。あれだけ言っていただけたら安心です」

「とんだ騒動でしたね。せっかく誕生日を楽しみにしていたのに、すっかり水を差されてしまった」

「大丈夫、本番はこれからです」

見上げるわたしに水色の瞳も笑う。わたしは眼鏡をはずして踵《かかと》を上げ、彼も応じて身をかがめた。

「二十歳の誕生日、おめでとう」

優しい声で言い、わたしの腰を抱いて高く抱き上げる。

「あなたが生まれてきたこの日に祝福を。一年間元気にすごし、またこの日を迎えられたことに感謝を。これからも共にあり、毎年こうして祝えますように」

どんな贈り物よりもいちばんうれしい言葉にわたしは破顔する。はしゃいで抱きつき、また口づけて。

このよき日に、わたしも感謝をささげよう。

二十年間、大過なく幸せに生きてこられたことに。

世界中の誰よりも頼もしく、誰よりもいとしい人と出会えた幸運に。

これからもずっと、この人と生きていける喜びに。

何歳《いくつ》になっても誕生日は特別な日。一年で一度だけの、わたしだけの記念日だ。

毎年たくさんの思い出とともに迎えていこう。少し遅れてやってくる、あなたの誕生日にも同じだけの感謝と喜びをささげるわ。

「帰ったら出発の支度をしませんとね。明日《あす》からいよいよ旅行だわー！　もう、間に合うかがいちばん気がかりでしたの。出発までに全部解決してほっとしました」

「そうですね。しかしあなたとでかけると、旅先でもまたなにかありそうな気がしてならない。平和な旅になるとよいのですが」

「事件が全部わたしのせいみたいにおっしゃらないでくださいませ。ほとんどは巻き込まれているだけだと思います」

「そのはずなのですが、こうもいろいろあるとね」

「うんざり？」

「……飽きない毎日ですよ」

花が咲き揃《そろ》う春本番、空も明るく輝いて。

今日は楽しい特別な日。わたしが生まれた記念の日。

そう思える今が幸せよ。

ありがとう。これからもよろしくね。

マリエルは、二十歳になりました。

働く男たちの攻防

標的が国境を越えてラグランジュに入り、首都サン＝テール市へ逃げ込んだところまではつかめている。

調べによると、やつの故郷はラグランジュ東部の小さな町らしい。両親は他界、兄弟もなし。伯父一家は健在だとか。

だがそちらへは帰らないだろうと男は踏んでいた。人口が少なくよそ者が目立つような田舎《いなか》より、世界屈指の大都会、外国人も大勢いるサン＝テールの方が潜伏先には適している。

「問題は、その潜伏先なんだよなー」

仮の拠点として身を落ち着けたホテルの一室で、男はため息まじりに新聞を開いた。政財界と広くつながりのあるスカルキファミリアには、ラビアのみならず他国にも関係者が多くいる。伝《つて》を使えば間借りできる場所がいくつもあったが、あえてそれらは避け、ホテルに部屋を取っていた。

なにせ彼は本物の構成員ではないのだから。ひそかにとらえた人物の、声と姿を写し取り入れ替わった偽者だ。あまり長く接触していると正体がばれる可能性があるし、そうならないよう気を使いながらでは動きにくい。そんなわけで少しでも楽ができるホテルを選んだのだった。

変装名人と言われる彼とて、長期の潜入には危険がともなう。潜入先が名うての犯罪組織ともなれば、一つ下手《へた》を打っただけで命取りになりかねない。

「奴《やっこ》さんはどこに隠れてるんだろうねえ。逃げる前に接触できればよかったのにな」

標的の足どりを追うべく組織の配下が調べ回っている。時間さえかければおおよその居場所はつかめるだろう。それがファミリアのおそろしさであり、今はありがたさでもある。願わくは、あまり長く待たされずに済むとよいのだが。

「……ん？」

待つ間の暇つぶしに開いていた新聞の、とある記事に目が吸い寄せられた。それなりに目立つ見出しに、彼のよく知る名前があった。

「おやぁ？」

彼女の秘された職業についてはもちろん把握している。小説を読む趣味はないが、彼女の作品ならどんなものか知りたくて、いくつか読んでもみた。正直、楽しめてはいない。自分にそういう感性がそなわっていないことは承知している。だが年齢のわりに、そして世間知らずなお嬢様育ちのわりには、よく作られているという感想を抱いたものだった。

その彼女に、盗作疑惑？

「おやおや……」

男はニヤニヤと笑いながら、見出しの下にある告発文に目を移した。一読してでたらめだなと看破《かんぱ》する。本気で告発したい者の書く文章ではない。勢いがあるばかりの信憑性《しんぴょう》に欠ける内容だ。つまりこれは、彼女を貶《おとし》める目的で書かれた記事ということか。

「大変だねえ。どうする、マリエル？」

気の毒にと思いながらも、特に心配はしなかった。彼女はこんなでたらめ記事一つでつぶれるほど弱い人間ではない。はじめ落ち込んだとしてもすぐに立ち直り、反撃に出るだろう。ぶつけられた悪意にどう立ち向かうか、この先の展開を考えると楽しみだった。

新聞を使ってけんかを売られたなら、新聞上で応戦するのでは。そう考えた男は続きが掲載されるのを待った。

はたして二日後、動きがあった。出版社からの反論は想定内、さらに私事広告欄に彼女が出したとおぼしきメッセージがある。告発の主と直接対決をしたいようだ。いかにも彼女らしいと男は笑った。それでこそだ。この勇気と行動力がじつに好ましい。

――この間《かん》、本来の仕事に動きはなかった。標的はなかなか上手《うま》く行方《ゆくえ》をくらませているようで、有力な情報が上がってこない。本職の方の手下《てした》からもかんばしい報告がなく、いささか苛立《いらだ》ちを覚える男だった。

そんな状況の息抜きにと、一人ホテルを出たのがさらに二日後のこと。

告発の主もまた彼女と接触したがっていたようで、反応があるや待ち合わせの指定をしてきたのだ。私事広告欄でのやりとりを横から見物し、好奇心をくすぐられた男は、退屈しのぎに覗《のぞ》きに行くことにした。

うららかな春の空の下、散歩をしてくるのも悪くない。

一向に進展しない状況に焦《じ》れながらホテルにこもるのにも飽きて、少しばかり気分転換をしたかった。それだけだ。

そのはずが。

「……嘘《うそ》だろう」

目の前の光景に、男はポカンと口を開けてしまった。手の込んだ真似《まね》で彼女を引っ張り出したのはどんなやつかと思ったら、なんということだろう、彼が行方を追っている最中の標的ではないか。あの顔、間違いない。どこぞの貴族のような格好をしているが、たしかに写真で見た例の詐欺師だった。

え、なにが起きてるの、これ。

まるきり予想もしていなかった展開に一瞬思考が止まった。

一向に居場所がつかめず苦労させられていたのに、まさか向こうから現れてくれるとは。

束《つか》の間《ま》の驚きから立ち直ると、とんでもない幸運に心が躍り、一方で疑問がムクムクとわいてきた。なぜ彼女がやつと接触しているのか。まさか、この仕事に彼女も関係しているのだろうか。

「……いや、ないな」

人混みにまぎれて監視しながら、男は浮かんだ考えを否定した。呑気《のんき》で平和な伯爵家の若夫人が、どう組織に関係してくるというのか。以前事件がらみで少しばかり巻き込まれてはいたが、その場かぎりの話だ。彼女が裏社会と関わりを持つはずもない。

そもそも、と男は視線を少しずらした。同じようにこっそりと二人を監視する存在が、彼の他にも二人いる。一人はくたびれた中年男で、それなりに慣れた動きではあるが軍人にも組織の人間にも見えない。おそらく新聞記者あたりだろう。そちらはどうでもよいとして。

もう一人の監視者は、詐欺師が彼女に危害をくわえないかと、遠目にもわかるほど警戒して見守っていた。

そうだろうとも。どこの誰《だれ》ともわからない、けんかを売ってきた相手に彼女一人で会うなど、あの若様が許すはずもない。まして組織に関わらせるとは到底思えなかった。

死んで生まれ変わっても無理なくらい気の合わない相手だが、彼女を命よりも大切にしているという点は認めている。日頃は主君や仕事を優先していても、いざとなればなによりも彼女を守るだろう。自覚があるかは知らないが、彼女を庇護《ひご》すると同時に依存もしている。過保護なまでに守ろうとするのは、失いたくないという不安のあらわれだ。

そんな若様が、みすみす彼女を裏社会になど関わらせるものか。

数瞬《すうしゅん》の間に思考をめぐらせ、男は結論を出した。つまり彼女たちはなにも知らずにあの詐欺師と接触しているのだろう。

いったいどういういきさつがあってそんな事態になったのだか、と肩をすくめる気分だった。

気づかれないよう、男はそろそろと場所を移動した。若様の視界には絶対に入らないよう注意する。どれほど巧みに変装しても、やつにだけはなぜか見抜かれてしまうのだ。以前骨格がどうのと言っていたが、犬並みの嗅覚《きゅうかく》も持っていそうだ。

詐欺師の方は話に夢中らしく、彼はもとより若様にも気づいていなかった。背を向けているにしても鈍いことだ。よほど重要な話をして余裕がないのだろうか。周りを行き交う通行人は、皆なにごとかと振り返っているのに。

一応気を使っているのか、今日《きょう》の若様は軍服を脱ぎ、目立つ金髪も帽子で隠していた。しかし存在感はまったく隠せていない。なにになにつけても腹立たしいほど有能なのに、隠密《おんみつ》行動だけは不得手らしい。まず自分が目立つことすら自覚していないようで、周囲の怯《おび》えた視線にまるで頓着していなかった。

よく鍛えられているのがわかる長身と、あからさまに漂う玄人《くろうと》感。それが並木の陰に身を寄せて、眼光鋭く一点に注目している。異様だ。滑稽《こっけい》なまでに異様だ。当人がこの上なく真剣なだけに、見ていてじつにおかしかった。

「真面目《まじめ》に間抜けだよな。副長らしいこって」

詐欺師にちょっと後ろを振り返ってみろと教えてやりたかった。もちろん気づいたとたん飛び上がって逃げ出すだろうから、見失わないよう男はさりげなく距離を詰めていった。

話の内容が聞こえるほどには近づけないのがもどかしい。いったいどんなやりとりがあったのか、彼女と詐欺師は特にもめるでもなく普通に話したあと、しばらくして別れた。丁重に挨拶《あいさつ》して立ち去る詐欺師を男も追う。まずは隠れ家の確認だ。居場所さえ把握できればいつでも捕獲できる。

無関係な通行人を装って橋を渡りながら、男はちらりと振り返った。まだ同じ場所に立って彼女が見送っている。これきりで終わりになるか――という気は、あまりしなかった。

どこかの王太子は不憫《ふびん》の星の下《もと》に生まれついているらしいが、その理屈で言うなら彼女の星は「波乱」である。やたらともめごとに遭遇しやすく、厄介な人物に当たりやすい。どうにもいやな予感がしてならなかった。

「頼むから、引っかき回さないでくれよ。こっちだって君を危険に巻き込みたくはないんだからな」

面倒ごとの気配に息を吐きつつ、男は川をあとにした。


そして、はかない期待は裏切られるもので。

「だよね、甘かった。マリエルの星を舐《な》めていた」

脱力する気分でぼやく男である。

詐欺師を捕獲したはよいものの、死に物狂いで逃げ回る最中にけがをして現在意識不明。名簿は持っていない。なにか取り引きをしていたらしい彼女から話を聞こうとしたら、一緒にいた中年男に連れ去られてしまった。

なんでこうなったと、途方に暮れそうだ。

あの面倒な若様がそばにいないなら楽勝だと思ったのに。彼女は警戒しながらも話を聞く気になっていた。ひとまず連れていき、他の連中の目のないところで正体と事情を明かして協力を頼めばよい。そう、気楽に考えていたのに。

本当に、なんでこうなった。

遠ざかる遊覧船に男はため息をつく。のんびり下っていくが、川の上では手が出せない。

あのおっさん、ただの中年ではなかったのか。いったい何者だ。

「どうしますか」

追いついてきた手下が尋ねた。

「どうするもこうするも、追うっきゃねえだろ。上手く逃げたつもりか知んねえが、船なんて途中下車もできないのにね。行き先はわかってっから先回りして待ち伏せだ」

船の着く場所を教えながら、ただしとつけ加える。

「手はまだ出すな。この街であまり派手に騒げねえから、慎重にいかねえとな。俺が指示するまで見失わねえよう監視だけしていろ」

「へい」

素直にうなずいて手下は離れていく。連中は現場で指示を受けて動くだけの兵士だ。聞かれなければ、すすんで意見することはない。多少不自然な指示を出してもつっこまれないのが楽だった。

しかし、それにも限度がある。あまり長引かせず早々に解決しないと、ごまかしきれなくなりそうだ。

それにぐずぐずしていたら絶対にあの若様が出てくる。うっとうしくも面倒だから、その前に片づけてしまいたい。

彼は頑張った。組織の人間になりすまし、演技しながら任務遂行をめざし、かつ彼女の身を守るべく神経を使う。いずれも上手くやっていたつもりなのに、よほど今日は運が悪いのか打つ手はことごとく空振りした。

芝居小屋に隠れているらしいと見て忍び込もうとすれば、その矢先に向こうから出てくる。接触しようにも派手に騒いでねり歩いているものだから、うかつに近寄れない。ならばこちらも騒ぎを起こしてそのどさくさに、と思ったところで時間切れだ。早くも若様が駆けつけて逃げ出すしかなくなった。

せめてもと掏《す》り取ってきた彼女の手提げにも、名簿の手がかりはなく。

「あああもうう、なんでこうなるんだ」

男は頭を抱えてぼやいた。

「君の賢さが今はうらめしいよ……」

彼女もただ隠れてやりすごそうとするだけでなく、いろいろ考えたのだろう。どうやったのか監視の目をすり抜けて若様に連絡し、救援を待つ間もこちらが手出しできないよう策を立てた。まったく、普段なら手を叩《たた》いて称賛しているところなのに。

なんだって今回はこうもドタバタと不手際続きになるのだろう。と考えて、以前にも似たようなことがなかったかと思い出した。

そう、ちょうど一年前の春だった。

あの時も潜入任務の最中に彼女が飛び込んできて、計画どおりに進められなくなったのだ。おかげでラビアの面目《めんぼく》に傷がつき、予定外に三百万アルジェもの出費を余儀なくされた。締まり屋の主《あるじ》からしつこく嫌味を言われた記憶がよみがえる。

なんなんだ、春は不運の季節なのか。

彼女は波乱に見舞われる星回りだが、なんだかんだで無事に切り抜け、むしろ敵対した方に甚大な被害をもたらす。あの若様も振り回されて大変だが、真の被害者は敵側である。

と、思う男も今、敵として動かざるをえない状況で。

まずい、このままではどんどん追い詰められて、抜け出せない沼にはまりそうだ。彼女の星の凶悪さを舐めてはいけない。

どうする。

「ヴァレリアーノさん」

考え込む彼に手下がまた指示を求めにきた。こちらも舐めてばかりはいられない。組織の「目」がまぎれ込んでいる可能性もある。連中の前では「ヴァレリアーノ」を演じきり、ファミリアの人間らしい行動で事態を打破しなければ。

「——方針変更だ」

優柔不断は命取り。悩んだ時間は短かった。

「いったん戻るぞ」

彼は手下たちに声をかけ、仕切り直しとホテルへ引き返した。そろそろ詐欺師が目を覚ましているかもしれない。名簿のありかを聞き出せればよいが、それはそれとして別に手を打つ必要がある。

見た目は飄々《ひょうひょう》とした態度をよそおいながら、頭の中では忙しく計画を立て直していた。もうこうなったらラグランジュ側も積極的に巻き込んでやろう。彼らにとっても他人《ひと》ごとではないのだ。詐欺師だってもともとこの国の人間で、そいつが面倒を増やしてくれた上、彼女が関わったことでさらにややこしくなっている。そう、ラグランジュ側にも責任がある。あると言ったらある。そういうことで押し切ろう。

「彼女が名簿をあずかってるか、じゃないとしたら十中八九男爵邸のどこかだろうな」

「押し込むってことっすか」

「馬鹿《ばか》、んなことしたら見つける前に軍が駆けつける。貴族街にゃ専用の詰め所があるからな。なにも俺たちが危ない橋渡って苦労することたねえ、堂々とさがせる連中にやってもらえばいいんだよ」

男はにやりと笑ってみせた。どうせならこの状況を逆手《さかて》に取って楽しもう。振り回されているのは向こうも同じだと考えれば、余裕が戻ってくる。

「近衛《このえ》が出てきたってことは、王宮へ向かったんだろうな。安全圏に保護してさぞかしほっとしてるだろうから、今が逆に狙《ねら》い目だ」

作戦を考え、適任と思える男を一人選ぶ。近衛に化けさせて王宮に入り込ませる算段をしつつ、こっそり密書もしたためた。

署名を書きかけてふと手を止め、少し考えたあと、普段使っていない名前を入れる。

昨年の暮れに、彼女から贈られた名だ。若様にとって面白いものではないだろう。署名につけ足す意味はないが、いやがらせとして見せつけてやる。

「早々にネタばらししたんじゃ面白くないからな。こいつを届けるのは、副長が王宮を出てからだ」

一度は保護したと思った妻をふたたび失い、必死に追いかけて、さんざん苦労したあとにこれを見たらどんな顔になるだろうか。想像すると愉快だった。その場で見物できないのが残念だ。

こうして男は新たな計画のもとに活動を再開した。ラグランジュ側から了承の返事がひそかに届けられ、おおむね想定どおりにことが進んでいく。詐欺師も意識を取り戻した。ようすを覗きにいけば、死んでも口は割らないという顔だ。本当にそうなのかたしかめるのはいよいよ手がなくなってからにして、まずはラグランジュ陣営の健闘に期待する。

そして今度の期待は裏切られず、名簿は無事に発見された。

彼女にならって新聞で連絡をとり、受け渡しも完了する。前半のドタバタとは反対に順調な終盤だった。

互いに演技と知りつつ表には出さず、若様と向かい合う。眼鏡《めがね》の中の瞳《ひとみ》だけが、こちらを殺さんばかりににらんでいた。はらわたは溶岩のごとく煮えくり返っていることだろう。そうそう、こうでなくては。ようやくいつもどおりの流れになって、男はたっぷり楽しみながら意気揚々《ようよう》と引き上げた。

――が、あちらもやられっぱなしで終わらせたくはなかったようで。

「あんっっっの性悪《しょうわる》軍人があぁっ！」

四方八方から襲いかかってくる手をすり抜けながら、思わず男は叫んだ。他はつかまえてくれてかまわないが、自分まで逮捕してどうする。計画がだいなしではないか。

このくらい切り抜けられるだろうという、意地悪な笑いが見えるようだった。

ああ、切り抜けられるとも。念のためにファミリア関係ではない、本来の配下を待機させている。呼ぶまでもなくちゃんと助けに入ってきた。ファミリアの連中はとっとと見捨て、男は素早くその場を脱出する。結果だけを見れば邪魔な連中を切り捨て、首尾よく引き上げられたわけだが。

こちらが協力してやったからだと、得意気な顔が脳裏にちらついて腹立たしかった。

「くっそ、今度会ったら念入りにいびってやるからな。覚えてろよ」

毒づきながら華やかな街をあとにする。似たようなことを相手にも言わせている点は、身勝手に棚上げする男だった。

その日のうちに出発するべく、男は日暮れ間近の港に向かった。

この国での仕事は終わった。あとは手に入れた名簿を持って、すみやかに主のもとへ帰るだけである。出航したところで変装を解き、ラビアに着いたら別人として降りる。海の上で「ヴァレリアーノ」は消え失《う》せるという寸法だ。名簿が戻るのを待っていたファミリアの連中は、目前で見失い右往左往することになる。

いろいろあったが最後は怪盗の呼び名にふさわしい締めくくりになりそうだと、男は満足していた。

先に向かった配下が最終便のチケットを手配しているはずだった。その姿をさがしながら乗場へ向かっていた男の背後に、音もなく人が寄ってきた。

「……声くらいかけてくんない？　びっくりするからさ」

振り返りながら男は言った。近づいてきたのは配下でもなければこの国の連中でもなく、ファミリアの兵士の一人だった。

「なんだ、逃げられたのか。てっきり全員つかまったと思ってたぜ。よくあの場を抜け出せたな」

喜ぶふりで笑顔を見せてやるが、相手は鋭い目つきで見返してくるばかりだ。さきほどからうなじをチリチリ刺激してくる感覚が、はっきりと確信に変わる。どうやらこいつ、ただの兵士ではないようだ。

「なんだい、黙ってたんじゃわからねえな。言いたいことがあるなら言えよ」

男が言えば、相手も口元をゆがめた。

「裏切り者にどう言ってやればいいのかと思ってな。あんた、ラグランジュの連中と陰で手を組んでどういうつもりだ？」

「どうって、あいつらに名簿をさがさせて持ってこさせたんじゃないか」

「よしな。もう芝居はいらねえよ。ようするにあんたは大公側へ寝返ったってわけだ。名簿は大公宮へ届けるつもりか？　そうはさせねえぜ。こっちへ渡してもらおうか」

「なるほど、お前さんが組織の『目』だったわけか」

至近距離から向けられた銃口に男は鼻を鳴らす。可能性は考えていたが、ラグランジュとの取り引きにも気づかれていたのか。さすがにそこらの三下《さんした》とは出来が違う。

だが彼が本当の「ヴァレリアーノ」と入れ替わった偽者であるところまでは見抜けていない。仮に本国へ報告していたとしても、追われるのはあくまでも「ヴァレリアーノ」だ。

つまり、この場さえ切り抜ければよいわけで。

「やれやれ、せっかくここまで上手くやったのになあ」

しぶしぶ鞄《かばん》の口を開き、男は中身を取り出す。名簿をじっさいに見せて、渡す前に軽く言ってみた。

「なあ、いくら払えば見逃してくれる？　お前さんだっていちばん大事なのはてめえが得することだろ？　組織に黙っててくれるなら言い値で払うぜ」

「あいにくだが、俺は命令優先でね。そいつを持って帰るのがいちばんの目的だ」

「真面目だねえ」

しかたない、と男は名簿をさし出す。銃をかまえたまま、相手は反対の手を出してくる。抵抗せずすんなり渡し、手を離した――と思わせた瞬間。

港の喧騒《けんそう》に一発の銃声がまじった。そうくると予想していた男は寸前でかわし、一気に距離を詰める。二発目など撃たせる暇は与えず、隠し持っていたナイフを心臓めがけて勢いよく突き出した。

狙い違《たが》わず刺し貫かれた刺客が、ものも言えずに崩れ落ちる。

その手から滑り落ちた名簿を受け止め、男はナイフの血を振り払った。

「悪いね、こっちも任務優先なんでね」

鞄を拾い上げ、人が来る前にその場を去ろうと踵《きびす》を返す。この街では日々事件が起きている。身元不明の死体が見つかるくらい、警察も慣れっこだろう。

だが三歩と進まないうちに複数の足音が響いた。男は舌打ちして身がまえる。刺客《しかく》は一人ではなかった。組織は最初から彼を疑っていたのか。いや、案外「ヴァレリアーノ」が目をつけられていたのかもしれない。

厄介だな、と退路をさぐりながら内心舌打ちした。このまま船まで逃げたところで振り切れまい。しかし一人で片づけるには多い数だ。配下が気づいて助けにきてくれればよいが、不確定な期待はしていられない。

銃より刃物の方が有効と見て、刺客は彼と同じような武器を手に襲いかかってきた。こうなったらいったん船は諦《あきら》めて逃げるか、と考えた時、すぐ目の前の刺客が悲鳴を上げて倒れた。

血飛沫《しぶき》が上がり、怒号が交差する。飛び込んできた長身と素早く背中合わせになり、男はやけくそで笑った。

「どしたの副長。わざわざ追いかけてくるなんて、なんか言い残したことでもあった？」

「そんなもの、山ほどありますよ。なにから言えばよいかわからないほどにね！」

サーベルが一閃《いっせん》しまた悲鳴が上がる。男のナイフも負けじと敵を仕留めた。数で言えば一人が二人になっただけ、圧倒的な差は変わらないのに、さきほどまでとはまるで違う。自他ともに認める最悪な相性とは裏腹に、彼らの呼吸はぴったりだった。巧みな連携は一気に形勢をひっくり返す。数分とかけず二人の周りに立つ者はいなくなった。

「なんだよ、きっちりとどめ刺しといてよ。生かしといたって面倒じゃん」

地面に倒れた半数は、動けなくなっただけで急所はことごとくはずされていた。わざと加減をした若様に男は文句を言う。サーベルの汚れをぬぐい、振り返ったきれいな顔がツンと言い返した。

「こちらで回収しますから心配無用ですよ。どうぞ、あなたはそのまま行ってください」

「は？　なにそれ。じゃあ結局副長はなんのために追いかけてきたのさ」

「わかりませんか？」

水色の瞳が冷やかに見返してくる。

羞恥と怒りを表に出さないよう隠すのがやっとだった。うろたえる内心なんて、意地でも見せたくはない。男はことさらにせせら笑う。

「へええ、副長がわざわざ僕を助けにきてくれるなんてねえ。無事に出航するとこまで見送ってくれるつもりだったんだ？　そんなに僕のことが心配だった？　優しいなあ」

「そうですよ」

いやがるだろうと当てつけを込めて放った言葉に、さらりと肯定が返る。一瞬彼が言葉に詰まった隙《すき》に、若様はこの上なくきれいに微笑《ほほえ》んだ。

「あなたが無事に大公子殿下のもとまで名簿を届けてくれなければ、せっかく協力してさし上げた意味がありませんからね。こちらの努力を無にされないよう、最後まで面倒を見てやらなければと思ったまでです」

「…………」

さすがに笑顔がこわばる。言い返してやりたいのに口が動かない。

にくたらしい男は瞳の奥に氷の刃《やいば》を隠して言い放つ。

「来てよかったですよ。やはり最後の最後まで気を抜いてはいけませんね」

……ああ腹が立つ、腹が立つ、腹が立つ！

これだからこの男は嫌いなのだ。余裕も面白味もないくそ真面目、融通の利かない石頭のくせに！

堂々としているのは見た目だけ、じっさいは打たれ弱くてちょっとつつかれたら落ち込むくせに！

彼女の存在に依存して、失うことに怯える情けない男のくせに！

こと仕事に関しては、どうしてこうも有能なのか。

そしてその有能さを見せつけて意趣返しをしてきたわけか。

――可愛《かわい》くない！

腹が立てば立つほど、口の端はつり上がった。互いに瞳は温度を下げながら、口元だけは笑ってにらみ合う。

「別に助けてくれなくても、どうとでも対処できたんだけどね」

「そうですね、なりふりかまわず全力で逃げれば、なんとか振り切れたかもしれませんね。しかしこちらも協力した以上、最後まで責任がありますから。『多分大丈夫』で放置するわけにはいかないのですよ」

ああ言えばこう言う。どこまでも可愛くない。

――そろそろ騒ぎに気づいた人々が集まりはじめていた。その中には警官の姿もあった。しかし血を流して倒れる男たちの中に立ち、笑いながらにらみ合う異様な二人が怖くて近づけない。ついでに言うと近衛の制服を着た軍人たちもいたのだが、彼らも今近づくのはいやで野次馬整理に徹していた。

あの二人、どうなるの。

人々は固唾《かたず》を呑《の》んで遠巻きに見守る。なにやら寒気を覚えるのは夕暮れの風のせいばかりでもないだろう。

不快感を鼻息に乗せて、男は気持ちを立て直した。癪《しゃく》に障《さわ》るがいつまでもにらみ合ってはいられない。出航時間も迫っている。最後になんと言ってやろうかと思っていたら、若様の方が先に動いた。

ポケットから封筒を取り出し、さし出してくる。

「持って帰っていただけますか。セヴラン殿下より、そちらのご主君への親書です」

男の鼻の上にしわが寄った。多分、絶対、自分にとって不都合《ふつごう》な内容だ。

不慮の事故で海に落としてしまおうかな、などと考えながら、いやいや受け取る。

「まったく、とんだ大仕事になっちまったよ。マリエルが関わると予想外の方向へ転がるんだよね。ま、そこが彼女の魅力でもあるけど。詐欺師を見つけられたのもマリエルのおかげだし、さすがの星回りだねって伝えといてくれる？」

秀麗な顔がぴくりと反応する。彼女の名前を出したとたんにこれだ。男は笑って鞄に手紙をつっこんだ。

「もうじき誕生日だし、今回のお詫《わ》びもかねてあとでなにか送るよ。もちろん心の広い副長は、そんな程度にいちいち目くじら立てて取り上げたりしないよね？　器の小さい男だなって、彼女に呆《あき》れられたくないもんね」

言い捨てて背を向ける。行く手の群衆がたじろいで彼の前に道を開けた。

「……そうですね」

歩きだした男の背を声が追いかけてくる。

「詫びは当然ですから、そのくらいは認めましょう。ええ、かまいませんよ。当日はずっと楽しみにしていた旅行であなたのことなど頭から吹き飛んでいるでしょうが、帰宅すれば思い出すでしょう」

「…………」

止まりそうになる足を意識して動かし、男はそのまま歩き続けた。本当は振り返ってとことん言い返してやりたい。若様を落ち込ませる言葉ならいくつも思いつく。負けっぱなしではいない自信があったが、この場でそれをしても不毛なだけなのはわかっていた。

まだ任務は終わっていない。くだらないけんかを延々続けていられる状況ではないのだ。

わかっていても癪だった。なにが腹立たしいといって、助けられて終わりなところがじつに不愉快だ。利用してやるのはよいが、一方的に助けられるのは不本意だった。

これまで逆に何度も協力してきたのだから、貸しを返してもらっただけだ――心の中で言い訳をしても負け惜しみのようで、ますます気分が悪くなる。

ようやく配下が彼の姿を見つけて寄ってきた。チケットを受け取り男は船に向かう。

乗船を済ませると、男は甲板《かんぱん》に出た。くさくさした気分を外の風でなだめたかった。

そうしながら、まだファミリアの「目」が潜んでいないかさりげなく周りの気配にも注意をはらう。

地上のようすも見下ろせば、人混みの中にこちらをじっと見上げる姿があった。

華麗な白の制服がいやでも目につく。

本当に言ったとおり、最後の最後まで見守る気か。

なにかもう、腹を立てる気も失せて脱力してきた。気に入らないのは向こうも同じだろうに、それはそれと切り換えて、どこまでも真面目に任務を遂行する。いや、多分それだけではない。自覚はないだろうしこちらも全力で無視してやるが、普通に知人の安全を確保したいのだろう。

「本当、馬鹿がつくほどくそ真面目で石頭の……お人好《ひとよ》し」

船縁《ふなべり》の手すりにもたれ、男は疲れた笑いを漏らした。

頑固者同士のお人好し同士、似た者夫婦である。あんな不器用者相手にカリカリしている自分が馬鹿らしくなってきた。

船縁にもたれたまま手を振ってやる。表情がわかる距離ではないが、反応したのはわかった。金髪頭がぷいとそらされる。けれど少しして、とてもいやそうにゆっくりと戻された。

男は喉を鳴らして笑う。そう、癪に障るのはお互い様だ。向こうは向こうで消化しきれない気持ちを抱えている。してやったり、やられたり。この先もずっとこうなのだろう、自分たちは。

「多分またすぐに会うよなー、会いたくはないけど。でもまあ、楽しみにしておこうかな。一応ね」

夕暮れの空に警笛《けいてき》が響く。眼下の景色が動きだした。岸壁を離れ、船は次の寄港地へ向かう。男にとっては帰る場所、見送る側には近々訪れる隣国だ。

今度してやられるのはどちらだろうか。あるいは二人ともに翻弄《ほんろう》され、走り回っているかもしれない。

「なーんせ波乱の星を愛しちゃってるもんねえ」

可愛らしくも凶悪な女神を思いながら、男は船縁を離れる。

穏やかな春の夕暮れに、騒動の予感を隠して船は行く。

さまざまな想《おも》いを乗せて西へ、沈む日を追い旅立っていった。

あとがき

桃春花ですこんにちは。いよいよマリエルも十代のお嬢さんから卒業です。

あまり大人のヒロインは書きたくない私ですが、ついでに言うとマリエルが年をとった分シメオンもおじさんに近づいてしまうのですが、いろんなできごとが起き季節も移り、どうしたって時間は流れます。結婚もしたのにいつまでもお嬢さんというわけにはいきません。やっていることはあまり変わりませんが、マリエルも少しずつ大人の女性になっています。多分。

前回で多国間の問題が一段落しましたので、今回は平和な日常のできごとです。戦争だの暗殺だのといった物騒な話は出てきません。お隣の問題に巻き込まれてはいますが、当事者として苦労しているのはリベルトであって、マリエルたちはのんびりしたものです。なんだかんだシメオンといちゃついて、事件の中でも楽しそうですね。

お城やお屋敷ばかりでなく、街の風景が見えるようなお話も書きたかったのです。事件を追いながら、マリエルたちが暮らす土地や使うもの、時代背景などを感じていただけたらと思います。

そして多分、まさかコイツがと言われるであろう人物が再登場しました。はじめは深く考えずに出したキャラでしたがけっこう気に入って、また登場させたいなと思っていたのです。私の中ではもっと加齢臭漂う、けしてかっこよくはない人物だったのですが、担当様から華やかさを強く求められまして。そのおかげで美形度が上がったという幸運な人です。よかったね。

もう一人の彼は、コミカライズ版四十四話に出てきたモブさんが外見モデルです。アラスカぱん先生の描かれた彼があまりにかっこよかったので、ぜひこのルックスを使わせていただきたいとお願いしました。快く許可してくださったアラスカぱん先生、まろ先生に深く感謝いたします。

他にも挿絵初登場なキャラがたくさんいたり、これが表紙でもおかしくないですねと担当様と盛り上がったピンナップや、ちょびっとホームズみを取り入れていただいた表紙など、どこを見ても豪華、贅沢。マリエルはすごく可愛くて、いつも本当にありがとうございます。

王女様の婚儀が近づいてきたし、旅行中にもきっといろいろあるだろうし、まだまだ書きたいことがいっぱいです。願わくは、次のお話でまたお会いできますように。

今回も出版にあたりご尽力くださった皆様に、心よりお礼を申し上げます。読者の皆様も、ここまでのおつき合いありがとうございました。

マリエル・クララックの約束《やくそく》

2023年10月5日　初版発行

著者　桃 春花

イラスト　まろ

発行者　野内雅宏

発行所　株式会社一迅社
〒160-0022 東京都新宿区新宿3-1-13 京王新宿追分ビル5F
電話　03-5312-7432（編集）
電話　03-5312-6150（販売）
発売元：株式会社講談社（講談社・一迅社）

印刷所・製本　大日本印刷株式会社
ＤＴＰ　株式会社三協美術

装幀　AFTERGLOW

ISBN978-4-7580-9585-3

おたよりの宛て先
〒160-0022 東京都新宿区新宿3-1-13 京王新宿追分ビル5F
株式会社一迅社　ノベル編集部
桃《もも》 春花《はるか》 先生・まろ 先生